JN092350

Rによるマーケティング・データ分析

基礎から応用まで

ウィラワン ドニ ダハナ・勝又壮太郎 共著

新世社

ライブラリ編者のことば

　データサイエンスは，急速な進展を遂げる情報技術とともに私たちの身の回りにあるデータをこれまで以上に利活用し，より良い社会を形づくっていくための学問として，多くの分野でその貢献が期待されています．

　その理論的基盤を形づくる統計学は，あらゆる分野で必要とされる普遍的に重要な知識や分析手法を提供する学問として位置づけられてきました．しかし今日では統計学を応用する分野は，多岐にわたっています．応用の分野には分野固有の明らかにすべき，また解決すべき主題や問題があり，それらに取り組むには入り口で学んだ統計学の知識だけでは必ずしも十分ではありません．応用分野においては，その分野で積み重ねられてきた知見と統計学が融合した形で発展してきた分析手法により，分野固有の分析を行っていくことになります．

　社会科学では，経済学の分野における計量経済学がその代表と言えます．しかしその計量経済学自体も，さらに多様な分野に細分化しているのが実情です．マクロ経済データを分析する場合，企業データを分析する場合，データを分析するという点では同じであっても，統計モデルによって何を明らかにしようとするのか，構築するモデル，モデルの評価など，異なっているものが多くあります．

　この「ライブラリ　データ分析への招待」は，データ分析をどのような分野でも対応できる統一的な形で学ぶのではなく，応用分野に合わせた形でデータ分析を学ぶ機会が必要であるという立場から企画されています．したがって，本ライブラリは，基礎的な統計学の知識をもっている読者に向けて，社会科学における多様な応用分野を念頭におき，それぞれの分野において，どのような分析が可能であるか，応用例を紐解きながら紹介し，そのような分析手法を身につけ，分析を実践できるようになることを目標としています．

　データ分析は実践することにこそ，その意義が見出せます．しかし，社会科学や人文科学の応用分野では，関心のある分析対象に切り込んでいくことは必ずしも容易なことではありません．分析者には，適切にデータ分析を実践する力が必要とされます．本ライブラリの各巻は，それぞれの応用分野で実際にデータ分析を行っている研究者の方々に執筆をお願いしたものです．興味を抱いている応用分野に即した巻をぜひ手に取って，対処すべき課題や明らかにしたい現象に果敢に挑戦してください．このライブラリが皆さんの問題の解決への一助となれば幸いです．

大屋　幸輔

まえがき

　昨今の市場環境の急激な変化により，企業とマーケターは今まで例を見ない多様なマーケティング問題に直面しています．これまでに培ってきた経験だけを頼りにこれらの問題に対応することが困難になっており，多様化したマーケティング問題に適切に対処するためには質の高い情報が求められています．一方，インターネットの普及や情報通信技術の著しい発展によって企業は消費者の購買プロセスに関する様々なデータを大量に収集し保管することが可能になりました．これらのデータはマーケティング意思決定を効率的に行うために必要な情報を多く含んでいると考えられます．したがって，データから有用な情報を抽出することができればマーケターはより効果的なマーケティング意思決定を下すことができると期待されます．

　しかし，データから有用な情報を引き出すにはデータが発生する仕組みを理解し，データの特性に合った分析手法を用いるための専門的な知識とスキルが必要になります．現在，そういった能力を持つ人材は，マーケティングに限らず様々な分野において求められています．このような社会的なニーズを充足するのに，少しでも貢献するために，本書を執筆しました．特に，マーケティング・データを分析するための知識およびスキルを身に付けようと考えている学部生や大学院生の参考書となるように本書の構成を考えました．また，データ分析に関心を持っているマーケターなど実務家にとっても役に立つ内容になるような工夫をしました．具体的には，各章で取り上げるマーケティング問題に対応するデータの特性を説明したうえで，それに適した分析手法をできる限り詳細に解説しています．また，実証分析においては，データを用いた分析モデルの推定の実践と推定結果の考察も示しています．

　本書の構成は次のようになります．まず，序章と第1章でマーケティング意思決定におけるデータ分析の必要性を述べ，マーケティング・データを分析する際の留意点を示しています．次に，第2章では具体的な分析手法に入る前にデータに含まれる変数間の関係性や規則性を発見するためのデータ処理について解説しています．第3章から第10章にかけては，取引データや購買行動データに関す

る様々な分析手法とそれぞれに対応するマーケティング問題を取り上げています．さらに，第 11 章と第 12 章では，消費者の心理などを表す構成概念データの測定・評価および取り扱いについて解説しています．最後に，第 13 章から第 15 章まではベイズ統計を用いたマーケティング・データ分析について説明しています．マーケティングにおけるベイズ統計の応用はここ 20 年で大きく進んでおり，特に消費者の異質性を捕捉するために有効なアプローチであると考えられています．第 13 章ではベイズ統計を応用した消費者の個人レベルでの反応を推定するための枠組みを，第 14 章では複数の消費者の反応を同時に分析するための枠組みを紹介しています．最後の第 15 章では，インターネット上の口コミに代表されるような近年注目されている非構造データを対象とした分析手法を解説しています．

　本書で扱うマーケティング・データ分析は統計ソフト R を用いて行います．初心者にも利用しやすいようにできる限り複雑な R プログラミングを避け，既存のパッケージのみで分析が行えるようにしています．ほとんどのデータ分析において，読者はパッケージ内にある関数を用いることで比較的短いコードで分析を実行し，結果を得ることができます．

　本書で使うコードとデータセットは，本書のサポートサイト（下記 URL）からダウンロードできるようにしています．

https://www2.econ.osaka-u.ac.jp/~r_marketing_data/

　サポートサイトでは，R を初めて使う方のために「R の基礎」のページを設けて R の導入方法を解説していますので，ダウンロードやインストールの方法についてはそちらを参照してください．

　なお，各章において章末問題を用意しています．読者には問題を通じて実際に手を動かしながら分析を行うことで，理解を深めていただきたいと考えています．

　本書の執筆にあたり，多くの方々の温かいご支援とご助言をいただきました．まず，本ライブラリの編者である大屋幸輔先生（大阪大学）には本書の執筆の機会を提供していただいたとともに執筆の過程で様々な建設的なコメントをいただいたことに感謝を申し上げます．また，本書の原稿に目を通してくださり，貴重な助言をくださった同僚の村宮克彦先生（大阪大学），笠原晃恭先生（大阪大学），同じく原稿のチェックに協力してくださった勝又研究室の大学院生および卒業生の皆様にこの場を借りて感謝を申し上げます．また，本書の企画の段階から刊行

に至るまで，新世社編集部の御園生晴彦氏と谷口雅彦氏には大変お世話になりました．両氏には，遅れがちになる著者らの執筆を辛抱強く温かく見守っていただき，感謝の意を表します．

2022 年 12 月

ウィラワン　ドニ　ダハナ・勝又　壮太郎

目　次

第３章 売上げデータの分析 42

第４章 選択問題の分析 57

マーケティングにおける
データ分析の必要性

0.1　マーケティングとデータ分析

0.1.1　マーケティングにおけるデータ分析の必要性

　マーケティングは経営学の 1 つの分野，あるいは経営における 1 つの機能ですが，マーケティング実務・研究の発展は，データ収集技術の発展や分析手法の発展なくして語ることはできません．マーケティングは常に新しく有用なデータを求め，同時に有効かつ洗練された推定方法を求めてきました．

　なぜマーケティングにデータ分析が必要なのでしょうか．これはそもそもマーケティングの組織内での機能，役割と深く関係しています．経営組織におけるマーケティングは**市場創造**と**市場への創造的適応**をミッションとして与えられており，そのために常に「市場を取り巻く外部情報の収集と評価」をしなければなりません．組織の内部であれば互いに考えや仕事を共有することは難しくありませんが，組織の外側を知るためには，外側の情報を集め，それをもとに企業自身の目標を達成するための戦略を考える必要があります．市場の現状をデータとして客観的に収集して分析にかけることで，組織で意識を共有することができますし，科学的な意思決定の助けにもなります．

　企業組織は多数の構成員によって支えられており，意思決定を行う場合にも複数の管理者あるいは経営者の意思統一が必要になります．このとき，客観的なデータと科学的な分析に基づいた資料は強い説得力を持ちます．近年，政策においても **EBPM**（Evidence-based policy making; エビデンスに基づく政策立案）の必要性が強調されるようになっていますが，企業のマーケティングに関わる意思決定もこうした市場データに基づいて行うことで，成功する確度の高い戦略を選

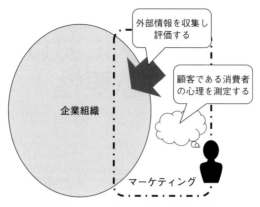

外部情報を収集し
評価する

顧客である消費者
の心理を測定する

企業組織

マーケティング

図 0.1　マーケティングの役割と情報

定することができるのです（図 0.1）.

　また，とくに企業にとって重要かつ難しい**環境の要素**として**顧客・消費者**がい
ますが，この消費者に対面していることも，マーケティングにおけるデータ分析
の重要性をさらに高めているといえます．マーケティングの多くの教科書には**消**
費者行動の章がありますが，どの教科書を読んでも，消費者の多様性や個人差が
大きく扱われていることがわかります．おそらくマーケティングの教科書で，す
べての消費者が同質であるとしているものはないでしょう．そして，その行動の
異質性は，消費者の心理という外からは観測できない要因を根源としています．
たとえば道を歩いている人を見ても，その人がどれくらい旅行好きなのか，デジ
タル機器にどのような不満があるのか，どのような人生の価値観を持っているか，
ほとんどわからないでしょう．しかし，これらの心理的背景はこの人が製品選択
をするときに大きな影響を及ぼします．

　このような，わからないことの多い消費者にどうやって向き合っていけばいい
のでしょうか．1 つの方法は直接聞くことです．旅行がどれくらい好きなのか，
旅行に何を期待しているのかなど，直接聞かなければわからないことは多いで
しょう．また，もしかしたらその人の過去の行動からわかるかもしれません．そ
の人が年間何度旅行に出ているか，あるいは旅行先でどのような製品を購入して
いるか，航空会社やクレジットカード会社であればわかるかもしれません．そし
て，こうしたデータから消費者を理解することは，顧客の囲い込みを進め，市場
内での競争優位性を維持するための経営資源を獲得することでもあります．

0.1.2　マーケティング・マネジメントのプロセスにおける　データ分析

　マーケティング・マネジメントには **R**（**Research**; リサーチ）から始まるプロセスがあります．リサーチののち，**STP**（**Segmentation-Targeting-Positioning**; セグメンテーション，ターゲティング，ポジショニング）を行い，市場を複数のセグメントに分割して自社のターゲットを定めたうえで，ターゲットに求められる製品（あるいは製品とそれを取り巻く価値の束としての市場提供物）を **MM**（**Marketing Mix**; マーケティング・ミックス）の各観点を検討して設計します．MM はマーケティングの **4Ps** ともいわれる，**Product**（製品・サービス），**Price**（価格），**Promotion**（プロモーション，コミュニケーション），**Place**（流通経路）です．また，MM を決定して市場に製品を投入したとしても，その I（**Implementation**; 実行）と C（**Control**; 統制）の段階で製品の見直しが必要になる場合もあります．

　一見，マーケティングのデータ分析は R（リサーチ）の部分だけで必要と思われるかもしれませんが，実際はこのすべてのプロセスでデータの分析と解釈，そして結果に基づいた意思決定は必要になります．たとえば自社や自ブランドを取り巻く市場調査から始まり，セグメンテーションやターゲティングにおける消費者のライフスタイル，心理の調査と分析，製品設計においてもデータ分析に基づいて仕様の決定を行う必要があります．また実際に製品が市場に出てからも，継続的なモニタリングや，場合によっては戦略変更のシナリオを策定してシミュレーションによる予測を行う必要もあります．**図 0.2** にあるとおり，マーケティング・マネジメントのあらゆるプロセスでデータ分析とそれに基づいた意思決定は必要とされているのです．

　もちろん，それぞれのプロセスでは異なるタイプのデータが収集され，それぞれ異なる分析手法が使われることもありますが，データの形が類似していれば同じ手法を広く使うことができます．たとえばグループ間の平均値の差を検討するような基礎的な統計的検定や，2 変数の関係を検討する相関係数の計算などは様々なプロセスで用いられることになります．ただし，同じ手法であっても異なる目標のために異なるデータに対して適用されれば，得られる結果から導かれる最適な意思決定も異なることを認識しておくことは重要です．マーケティングに

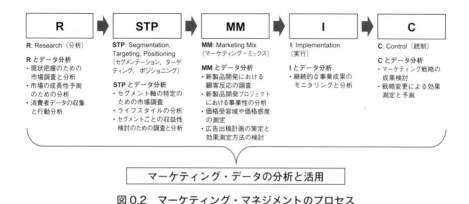

図 0.2　マーケティング・マネジメントのプロセス

おけるデータ分析には，すべて「目標」があり，この目標達成のためには意思決定が必要であり，その意思決定を科学的に支援するために分析があるのです．

0.2　マーケティングにおけるデータ活用の歴史

0.2.1　データと分析手法の進歩

　上述のように，現代のマーケティングにおいてデータの分析と活用はあらゆる面で求められています．あわせて分析手法も進歩を続けていました．図 0.3 は，これまでのデータの拡大と手法の進歩をまとめたものです．もちろんすべてのデータと分析手法を載せることはできませんが，現在多くの種類のデータと分析手法があることがわかるでしょう．ただし，過去に導入されたデータや手法で現在も広く利用されているものは多いので，新世代のモデルとデータが過去のものに比べて優れているというわけではありません．それぞれ異なる観点から分析を行い，知見を獲得することができるので，選択肢が単調に増えていったと考えてもらってよいと思います．たとえば 20 世紀初頭に活用が始まった**調査データ**ですが，これは当然現在でも使われています．同じく分散分析，回帰分析も現役で広く使われています．ここに記載されているモデルで，本書で取り上げるモデルは多くあります．多項ロジットモデル，コンジョイント分析，潜在クラスモデル，階層ベイズモデルは本書でも扱います．また，データについても，調査データを

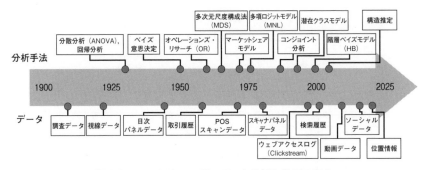

図 0.3　マーケティング・データ分析と発展の歴史

（出典）　Wedel, M., & Kannan, P. K. (2016). Marketing analytics for data-rich environments. *Journal of Marketing*, 80 (6), 97–121.

はじめとして，取引履歴データやスキャナパネルデータ，ソーシャルデータなどを扱います．

　また，**図 0.3** に示されているデータは，その量と質に関しても進歩があります．量の面から見ると，たとえば消費者に対するアンケート調査データは，最も古くから使われてきた調査データの 1 つではあり，そのレコード（サンプル）数は少なければ数十件〜数百件，多いときは数万件のデータを扱うこともありますが，基本的には 1 件ずつ回答をチェックすることができる量です．しかしながら，販売管理システムやインターネット上で自動的に収集されていくデータのレコード数は少なくても数万件，数億件を超えるデータも少なくありません．こうなるとデータを目視で管理することはまず不可能で，分析についても焦点を絞り，データのチェックについても自動的に前処理をする必要があります．

　質的な面でも，調査データのような特定目的のために収集されたデータは，設計時点で分析者が目指す目標を反映しているため，採用する分析の手法や，独立変数，従属変数，モデルの構造がある程度明確に定まっています．しかしながら，情報システムに蓄積されているデータやインターネット上のデータは必ずしも特定のマーケティング目的のために収集されているものではありません．どのような意味を持つデータで，企業のどのような問題解決に貢献しうるのか，そのデータを活用する価値から検討しなければなりませんし，また，これまでに開発された多くのモデルの中からどれを採用するのかについても，目標を踏まえて適切に選択することが求められます．

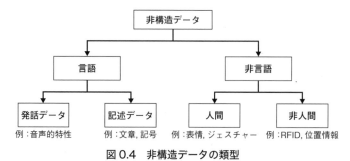

図 0.4　非構造データの類型

（出典）　Balducci, B., & Marinova, D.（2018）. Unstructured data in marketing. *Journal of the Academy of Marketing Science*, 46（4）, 557–590.

　さらに近年では，**非構造データ**（**Unstructured data**）といわれる新しいデータの活用が期待されています．それまでのデータは，量は多くてもある程度整理された形で記録されている「構造データ」でしたが，たとえば近年活用されるようになったソーシャルデータの1つである SNS に投稿された文章，位置情報データは，**図 0.4** では代表的な非構造データとして例示されています．たとえば音声や文章のように，非構造データは数値でない場合も多く，定量分析ができるように整形してから分析にかける必要があります．文書などの一部のデータについては対象に特化した分析手法が導入されていますので，本書でも解説しますが，非構造データだからといって必ずしも新しい分析手法しか適用できないわけではありません．既存の手法が適用できる形に構造化することで，使いやすいデータにすることもできます．非構造データはこれまでのマーケティングにおけるブラックボックスを解明する手掛かりとなることが期待されていますので，今後も活用の幅は広がっていくでしょう．

0.2.2　ビジネスモデル特許とマーケティング

　また，マーケティングのデータ分析は，マーケティング関連の特許とも深く関係しています．本書で扱うデータと分析手法を改良し，新しいビジネスに生かすことで，ビジネスモデル特許を取得できる可能性も広がります．ビジネス関連発明（IPC（国際特許分類）分類記号 **G06Q30**）は，新しいビジネスモデルを，情報通信技術（Information Communication Technology; **ICT**）を利用して実現させ

たときに特許として認める制度です．製造や販売に関わる画期的な企業活動はそのままでは特許として保護されませんが，ICT を活用したビジネスであれば保護の対象となるのです．その中でもとくに分類記号 **G06Q30/02** は「マーケティング，例．市場調査と分析，調査，促進，広告，バイヤー・プロファイリング，顧客管理，謝礼；価格の見積りあるいは決定」に関わる特許とされており，これが**マーケティング関連特許**になります．前述のように，市場調査，販売，広告に関する新しい企業活動を ICT によってシステムに組み込むことで特許として認められる可能性があるわけですが，当然，システムにはデータベースや分析装置，分類器（分類手法）などを備える必要があり，この部分では，どのようなデータを扱い，どのような分析によって評価を行うのかを明確にする必要があります．このとき，本書で解説するような具体的なデータと分析に関する知識や技能が必要になります．

マーケティング関連特許は，日本でも多くの申請があり 2020 年までに 30,000件以上が公開され，特許として認められたものも 10,000 件以上があります（図0.5）．また，申請される特許の内容も時流を反映しており，かつては販売管理（Point of Sales; **POS**）システムのネットワークや連携，付加機能に関する特許が多く出願されていましたが，近年はスマートフォンの利用を想定したオンライン広告配信などのビジネスモデルも特許として申請されています．

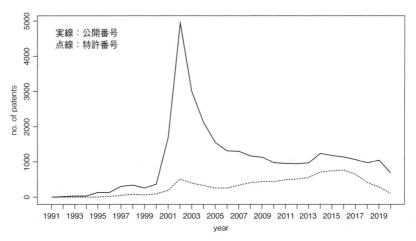

図 0.5 マーケティング関連特許（G06Q30/02）出願件数の推移

　本書でも様々な分析手法を扱いますので，自社のビジネスに適合させることで新しい価値が生まれる可能性もあります．また，マーケティング活動をデータの収集と分析の観点から見ていくことで，特許として自社のビジネスを保護できる可能性も出てきます．

───────────── **章末問題** ─────────────

1. 企業の部署（機能）を1つ選んで，その部署で必要になるデータとマーケティング部署で必要になるデータとの共通点，相違点を考えてください．

2. 「マーケティングには数学（データ，統計）が必要である」といわれますが，数学だけではマーケティングは成功しません．数学以外でマーケティングに必要なもの，そしてそれらと数学との関係を考えてください．

第1章
マーケティング・データの
特徴と分析

　企業は常に様々なマーケティング問題に直面しています．これらのマーケティング問題を解決するには問題の本質を正確に捉え，適切な情報に基づいて意思決定をしなければなりません．意思決定者は，マーケティング問題の解決に有用な情報を営業担当者の経験や顧客の購買データなど，複数の情報源から収集することができます．しかし，情報の質，信頼性，客観性は情報源によって異なります．本章では，客観的な情報源であるマーケティング・データの特徴および分析手法を概観し，データ分析を行う際の留意事項について説明します．

1.1　マーケティング・データ

　マーケティング問題に関する意思決定を適切に行うには意思決定者の判断の拠り所となる情報が必要になります．たとえば，自社製品の価格をどれくらいに設定すればよいかというマーケティング問題を考えましょう．効果的な価格を設定するのにあたって，企業の価格設定の目標，消費者の価格に対する反応，製品の販売費用，競合企業の価格戦略，価格と知覚品質の関係などの情報が重要な判断材料になります．これらの情報のうち，製品の販売費用のような容易に入手できるものもあれば，消費者の価格に対する反応や競合企業の価格戦略のような入手が困難なものもあります．実務においては，マーケティング問題を解決するための情報を意思決定者の直感や経験に基づいていることは珍しくありません．もちろん，このような主観的な情報を用いることは必ずしも誤った意思決定につながるとは限りませんが，社内での情報共有が難しいうえ，その情報の妥当性を診断

することが容易ではないという短所があります. そのため, かなり以前から主観的な情報源も活用しつつ, 上述の短所を克服できる客観的なデータという情報源が重要視されるようになりました.

　本書では, マーケティング意思決定に用いられるデータを**マーケティング・データ**と呼ぶことにします. これはマーケティング活動やその成果に関する未処理の記録と定義できます. たとえば, 店舗での商品の販売記録や新製品のキャンペーンの実施記録などが挙げられます. マーケティング・データにはマーケティング意思決定に有用な情報が秘められています. マーケティング・データから抽出される情報の中には, データを直視するだけで直ちに把握できるものから高度な分析手法を用いないと得られないものまであります. そのため, マーケティング・データを分析する際には, まずデータを目視し単純な集計を行うことによりすぐに観測できる傾向や関係性を見つけ出すことが望ましいです. 次に, これらの知識をもとに, 統計モデルなどを用いてデータの内奥に隠れている情報を引き出します. たとえば, データを単純集計することで顧客が購入している商品の平均価格は男性と女性の間で差が見られたとします. これもデータから得られた情報ですが, さらにデータを男女別に分けてそれぞれを分析することで, 男性顧客と女性顧客の価格弾力性の差というより有用性の高い情報を掘り出すことができます.

　マーケティング・データから得られた情報は分析者により解釈され, 意味づけされます. これは, 情報という客観的な事実に対して分析者は自分の過去の経験や業界での常識など主観的な知識を含め, 直面しているマーケティング問題における当該情報の有用性を評価する段階になります. このように, 意味づけされたマーケティング情報を**知見**または**インサイト**と呼びます. たとえば, 男性よりも女性の方が価格に敏感に反応するという情報に対して, 女性顧客をターゲットに価格プロモーションを実施すれば売上げへの効果が上がるであろうという期待は知見となります. マーケティング・データから有用な情報および知見を引き出すプロセスを図 1.1 に示します.

　ところで, マーケティング・データから得られる情報の有用性はデータの**入手可能性** (**availability**), **質** (**quality**), **変動性** (**variability**), と**量** (**quantity**) に依存します. 入手可能性とは必要なときにデータを容易に入手できる程度を表す特性です. 当然, 必要なときに容易に入手できるデータは有用です. データの

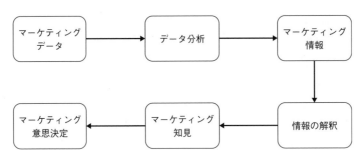

図 1.1 マーケティング・データの分析プロセス

入手可能性は，データを入手するために要する時間と費用が関係しています．すぐに入手できるデータや入手費用が安価なデータは入手可能性が高くなります．たとえば，原材料の入荷データや商品の出荷データは通常社内記録として保存されているため，短期間に入手できるので入手可能性が高いといえます．一方，競合他社の売上げやマーケティング施策に関するデータはすぐに入手することが難しいので，これらのデータの入手可能性は低いといえます．しかし，これらのデータは，データ提供機関などから購入できる場合がありますので，高額にはなりますがすぐに入手できるものもあります．たとえば，**POS データやスキャン・パネル・データ**は新聞社や市場調査会社から購入することができます．

　データの質はデータの**妥当性**（**validity**）と**信頼性**（**reliability**）に関する特性です．データの妥当性とはデータにより測定したい対象をどの程度正確に測定できるかを表す指標です．たとえば，顧客の満足度データは顧客がある製品に対してどれくらい満足しているかを測定するのに妥当なデータであるといえます．これは，そもそも顧客の満足度を測定することがデータの収集目的であるからです．しかし，データがある対象を測定する目的以外で収集される場合は妥当性の問題が発生する可能性があります．たとえば，購買履歴データを用いてブランド・ロイヤルティを測定する際に，この構成概念の直接な指標はデータには含まれないため，その代理変数として購入ブランド数やブランド・スイッチの頻度が利用される場合があります．当然，異なる代理変数の妥当性はそれぞれ異なるため，その中で妥当性が最も高いものを利用することが望ましいです．データの信頼性はデータに含まれる変数の誤差に関するもので，誤差が小さいほど信頼性が高くなります．信頼できるデータは反復して測定された場合に，測定対象のばらつきが

小さくなります．たとえば，データに含まれる顧客の平均年齢が全顧客（母集団）の平均年齢とどれだけ近いかがデータの信頼性を示しています．なお，データの信頼性は，標本サイズを増やすことによって改善することができます．

　データの変動性はデータに含まれる変数の取る値のばらつきのことです．変数のばらつきが小さければ変数間の関係を適切に測定することが難しくなります．たとえば，データに一定期間の売上高と価格の記録があり，分析者は売上高に対する価格の影響を調べようとします．仮に，データ期間中に価格が全く変化しなければ，このような分析を行うことはできません．価格の水準が多ければ多いほど，価格の効果をより細かく分析することができます．また，データに複数の測定対象がある場合で，これらの交互作用を推定したい場合には，測定対象間の共変動も重要になります．たとえば，売上げに対する価格とチラシの交互効果を調べる際に，両方の変数がともに高いまたは低い水準の場合だけではなく，一方が高い水準を取り，もう片方が低い水準を取る場合のデータも必要になります．

　最後に，データの量はデータに含まれる標本サイズ，変数の数，またはデータ期間の長さを指しています．データの量が大きくなれば標本誤差が小さくなりますので，量が大きいデータほど望ましいとされています．たとえば，標本サイズが100名の調査データよりも，標本サイズが200名の調査データの方が望ましいということになります．また，変数の数が多ければ，それぞれの効果を正確に捉えることができます．分析の目的によっては，ある程度のデータ期間が求められる場合があります．たとえば，繰越効果が知られている広告の売上げに対する影響を調べるためには少なくとも6カ月間程度のデータが必要かもしれません．

1.2　マーケティング・データの種類

　マーケティング・データは様々な形式で記録されています．基本的に，マーケティング・データは量的データと質的データに分類することができます．**量的データ**は何らかのマーケティング活動や消費者の反応など数値で表せるデータです．たとえば，ある期間における広告の支出額や顧客の購買金額は量的データになります．次節以降に示すように，マーケティング・データの多くは量的データになっています．そのため，本書では主に量的データを分析するための手法を解

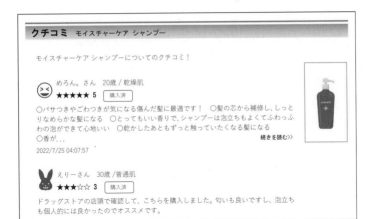

図 1.2　オンライン口コミサイトにおけるテキストデータの例

説します．**質的データ**は数値で表さないデータで，これにはテキストデータ，画像データ，音声データ，動画データなどがあります．質的データも近年では活用の幅も広がりつつあり，序章でも「非構造データ」として紹介しています．

　テキストデータの例として，インターネット上に投稿されている口コミの書き込みが挙げられます（**図 1.2**）．このデータは，顧客の製品に対する感想などの情報を含む文章によって構成されています．画像データとしては，たとえば印刷広告のコピーや雑誌の表紙の画像などがあります．音声データには，コールセンターにおける顧客とオペレーターとのやり取りやフォーカスグループインタビューにおける参加者の発言などを録音したものがあります．動画データは観察調査で主に収集されたデータで，例として店舗内に設置されたカメラで撮影した顧客の売り場間での回遊行動データが挙げられます．質的データは，元の形のままでは分析することが容易ではありません．しかし，一部の質的データは，数量化することによって定量的に取り扱うことが可能なものもあります．たとえば，テキストデータに対して，文章内の単語をカウントして数量化することによってテキストの意味を解釈するための**内容分析**（**Content Analysis**）があります．本書では，第 15 章でテキストデータを分析するためのトピックモデルについて解説します．

1.3 マーケティング・データの構造

　データの時間的な構造の観点から，マーケティング・データはクロスセクションデータ，時系列データ，パネルデータに分けることができます．**クロスセクションデータ**はある時点または期間におけるマーケティング成果や顧客の購買行動に関する複数の項目を記録したデータです．たとえば，**表1.1**に示すように，ある一定期間における顧客の年齢，性別，平均購買金額の記録がこの分類に入っています．ここで，データの並びは任意で，表のデータを並び替えてもデータが持っている情報は変わりません．このようなデータは，購買行動が顧客間でどのように異なるかを調べるために役に立ちます．そのために，クロスセクションデータは顧客グループを特定化するための分析（**セグメンテーション分析**と呼びます）に用いられることが多いです．**表1.1**の例では，購買金額が年齢と性別の異なる顧客の間でどのように異なるかを調べることができます．年齢と性別によって購買金額の異質性を十分に説明することができれば，企業はこの2つの変数を軸にセグメンテーションを行うことができると考えられます．一方，クロスセクションデータからは同一顧客の購買行動の変化に関する情報を得ることは難しいという短所もあります．

　時系列データはいくつかのマーケティング活動や成果を表す項目を時間に沿って記録したデータです．多くの場合，時系列データは売上げや来店顧客数などの集計レベルの指標を日別または週別に記録したものになっています（**表1.2**）．クロスセクションデータと異なるのは，時系列データの並びは本質的な情報を表しているため，分析において元の並びを変更すれば誤った分析結果を導く可能性があります．時系列データはマーケティング施策の効果などを検証するために有用なデータです．たとえば，売上げと価格の週次データを用いれば，週ご

表1.1　クロスセクションデータの例

顧客ID	年　齢	性　別	購買金額
1	25	女　性	10,345
2	41	男　性	5,902
3	30	女　性	7,386
…	…	…	…

表 1.2　時系列データの例

日　付	来店顧客数	売上高
2021/1/1	321	1,500,000
2021/1/2	350	1,640,000
2021/1/3	296	1,254,000
…	…	…

との価格の変化が売上げにどのような影響を与えるかを調べることができます．また，同じデータを使って近い将来の売上げの予測を行うこともできます．ただし，時系列データには異なる時点での観測値の自己相関が生じる場合があるので，分析においてはこのデータの特性を考慮する必要があります．

　パネルデータとは，同一対象を継続的に観測し記録したデータのことです．マーケティングの分野では，消費者パネルデータと呼ばれるものがあり，これは同一の消費者（あるいは家計）による購買行動を一定期間継続的に記録したデータになります．対象となる消費者は購買を行った度に，購入した商品を記録するか，または電子スキャナーで読み取り，そのデータを収集する機関に提出します．データ収集機関は一般的に調査会社になっていますが，調査に協力する消費者や店舗を募集し，協力者とデータ収集に関する契約を結んで対象となる消費者の購買履歴を収集し，集計を行います．

　表 1.3 は消費者パネルデータの例を示しています．消費者 ID は同一消費者の識別番号を表しています．消費者が購買を行った場合，購買が行われた日付，購入した商品，個数および金額が記録されています．このような消費者パネルデータは様々な分析目的に利用することができます．クロスセクションデータのような消費者間での購買行動の異質性の分析はもちろん，消費者のブランド選択や購買量などの意思決定に対するマーケティング変数の影響も調べることができます．また，消費者パネルデータは消費者に関するデモグラフィック情報を豊富に含んでいる場合が多いため，消費者間での購買行動の違いを詳細に検証することが可能です．消費者パネルデータと似たもので，小売業者が店舗で収集したID 付き POS データがありますが，後者は同一の顧客を対象に収集されていない点で，前者とは異なっています．また，後者の場合は，詳しい個人情報を収集することは難しいので，顧客のデモグラフィック情報は性別と年齢など一部の情報に限られることが多いです．

表 1.3　消費者パネルデータの例

消費者 ID	日　付	購入商品	個　数	購買金額
1	2021/1/1	商品 A	1	150
1	2021/1/20	商品 B	1	200
1	2021/2/5	商品 C	2	110
1	2021/3/10	商品 D	1	80
1	2021/3/25	商品 H	1	100
2	2021/1/2	商品 B	2	350
2	2021/2/5	商品 G	1	200
2	2021/3/1	商品 C	1	120
2	2021/3/22	商品 D	1	90
2	2021/4/15	商品 A	2	300
2	2021/5/2	商品 A	1	290
…	…	…	…	

1.4　マーケティング・データの情報源

　マーケティング・データは様々な情報源から収集されます．データの情報源と収集目的によって，データを一次データと二次データに大別できます．

　一次データは，分析者が直面している問題に対処するために集められたデータです．たとえば，新製品開発や価格設定などの問題を解決するために収集された調査データが挙げられます．データの収集目的が特定の問題を解決することですので，データから得られる情報と問題の適合度は高いといえます．しかし，一次データは分析者が自らデータ収集の設計段階から分析段階に至るまで関わらないといけないことが多いため，一般的にその収集には時間と費用がかかります．

　二次データは，第三者により他の目的で集められたデータです．分析者が直面している問題を解決するために集められたものではないため，適合度は一次データに比べて劣ります．しかし，二次データから得られる情報は様々なマーケティング問題の解決に役に立つ場合が多いので重要なデータであることはいうまでもありません．また，第三者により既に集められたデータということで，すぐに利用できるものが多くあります．二次データは，社内に収集されるものと社外の組織により収集されるものに分けられます．

　社内に存在するものとしては，日常的に行っている業務の結果として蓄積され

ている業務記録があります．たとえば，小売業の場合は，POS での精算処理により蓄積される **POS データ**という販売記録があります．これは，レジで顧客が購入したい商品に印刷または添付されているバーコードを光学式の読取機によってスキャンして記録したものです．POS 精算システムは本来レジ前の待ち時間の短縮など業務の効率化を図る目的で導入されましたが，その結果として膨大な販売データが蓄積されており，分析者は POS データからどんな商品がいつどれだけ売れたかの情報を取得することができます．また，POS データには顧客の ID が付いていないものと付いているものがあります．後者は ID 付き POS データと呼ばれ，店舗の会員となった顧客がレジで商品とともに会員証を提示してそこに印刷されているバーコードを読み取ることで収集されています．**ID 付き POS データ**は売れた商品の情報だけではなく，誰がその商品を買ったかの情報も含んでいるため，より詳細な分析が可能になります．たとえば，ある商品の購買行動について，男性顧客と女性顧客の間に違いがあるかどうか検証することができます．

　一方，多くの製造業など，BtoB の企業においては POS データのような社内で記録した購買データはありませんが，取引先企業への出荷データ，取引先からの入荷データ，在庫データなどがあります．企業はこれらのデータを用いて売上げに対するマーケティング施策の効果などの分析を行うことができます．一部の企業においては，フリークエンシー・プログラムや懸賞などの応募型プロモーションを実施することで顧客の基本情報を含むデータベースを構築しています．また，ソフトウェアを販売している企業などは，商品利用のライセンスを顧客に登録させることで同様な顧客データベースを取得しています．

　二次データは，外部の情報源から取得できるものも多く存在します．たとえば，製造業者にとって小売業者などの取引先企業は重要な情報源の 1 つになります．小売業者は日常的に顧客と接しており，顧客の購買行動やニーズに関する貴重な情報を持っている場合が多いです．製造業者は営業担当者または販売担当者を通じてそういった情報を取引先から取得し，製品やサービスの改善に役立てることができます．また，製造業者が小売業者と戦略的なアライアンスを締結する場合は，小売業者が保有しているデータを共有する事例もあります．たとえば，化粧品メーカーの花王と小売業者のジャスコはかつて戦略的なアライアンスを締結した際に，ジャスコは保有している POS データを花王と共有する見返りとして，商品発注に関する情報の提供を受けました．

図1.3 政府統計の総合窓口のポータルサイト

　また，企業は商用データ提供機関からデータを購入することができます．商用データ提供機関が提供する代表的なものは消費者パネルデータとID付きPOSデータになります．パネルデータを販売している機関としては流通経済研究所，インテージ，マクロミルなどが挙げられます．一方，ID付きPOSデータを販売する機関はJBtoBや電通テックなどがあります．さらに，Euromonitorをはじめとして，購買データに限らず，消費者のライフスタイルや関心の動向など，より一般的な消費者データを提供する機関もあります．商用データ提供機関からデータを入手する場合は費用が掛かりますが，量・変動性と質の面で優れたデータを入手することが可能なので，マーケティング意思決定に有用な情報が取得しやすいといえます．もう1つ重要な外部情報源は政府関係機関です．総務省をはじめとする政府機関は消費や家計収入の動向などの統計データを収集し，国民に無償で提供しています（**図1.3**）．企業が直面しているマーケティング問題と直接に関連するものは少ないかもしれませんが，将来の消費者の行動を予測するのに利用できるデータは豊富にあります．

1.5　マーケティング・データの分析

　上述のように，マーケティング・データから意思決定に有用な情報を抽出するにはデータを分析する必要があります．マーケティング・データを分析するための手法としては，単純な集計からデータマイニング，時系列分析，統計モデルなど様々あります．分析者が用いる手法はデータの特性に依存する部分があります．とくに，データに含まれる変数が表す意味と取りうる値が重要なデータ特性になります．これに関連して，まずデータに含まれる変数の尺度を検討する必要があります．変数の尺度には**名義尺度**，**順序尺度**，**間隔尺度**，**比例尺度**があります（表1.4）．

　名義尺度は対象を何らかの基準によって区別するための番号で，大小関係に意味がありません．たとえば，顧客のIDや電話番号，選択したブランドまたは店舗の番号などが名義尺度に分類されます．名義尺度となる変数の取る値は単なる記号を表しており，四則演算を行っても何の意味も成しません．次に，順序尺度は大小関係を表しているものになりますが，数値の間隔に意味がない尺度です．たとえば，ある製品カテゴリーで，複数のブランドについて満足度を順位付けした調査データ（1＝第1位，5＝第5位）は順序尺度のデータになります．満足度の値が小さいほど評価が高くなりますが，5（5位）と4（4位）の評価の差が4（4位）と3（3位）の評価の差が同じであるという意味ではありません．また，1位のブランドが5位のブランドと比べて5倍満足しているということでもありま

表1.4　データの測定尺度

尺　度	特　徴	例
名義尺度	グループを分類するためのインデックスとしてのデータであり，振られた数値の大小・優劣の比較はできない．	顧客ID，選択したブランド，平日休日の分類，男女の分類など
順序尺度	大小のデータのみを持つ尺度．比較はできるが間隔の情報は持たない．	顧客満足度順位，ランキングデータ，選好順序など
間隔尺度	大小と間隔の情報を持つが，原点が任意のため，2倍，2分の1などの比較ができないデータ．	気温，偏差値など
比例尺度	大小と間隔の情報を持ち，固定された原点を持つために四則演算ができるような連続的なデータ．	購買金額，購買頻度，収入など

せん．順序尺度の数値はあくまでも大小関係のみを表しています．

　次に，間隔尺度は気温のように間隔に意味がありますが，0や比に関しては意味がない数値です．気温が10度から20度に変化するときと，20度から30度に変化するときの温度差は同じになります．しかし，20度の気温が10度の気温より2倍暑いという意味にはなりません（摂氏10度は華氏では50度，摂氏20度は華氏では68度ですので，華氏で見れば2倍ではありません）．最後に，比例尺度は間隔と比率の意味を持つ尺度です．たとえば，顧客の購買金額や購買頻度は比例尺度に分類されます．1,000円の商品を購入した人の購買金額は500円の商品を購入した人の2倍であるといえます．

　本書では，マーケティング・データを用いた**市場反応分析**について説明します．ここで，**市場反応**とは企業が行うマーケティング活動に対する消費者の態度や行動的変化を意味します．たとえば，企業が行った値引きに対して消費者の購買金額がどのように変化するかの問題が挙げられます．より一般的に，マーケティング活動が原因で，市場反応が結果となる状況を考えます．データ分析においては，市場反応が**従属変数**（**被説明変数**，**目的変数**とも呼ばれます）になり，マーケティング活動が**独立変数**（**説明変数**とも呼ばれます）になります．これらの変数の関係は分析者によってモデル化されますが，従属変数の変動を決定する要因がすべてデータに含まれるのは稀なことで，モデルに捕捉できないこれらの要因はモデルの不確定要素になります．そのため，マーケティング・データを分析する際には不確定要素を考慮した統計モデルがよく使われます．

　ところで，マーケティング分析で利用される統計モデルは，従属変数の特性に依存します．最も一般的な従属変数は連続の値を取る変数です．たとえば，売上げや購買金額は連続の値を取る変数であると考えられます．独立変数が連続変数の場合は，線形回帰モデルを利用することができます．マーケティングモデルを検討する際に，相関関係を持つ複数の連続な従属変数が含まれる場合があります．このような状況においては，複数の従属変数を同時に分析する必要がありますが，分析手法として多変量回帰モデルが利用できます．また，従属変数が顧客の来店頻度などの計数データになっている場合は，線形回帰モデルではなく，ポアソンモデルやゼロ過剰ポアソンモデルがデータの特徴に当てはまります．さらに，顧客の来店の有無や選択したブランドは名義尺度であり，このようなデータを分析するには二項ロジットモデルや二項プロビットモデルが使われます．また，顧客

表 1.5　従属変数の特性と分析モデル

従属変数	尺　度	モデル	本書で扱う章番号
連続データ	比例尺度	線形回帰モデル	第 3 章, 第 13 章
多変量連続データ	比例尺度	因子分析	第 11 章
		分散共分散分析	第 12 章
		多変量回帰モデル	第 14 章
計数データ	比例尺度	ポアソンモデル, 負の二項分布モデル	第 8 章
		ゼロ過剰ポアソンモデル, ゼロ過剰負の二項分布モデル	第 8 章
二値データ	名義尺度	二項ロジットモデル	第 4 章, 第 6 章
		二項プロビットモデル	第 4 章
多値データ	名義尺度	多項ロジットモデル	第 5 章
		トピックモデル	第 15 章
順序データ	順序尺度	順序ロジットモデル	第 10 章
打ち切りデータ	名義尺度, 比例尺度	トービットモデル	第 7 章
経過時間データ	比例尺度	ハザードモデル	第 9 章

満足度のような順序データが従属変数になる場合は，順序ロジットモデルが利用できます．マーケティング・データには，購買金額などのようにデータが 0 で打ち切られる変数もあり，このようなデータを適切に分析するにはトービットモデルを用いる必要があります．最後に，消費者が新製品を採用するまでの経過時間といったデータを分析するためには，ハザードモデルを使うことができます．表1.5 は，これらのデータとその分析モデルを示しています．

───────── 章末問題 ─────────

1. 政府統計の総合窓口のポータルサイトからマーケティング問題の解決に利用できるようなデータを見つけ，当該データをどのような具体的な問題に利用できるかを考えてください．

2. 本章で取り上げた ID 付き POS データからどのような情報を取り出すことができるかを考えてください．また，その情報をどのようなマーケティング問題の解決に用いることができるかを考えてください．

第2章
データ処理の基礎

　マーケティングをはじめとして，企業経営においてデータを分析するとはどういうことなのでしょうか．そもそもデータはなぜ根拠になるのでしょうか．本章では，データを分析するための基礎的な知識を解説していきます．まず，本章では，データの尺度に応じた集計および分析の方法を解説します．次に，2つ以上の変数との関係を検討するための基礎的な統計的検定の方法について解説していきます．

　　　[本書サポートサイト掲載の chapter_02.csv のデータを使用します.]

2.1　基礎的な集計

2.1.1　データのインポート

　まずはあるチェーン店の仮想データを考えてみましょう．このチェーン店はある地方（都市）に3軒の店舗を構えており，その日別の売上高が記録されています．日別の記録なので，平日か祝休日の情報が付されています．加えて，天気や広告出稿のデータも入っています．同じ市域に店舗があり，広告は市内全域に出稿するため，天気や広告は各日共通になっています．また，各日の売上順位が示されています．データの概要は表に示していますが，ここに付されている「尺度」は分析上重要な，データが持つ特性になります．

```
# データのインポート
data_chap2 <- read.csv("chapter_02.csv", header = TRUE)
head(data_chap2)
```

Chapter_02.csv

Holiday	Store1	Store2	Store3	Store1Rank	Store2Rank	Store3Rank	Advertising	Weather	Rain	Temp
2	30.6618	40.2584	36.1623	3	1	2	0	2	1	4.6
2	28.6863	41.7039	32.8629	3	1	2	0	1	0	5.1
2	33.2563	41.7710	33.2357	2	1	3	0	1	0	3.8
1	36.8893	31.4206	32.9577	1	3	2	0	1	0	5.0
2	29.5151	46.0802	32.7032	3	1	2	0	1	0	7.7
2	32.2878	45.8584	37.4627	3	1	2	0	1	0	5.3

表 2.1 データ概要

項 目	概 要	尺 度
Holiday	平日なら 1, 休日なら 2	名義尺度
Store1	店舗 1 の売上高	比例尺度
Store2	店舗 2 の売上高	比例尺度
Store3	店舗 3 の売上高	比例尺度
Store1Rank	店舗 1 の売上順位	順序尺度
Store2Rank	店舗 2 の売上順位	順序尺度
Store3Rank	店舗 3 の売上順位	順序尺度
Advertising	広告を出稿したら 1, しなければ 0	名義尺度
Weather	晴れ・曇りなら 1, 雨なら 2	名義尺度
Rain	降水量	比例尺度
Temp	気温（℃）	間隔尺度

　前章で述べたように，インポートしたデータを集計するには，データの尺度を考えなければなりません．たとえば，このデータに含まれている売上高については，数値がそのまま金額と解釈することができます．売上高を足し合わせる，差を取る，割合を計算するなどの四則演算ができますので，比例尺度となります．したがって，集計には後述する平均値や中央値などを取ることができます．一方，このデータには，平日なら 1，休日なら 2 という列が含まれていますが，これは名義尺度に分類できます．集計としては，1 が何件（あるいは何割），2 が何件という件数の検討をすることになります．また，このデータにはほかにも売上順位のデータが入っていますが，これは売上高の順序を表しているので順序尺度となります．最後に，データに含まれる気温のデータは間隔だけの情報を持つデータなので，間隔尺度となります（**表 2.1**）．

2.1.2 平均と分散

比例尺度，間隔尺度などの連続的な数値の場合，データの特徴を示すためによく用いられる数値が**平均**と**分散**になります．「平均値」といったとき，一般には**算術平均**を指しますが，平均値の定義は何種類かあり，**幾何平均**，**調和平均**というものもあります．ただし，以降ではとくに注記せずに平均，平均値というときは，算術平均を指します．データを $x_i, i = 1, \cdots, N$ としたとき，各平均値は次のように定義されます．

$$\text{算術平均}：\bar{x} = \frac{1}{N} \sum_{i=1}^{N} x_i$$

$$\text{幾何平均}：\bar{x}_G = \left(\prod_{i=1}^{N} x_i \right)^{1/N} = \exp\left[\frac{1}{N} \sum_{i=1}^{N} \log(x_i) \right]$$

$$\text{調和平均}：\bar{x}_H = \frac{N}{\sum_{i=1}^{N} \frac{1}{x_i}}$$

店舗 1 の売上高について，算術平均，幾何平均，調和平均を計算してみましょう．データに含まれるすべての値が正の数の場合，算術平均 ≥ 幾何平均 ≥ 調和平均になります．

```
# 店舗 1 の売上高
store1_sales <- data_chap2[,"Store1"]
# 算術平均
mean(store1_sales)
## [1] 37.96318
# 幾何平均
exp(mean(log(store1_sales)))
## [1] 37.38505
# 調和平均
length(store1_sales) / sum(1 / store1_sales)
## [1] 36.73915
```

また，平均値に続いてもう 1 つ重要な指標が「**分散**」です．分散はデータのばらつきの程度を示す数値なので，各標本の平均値との乖離（偏差）の二乗和から計算します．分散には 2 種類あり，標本の偏差を標本サイズで割る「**標本分散**」

と標本サイズ−1で割る「**不偏分散**」があります。標本サイズが十分大きければ 2つの分散はほぼ同じ値になりますが，期待値を計算してみると，標本分散の期待値は母分散と一致せず，不偏分散の期待値は母分散と一致します。これを**不偏性**といいますが，この不偏性を満たしているため，不偏分散の方が望ましい指標とされています。標本サイズ−1で割るという操作は直感的に違和感があるかもしれませんが，データの分散としては一般に不偏分散が用いられます。

$$標本分散：\sigma^2 = \frac{1}{N} \sum_{i=1}^{N} (x_i - \bar{x})^2$$

$$不偏分散：\sigma^2 = \frac{1}{N-1} \sum_{i=1}^{N} (x_i - \bar{x})^2$$

関数 var を使うことで計算される分散は「**不偏分散**」になります。

```
# 分散
var(store1_sales)
## [1] 40.35984
# 標本分散，不偏分散を定義通りに計算する
N <- length(store1_sales)
m <- mean(store1_sales)

(1 / N) * sum((store1_sales - m)^2)
## [1] 40.24927
(1 / (N - 1)) * sum((store1_sales - m)^2)
## [1] 40.35984
```

データの分布を視覚的に確認するために**ヒストグラム**が使われます。たとえば，あるクラスの身長や体重の情報など，多くのデータからは平均を中心とした対称の山形のヒストグラムが描かれます。しかし，中には左右対称でないデータや，単調減少のデータが得られることがあります。このような対称でないデータでは，平均と分散以外の情報も参照する必要があります。

```
hist(store1_sales)
```

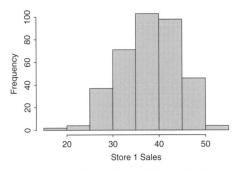

図 2.1 店舗 1（Store1）の売上高

2.1.3 四分位値・最頻値

たとえば日本の世帯ごとの貯蓄額は，典型的な「非対称」のデータになります（図2.2）．ヒストグラムを描くと，貯蓄額が 0〜100 万円という最も小さい括りで最も世帯数が多く，その後減少していく右下がりの図が描かれます．しかし，一部の世帯では非常に貯蓄額が多く，右下がりの裾は長く伸びています．このデータから平均値を計算すると，平均値は 1,791 万円ですが，図を見る限り，日本の全世帯のうち 1,800 万円以上を保有しているのは 32.7 ％ほどであることがわかります．このようなときは，平均だけではデータの概要をとらえきれないので，中央値（四分位値）や最頻値が用いられます．

中央値はデータを順に並べたときの中央の値です．たとえば標本サイズが 100 件であれば，50 番目の 51 番目が中央になりますので，50 番目と 51 番目の数値を足して 2 で割った値が中央値になります．また，同様に 25 ％（小さい方から 4 分の 1），75 ％（大きい方から 4 分の 1）の数値はそれぞれ第 1 四分位値，第 3 四分位値といわれ，データの分布を把握する有効な指標とされています．四分位値はデータを 4 つに分けた各境界の値であり，中央値は第 2 四分位値ということになります．R では関数 summary を使うことで簡単に出力することができます．出力結果について，Median が中央値，Mean が平均値，1st Qu. および 3rd Qu. が第 1，第 3 四分位値，Min. および Max. が最小値，最大値になります．

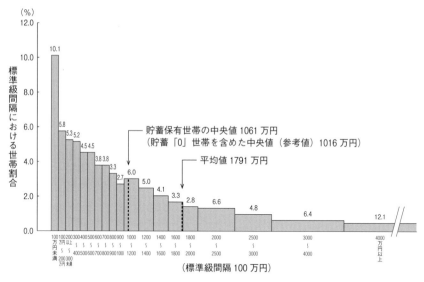

図 2.2　世帯貯蓄高の分布（2020 年）

（出典）　総務省統計局「家計調査報告（貯蓄・負債編）―2020 年（令和 2 年）平均結果―（二人以上の世帯）」（https://www.stat.go.jp/data/sav/sokuhou/nen/pdf/2020_gai2.pdf）

```
summary(store1_sales)
##    Min. 1st Qu.  Median    Mean 3rd Qu.    Max.
##   15.27   33.61   38.53   37.96   42.42   54.28
```

　また，最も頻度の多いデータは「**最頻値**」といいます．連続の数値の場合はヒストグラムの最も数の多い階級の「**階級値**」が最頻値になります．階級値は当該階級の下限と上限の中間の値です．各階級の頻度と階級値は，ヒストグラムを描画する関数 hist が計算してくれますので，ここから最頻値を得ることができます．

　店舗 1 の売上高の最頻値を出してみましょう．ヒストグラム各階級の頻度が $counts で出力されるため，この中で最大の値を取る要素のインデックスを関数 which.max で出力し，これに該当する階級値を $mids を参照して得ることで最頻値が得られます．最頻値は 2 つ以上の値が存在する場合があります．

```
hist_out <- hist(store1_sales)
hist_out$mids[which.max(hist_out$counts)]
```

```
## [1] 37.5
```

　ヒストグラム（分布）が対称であれば，平均値，中央値，最頻値はおおよそ一致しますが，ずれが大きいときには分布の形状を確認するのがよいでしょう．場合によっては対数変換することで対称なヒストグラムを得ることもできるので，分析しやすいように工夫する必要があるかもしれません．名義尺度でデータが得られている場合，最頻値はヒストグラムを描くのではなく，関数 table で集計して確認することができます．名義尺度では，平均値や中央値は意味をなしませんが，最頻値には意味があります．天気のデータ（Weather）は 1＝晴れ・曇り，2＝雨なので，関数 table で集計すればどちらが多いかは簡単に確認することができます．

```
weather <- data_chap2[,"Weather"]
table(weather)
```

　順序尺度は名義尺度と比例尺度・間隔尺度の中間的な性質を持っているので，平均値や中央値を算出することは可能です．ただし，比例尺度や間隔尺度よりも情報が少ない点は注意して検討することが重要です．

```
store1_rank <- data_chap2[,"Store1Rank"]
table(store1_rank)
## store1_rank
##   1   2   3
##  25 107 233
mean(store1_rank)
## [1] 2.569863
store2_rank <- data_chap2[,"Store2Rank"]
table(store2_rank)
## store2_rank
##   1   2   3
## 197 100  68
mean(store2_rank)
## [1] 1.646575
```

2.2 2つの変数間の関係

2.2.1 2つのデータの関係を検討する

　前節では1つのデータについて，特徴を把握するための指標を説明しました．しかし，データの分析においては，2つ以上のデータの関係を検討することが重要になります．たとえば雨の日と晴れの日の売上高の比較や，広告を出した日と出していない日の売上高の比較など，複数の条件下でどのようにデータが関係しあっているのかを検討することで，データがマーケティング意思決定の根拠となるのです．

　複数のデータの関係を検討するときに重要になるのが，データの尺度になります．データの尺度は上述のように名義尺度，順序尺度，間隔尺度，比例尺度があり，それぞれ異なる特性を持ち，集計についても異なる方法が必要になります．これは関係の検討においても同様で，名義尺度と名義尺度なら**クロス集計の検定**，比例尺度と比例尺度なら**相関係数の検定**が必要になります．また，名義尺度と比例尺度の関係であれば**2群の差の検定**が使われることになります．順序尺度や間隔尺度については，場合によりますが，順序尺度ならクロス集計が用いられることもあります．間隔尺度であれば，ほとんどの場合比例尺度と同様に扱うことになるでしょう．

2.2.2 クロス集計の検定

```
table(store1_rank, weather)
##              weather
## store1_rank   1   2
##           1  25   0
##           2  89  18
##           3 148  85
table(store2_rank, weather)
##              weather
## store2_rank   1   2
##           1 109  88
```

```
##         2  88  12
##         3  65   3
```

Rの出力画面を見てもらえばわかると思いますが，晴れ・曇りの日（weather
＝1）の店舗1の売上順位は雨の日（weather＝2）よりもよいように見えます．
また，店舗2は逆に雨の日の方が売上順位が高い傾向にあるように見えます．つ
まり，この2つの店舗では，売上順位と天気との間に関係がありそうだといえま
す．晴れ・曇りの日と雨の日の日数が異なるので，もし2つの要因に関係がなけ
ればどのようなデータが得られるはずなのか考えてみましょう．データでは晴
れ・曇りの日は年間262日（71.8%），雨の日は年間103日（28.2%）のようです．
次に，店舗1が売上順位1位を取った日が25日あるので，もし天気と関係がな
ければ，晴れ・曇りの日には18日，雨の日も7日1位を取っているはずですが，
得られた数値を見ると少し偏りがあるようです．このような「要因間に関係がな
い」という状態から，データがどれくらい乖離しているかを検討するのが，**クロ
ス集計の検定**です．

　クロス集計の検定では「要因間に関係がない」を帰無仮説として，**カイ二乗検
定**によって帰無仮説を棄却することができれば，統計的に2つの要因間に関係が
ありそうだということができます．関数 table で得られるクロス集計表をそのま
ま引数として関数 chisq.test によって検定を行うことができます．以下が検定
出力結果です．X-squared とあるのがカイ二乗値で，基本的には大きくなるほど
帰無仮説を棄却できる可能性が高くなります．df は自由度で，クロス集計表の
サイズに依存する数値です．p-value が p 値で，下記の結果を見ると 4.69e-06
とありますので，p 値は 0.00000469（0 が6つ続いてから 469 となる極小数）で
す．したがって，帰無仮説は棄却され，天気と売上順位に関係があるということ
が統計的に示されました．同様に，店舗2の結果も p 値が非常に小さい値に
なっているので，天気と売上順位には関係があるといえます．

```
chisq.test(table(store1_rank, weather))
##
##  Pearson's Chi-squared test
##
## data:  table(store1_rank, weather)
## X-squared = 24.54, df = 2, p-value = 4.69e-06
```

```
chisq.test(table(store2_rank, weather))
##
##  Pearson's Chi-squared test
##
## data:  table(store2_rank, weather)
## X-squared = 58.335, df = 2, p-value = 2.152e-13
```

関数 chisq.test によって簡単に検定結果を得ることはできますが，いくつか注意が必要です．第1は検定統計量の定義で，この関数 chisq.test はデフォルト（とくに設定を明記しない場合）では「連続性の補正」がなされている状態になります．とくに標本サイズが小さいときには影響が大きく出るかもしれませんので，データが名義尺度で順序を持たないときなど，この補正が不要という場合は引数として correct=FALSE を加える必要があります．もう1つは，検定結果を見ただけでは晴れ・曇りの日に順位が高くなるのか雨の日に順位が高くなるのかわかりません．どのように2つの変数が関係しているのかはクロス集計表を見て確認する必要があります．

2.2.3　2群の差の検定

名義尺度間の関係はクロス集計表からカイ二乗検定を行うことで関係の強さを検討することができました．次は名義尺度と比例尺度の関係を検討することにしましょう．引き続き天気と売上げとの関係を比較しましょう．このデータには，売上順位ではなく実際の売上高も得られているので，比例尺度である売上げデータと天気の関係を検討することができます．

2群の差の検定は大きく分けて2つの段階を経る必要があります．第1の段階では，2つに分けた集団の分散が等しいか異なるかを検討します．以下では，店舗1のデータを2つに分割し，store1_sunny と store1_rain というオブジェクト（変数ともいいます，数値を入れる箱とイメージしてください）を作っています．そして，それぞれの分散を計算します．分散の値を見て，値の大きい方を第1引数，小さい方を第2引数として関数 var.test によって分散の差があるのかを統計的に検討します．

```
store1_sunny <- store1_sales[weather == 1]
```

```
store1_rain <- store1_sales[weather == 2]

var(store1_sunny)
## [1] 35.36485
var(store1_rain)
## [1] 42.27557
var.test(store1_rain, store1_sunny)
##
##  F test to compare two variances
##
## data:  store1_rain and store1_sunny
## F = 1.1954, num df = 102, denom df = 261, p-value = 0.264
## alternative hypothesis: true ratio of variances is not equal to 1
## 95 percent confidence interval:
##  0.8737988 1.6741407
## sample estimates:
## ratio of variances
##            1.195412
```

　得られた結果は，F 値が 1.195，p-value（p 値）が 0.264 ということで，帰無仮説を棄却するほどの差はないということになりました．

　続いて第 2 のステップです．分散の検定で分散が等しいという帰無仮説を棄却できなかった場合は，等分散を仮定した t 検定を行うことになりますが，帰無仮説が棄却された場合は，分散が等しくないことを仮定したウェルチの t 検定を行うことになります．どちらも関数 t.test を使いますが，等分散を仮定した検定の場合には引数にオプションとして var.equal=TRUE と入れる必要があります．var.equal=FALSE とするか，とくに指定しなければ，ウェルチの t 検定の結果が出力されることになります．

　結果は以下のとおりです．最下部の mean of x, mean of y で平均値が出力されていますが，晴れ・曇りの日なら売上げは 39.07547，雨の日なら 35.13388 となっています．検定結果は t＝5.5488, p-value＝5.555e-08 となっており，p 値もごく小さい数であることから，帰無仮説は棄却され，天気によって売上げが変動する，とくに雨の日に売上げが有意に下がることが確認できました．

```
t.test(store1_sunny, store1_rain, var.equal = TRUE)
##
```

```
##  Two Sample t-test
##
## data:  store1_sunny and store1_rain
## t = 5.5488, df = 363, p-value = 5.555e-08
## alternative hypothesis: true difference in means is not equal to 0
## 95 percent confidence interval:
##   2.544671 5.338496
## sample estimates:
## mean of x mean of y
##   39.07547  35.13388
```

2.2.4 相関係数の検定

　続いて，比例尺度あるいは間隔尺度同士の関係を検討する方法について説明します．データには降水量の情報があるので，この降水量と店舗売上げの関係を検討してみましょう．まずは図で関係を確認してみると，降水がないときには0となっているので，少しデータとしては見えにくいですが，降水量が多いほど売上げが少なくなっていくような図が描かれています．関係の強さを数値で確認するには相関係数を計算します．相関係数は2つのデータ同士の関係の強さを-1から1の数値で示したものであり，1に近いほど正の関係が強く，-1に近いほど負の関係が強いことを示しています．関係がないときは0に近くなります．

```
rain <- data_chap2[,"Rain"]
plot(store1_sales, rain)
```

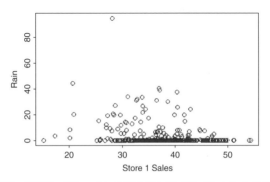

図2.3　店舗1（Store1）の売上高と降水量（Rain）との関係

```
cor(store1_sales, rain)
## [1] -0.255629
```

相関係数の検定の結果は関数 cor.test を使うことができます．帰無仮説は相
関係数＝0 であり，絶対値が大きくなるほど帰無仮説は棄却されやすくなります．
結果を見ると，相関係数は−0.255629 であり，p 値は 7.44e-07 となっているので
とても小さいことがわかります．したがって，降水量が多くなるほど売上げが低
下するという関係が統計的にも有意であるといえます．

```
cor.test(store1_sales, rain)
##
##  Pearson's product-moment correlation
##
## data:  Store1 and Rain
## t = -5.0378, df = 363, p-value = 7.44e-07
## alternative hypothesis: true correlation is not equal to 0
## 95 percent confidence interval:
##   -0.3491186 -0.1571008
## sample estimates:
##       cor
## -0.255629
```

　このような結果が得られたビジネスとしての意義は何でしょうか．統計的に明
らかであるということは，ばらつきがあるデータからでも，この 2 つの数値が連
動している傾向が強いことを示しています．しかしながら，この結果を見てわか
ることは，あくまで「雨の日は店舗 1 の売上げが高くなる傾向にある」というこ
とです．「なぜ」の部分を検討するために，ここからさらなる情報を集める必要
があるでしょう．あくまで「天気」と「売上げ」の表面的な関係性がわかっただ
けで，「雨乞いすれば売上げが増える」と考えるのは早計です．さらに，これは
相対的な差なので，「雨の日に売上げが増えている」のか「晴れの日の売上げが
減っているのか」についても検討する必要があるでしょう．実際のビジネスでは，
統計的に関係があることが明らかになって終わり，ではなく，ここから検証しな
ければならないことは数多くあることを理解しておきましょう．

2.3 3つ以上の変数間の関係の検討

2.3.1 多重比較

たとえば店舗1から店舗3の売上額の年間平均値を取ると，以下のような結果が返ってきます．この3店舗の売上額はそもそも統計的に異なるのでしょうか．

```
mean(store1_sales)
## [1] 37.96318
# 店舗2の売上オブジェクト store2_sales を定義します．
store2_sales <- data_chap2[,"Store2"]
mean(store2_sales)
## [1] 44.8107
# 店舗3の売上オブジェクト store3_sales を定義します．
store3_sales <- data_chap2[,"Store3"]
mean(store3_sales)
## [1] 42.4461
```

2群の差の検定であれば，関数 t.test を使うことで比較ができますので，店舗1と店舗2，店舗2と店舗3，店舗1と店舗3という3回の差を検定するという発想ができるかもしれませんが，3群以上で2群の差の検定を繰り返し使うことは望ましくないとされています．たとえば5%水準での統計的検定は，20回に1回しか起こらない珍しい事象を意味がある差としていますが，何回も検定を繰り返したとき，この20回に1回の事象がどこか1回の検定で観測される確率は上がっていきます．したがって，3群以上の比較においては，このような繰り返しを考慮して多少「厳しい」判定をする必要があります．

このような3群以上の比較を「**多重比較**」といいます．多重比較を行うためには，まずはデータを成形する必要があります．以下のように，3つの店舗の情報を1つのベクトルにした all_sales というオブジェクトを作ります．

```
all_sales <- c(store1_sales, store2_sales, store3_sales)
```

続いて，売上情報と店舗情報を対応させるインデックスとして all_store というオブジェクトを作ります．all_store は，対応する売上が店舗1のものなら

「1」，店舗2のものなら「2」，店舗3のものなら「3」となる「名義尺度」の
データになります．したがって，関数repで作った数値の列を並べてデータを
作った後，factor型に変換し，名義尺度であることを明確に指定しています．

```
N <- nrow(data_chap2)
all_store <- factor(c(rep(1, N), rep(2, N), rep(3,N)))
```

all_salesはall_storeによって異なるのか，多重比較をする場合は，以下の
関数TukeyHSDを使います．これは**Tukey検定**，**TukeyのHSD検定**などと呼ば
れている方法ですが，関数aovで「目的となる変数~分類インデックス」を囲ん
で引数とします．これは後述する分散分析でも共通する入力フォーマットになり
ます．

```
TukeyHSD(aov(all_sales ~ all_store))
##    Tukey multiple comparisons of means
##     95% family-wise confidence level
##
## Fit: aov(formula = all_sales ~ all_store)
##
## $all_store
##          diff        lwr       upr  p adj
## 2-1  6.847514   5.708699  7.986329 0.0e+00
## 3-1  4.482916   3.344101  5.621739 0.0e+00
## 3-2 -2.364598  -3.503413 -1.225783 3.8e-06
```

出力としては店舗2と店舗1，店舗3と店舗1，店舗3と店舗2という3つの
検定の結果が表示されます．diffに差が示されており，lwrとuprがそれぞれ
95％信頼区間の下限と上限になります．そして，p adjとあるのが調整済みのp
値で，この値が小さければ有意差があるということができます．結果としては，
調整済みのp値も非常に小さいので，この差の統計的な多重比較の厳しい検定に
おいても，各店舗の平均売上額には有意な差があるということが明らかになりま
した．

2.3.2　分散分析

では，分散分析でこの違いを検討してみましょう．分散分析では，3つある店

舗の売上げに有意な差があるのかを検討することができます．上述の多重比較では 3 つの店舗の売上げについて属性ごとに統計的検討を行いましたが，分散分析では，「3 つの店舗間で差があるかどうか」を検討します．したがって，どこか 2 つの店舗間で有意な差があれば，分散分析の結果も有意になる傾向があります．また，この例のように，差を検討する要因が 1 つということで「**一元配置分散分析**」と呼びます．

　一元配置分散分析は，上述の多重比較で使った関数 aov を使って，そのまま関数 summary によって結果の一覧を得ることができます．

```
result_1 <- aov(all_sales ~ all_store)
summary(result_1)
##               Df Sum Sq Mean Sq F value Pr(>F)
## all_store      2   8830    4415   102.7 <2e-16 ***
## Residuals   1092  46925      43
## ---
## Signif. codes:  0 '***' 0.001 '**' 0.01 '*' 0.05 '.' 0.1 ' ' 1
```

　3 つの群での売上げが異なることは明らかになりましたが，では他の要因との関係はあるのでしょうか．たとえばデータには「広告出稿」の情報が付されており，広告出稿の効果を検討することもできます．data_chap2 に含まれている広告出稿データ Advertising は，広告が出稿されている日は 1，そうでなければ 0 を取る名義尺度の変数になっています．

　また，ある日に出稿された広告の効果が店舗によってどのように異なるかを検討するためにも，分散分析を使うことができます．店舗によって売上げの平均的な水準が異なることは上記の一元配置分散分析から明らかになりました．同様に，広告効果についても，一元配置分散分析を使って検討することもできますが，「広告の効果が店舗によって異なる」ことを示すためには，「店舗」と「広告出稿」の 2 つの要因の交互作用を考慮した二元配置の分散分析が必要になります．実際，分散分析はこの交互作用を検討するために使われることが多いです．

　では，交互作用を考慮した分散分析を行う準備をしていきましょう．まずは目的変数ですが，3 つの店舗の売上げをまとめた all_sales をそのまま使います．また，店舗については all_store というオブジェクトを定義していますので，これをそのまま使うことができます．これに加えて，広告効果ついては，以下のよ

うに `all_advertising` というオブジェクトを定義して利用します.

```
all_advertising <- rep(data_chap2$Advertising, 3)
```

　実際に店舗ごとの「広告出稿なし (`No Ads`)」と「広告出稿あり (`Ads`)」それ
ぞれの場合における売上額の平均値を出してみると,図 2.4 を出力することがで
きます.図 2.4 はエラーバー付き棒グラフとなっており,少し描画のための
コードが複雑ですが,使われる機会も少なくないので,以下にコメント入りで
コードを載せておきます.

```
# 店舗・広告の条件に分けて平均と標準偏差を計算します.
y_mean <- tapply(all_sales,
                 list(all_advertising, all_store), mean)
y_sd <- tapply(all_sales,
               list(all_advertising, all_store), sd)

# まずは棒グラフを描画するオブジェクト bp を定義します.
bp <- barplot(y_mean, beside = TRUE,
              ylim = c(0, max(y_mean + y_sd) * 1.1),
              col = c("white", "grey"),
              names = c("Store A", "Store B", "Store C"))

# エラーバー付きの棒グラフを描画します.
arrows(bp, y_mean + y_sd, bp, y_mean - y_sd,
       angle = 90, code = 3, length = 0.1)

# 凡例を描画します.
legend("topleft", c("No Ads", "Ads"), fill = c("white", "grey"))
```

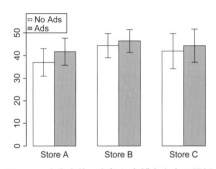

図 2.4　広告出稿の有無と店舗売上高の関係

```
# 凡例を描画します.
legend("topleft", c("No Ads", "Ads"), fill = c("white", "grey"))
```

　広告なしとありでは，すべての店舗で広告が出稿されたときの方が売上げが上昇していることがわかりますが，その上昇幅には多少の差があることが見てとれます．分散分析では，この差を統計的に検討します．

　交互作用を仮定するときは2つの要因の間を「*」で結んで使います．これは後の章で説明する回帰分析でも同様の記法を使うことができますので，慣れておくとよいかもしれません．結果を見ると，店舗（all_store），広告出稿（all_advertising）のそれぞれの直接効果は統計的に有意となっています．したがって，店舗ごとに売上げの水準が異なること，広告出稿によって売上げが変わることは統計的に支持されたということになります．また，加えて交互作用である「all_store:all_advertising」を見ると，これも5％水準で有意な結果が得られています．ここから，店舗によって広告効果が異なるといえます．厳密には，「店舗と広告効果の交互作用はない」という帰無仮説について，これが支持される確率が5％以下であるということから帰無仮説が棄却されるという議論になります．

```
result_2 <- aov(all_sales ~ all_store * all_advertising)
summary(result_2)
##                           Df Sum Sq Mean Sq F value   Pr(>F)
## all_store                  2   8830    4415 106.727  < 2e-16 ***
## all_advertising            1   1622    1622  39.217 5.45e-10 ***
## all_store:all_advertising  2    253     126   3.056   0.0475 *
## Residuals               1089  45049      41
## ---
## Signif. codes:  0 '***' 0.001 '**' 0.01 '*' 0.05 '.' 0.1 ' ' 1
```

2.4　まとめ

　本章では，データの集計と簡易な統計的検討を解説しました．これからの章ではより複雑な統計分析について解説していきますが，本章で扱った内容が今後解

説する複雑なモデルと比較して利用機会が少ないということはありません．むしろ，これらの基礎的な集計や統計的検討はデータ分析のあらゆるところで利用されますし，2 群の差の検定や相関係数の検定からわかることも決して少なくありません．また，関係の統計的検討は，これから解説するモデルすべてに共通する基本的な考え方になります．

───────── **章末問題** ─────────

1. 「因果関係」と「相関関係」の違いを調べてみましょう．
2. 「疑似相関」とは何か，調べてみましょう．
3. 多重比較について，単独のペアで t 検定を行ったときと比較してどのような差があるのか，差異を検討してください．また，この差異はなぜ生まれるのか考えてみましょう．

第3章
売上げデータの分析

　本章では，マーケティング・データを分析するために最も基本的な分析手法である線形回帰モデルを説明します．このモデルは，一般的にある結果の変数（従属変数）に対していくつかの原因となる変数（独立変数）がどれだけ影響を与えるかを調べるために用いられます．ここでは，価格やプロモーションなど企業が行うマーケティング施策によって売上げがどのように影響されるかという問題への適用を考えます．本章の構成としては，まず分析に用いる売上データを紹介した後，線形回帰モデルおよびその推定方法について説明します．最後に，このモデルによるデータ分析の例を示し，その結果の考察について述べます．

[**本書サポートサイト掲載の** chapter_03.csv **のデータを使用します.**]

3.1　売上げとプロモーションデータ

　本章では，スーパーマーケットなどの小売店で収集される POS データとプロモーション実施データを用いて，売上げに影響を及ぼす要因を検討します．データの概要を**表3.1**に示します．このデータはスーパーマーケットで販売されているプライベートブランドの牛乳商品に関する仮想の日別売上データになっています．データが観測された期間を一年間とします．マーケティング変数としては，商品価格とプロモーションの実施に関するデータが含まれています．ここで検証するプロモーション活動は特別陳列の実施とチラシの配布です．**表3.1**で示すように，Period はデータ期間を表し，1日刻みになっています．Sales は対応する当該商品の日別売上げになっています．Display は，特別陳列が実施された

表 3.1 牛乳の売上データの概要

項　目	項目概要
Period	データが観測された期間
Sales	牛乳の日別の売上げ
Price	牛乳の価格
Display	特別陳列の実施の有無を表すダミー変数
Feature	チラシの配布の有無を表すダミー変数
DisFeat	特別陳列とチラシが同時に行われたかどうかのダミー変数

日は 1 で，実施されなかった日は 0 の値を取るダミー変数を表しています．同様に，Feature は，当該商品に関するチラシ広告の実施の有無を表すダミー変数になっています．最後の DisFeat は特別陳列とチラシが同日に行われた場合に 1 で，そうでない場合に 0 の値を取る変数になっています．

まず，このデータを R に読み込みましょう．データはカンマで区切られる CSV ファイルになっているので，データを読み込むには関数 read.csv を用います．データを読み込んだ後，以下のように関数 head を使ってデータの最初 10 件を表示します．

```
data_chap3 <- read.csv("chapter_03.csv", header = TRUE)
head(data_chap3, 10)
##    Period Sales Price Display Feature DisFeat
## 1       1 70448   225       1       0       0
## 2       2 63849   250       0       1       0
## 3       3 73544   195       0       0       0
## 4       4 78553   162       0       1       0
## 5       5 62796   219       0       0       0
## 6       6 69825   225       0       0       0
## 7       7 78555   175       0       1       0
## 8       8 52975   238       0       0       0
## 9       9 63216   189       0       0       0
## 10     10 82272   150       1       0       0
```

売上げの値を見ると，日によって変動していることがわかります．この変動を全期間にわたって観察するには，横軸に期間を取って縦軸に売上げを取るグラフを作成するとよいでしょう．このような図を作成するには関数 plot を用いることができます．作図のためのコードを以下に与えます．関数 plot を用いる際に，

横軸と縦軸のデータを指定する必要がありますが, 横軸のデータを指定しない場合は自動的に連番が割り当てられます. また, 両軸のラベルを付けるには, 引数 xlab と ylab に付けたいラベルを指定します. 引数 type はグラフの形式を指定するためのもので, ここで type="l" は折れ線グラフを指定することになります.

```
plot(data_chap3$Sales / 1000,
    xlab = "time",
    ylab = "Sales (1000JPY)",
    type = "l")
```

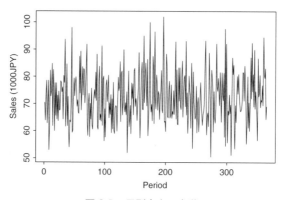

図 3.1 日別売上の変動

　このように, 牛乳の売上げは日によって異なる水準になっています. この変動は様々な要因によって発生したと考えられます. たとえば, その日の天気や気温または曜日などによって来店者数が変化し, その影響で牛乳の売上げが影響されたことが考えられます. また, 価格やプロモーションなど企業の施策によって, 来店者の一人当たりの牛乳の購入点数が増加し, これによって一日の牛乳の販売金額が増えるということも考えられます. 前者の天気や気温の場合, その影響は外部の要因によるもので企業が直接介入することができません. 一方, 価格やプロモーションは企業がコントロール可能な要因で, これらの要因の水準を変化させることで企業は売上げを増やしたり減らしたりすることができます. このような理由で, マーケティングの意思決定において, これらのコントロール可能な要因の影響を把握することは非常に重要であるといえます.

　価格とプロモーション活動が売上げに対してどの程度影響を与えるか確認する

ための初歩的な方法は，売上げとこれらのマーケティング変数の関係を表す図を
作成し，その関係を目視で確認することです．まず，売上げと価格の関係を見る
ために，これらの変数の**散布図**を作成します．散布図の作成は関数 plot を用い
ます．図 3.2 で示すように，売上げと価格の間には負の関係があるように見えま
す．つまり，同一の価格水準でばらつきはあるものの，価格が上がれば売上げが
減少する傾向が確認できます．

```
plot(data_chap3$Price, data_chap3$Sales / 1000,
     xlab = "Price", ylab = "Sales (1000JPY)", pch = 20)
```

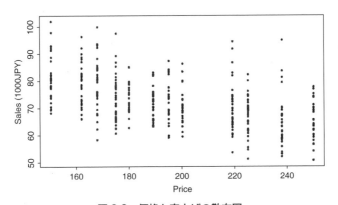

図 3.2 　価格と売上げの散布図

次に，売上げとプロモーション（特別陳列とチラシ）の間の関係を同様に調べ
ます．これらのプロモーションの変数は 0–1 のダミー変数になっているので，売
上げとの関係を確認するには**箱ひげ図**を用いることができます．以下のように，
特別陳列とチラシ配布の有無にしたがってデータを分けて，それぞれのケースに
対応する箱ひげ図を作成します．この図の作成には関数 bloxplot を使います．

```
boxplot(Sales / 1000 ~ Display + Feature,
        names = c(
                   "No Feature & No Display", "Feature Only",
                   "Display Only", "Feature & Display"),
        ylab = "Sales (1000JPY)", data = data_chap3)
```

図 3.3 で示す箱ひげ図の見方は次のとおりです．箱の幅は売上データの第一四

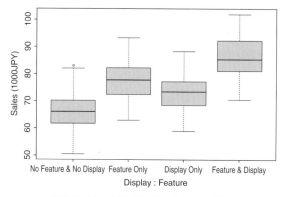

図 3.3　売上げとプロモーションの関係

分位数と第三四分位数の間の範囲を表しています．箱の中にある太い線は対応する売上げの中央値になります．箱から伸びる破線の長さは売上げの最小値と最大値を表しています．図 3.3 を見ればわかるように，プロモーションが全く実施されない日における売上げの中央値はどれかのプロモーションが行われた場合の売上げの中央値に比べて低い水準になっています．また，チラシの効果よりも特別陳列の効果の方が大きいように見えます．さらに，両方のプロモーションが同日に行われた場合，売上げの水準がさらに高くなります．

3.2　線形回帰モデル

図 3.2 と図 3.3 から売上げとマーケティング変数の間で何らかの関係が示唆されています．価格に関していえば，価格が高くなれば売上げが減少する傾向が見られます．一方，特別陳列とチラシといったプロモーション活動が実施された場合，売上げが増加するように見えます．しかし，図の目視だけではこれらの関係性をすぐに断定することはできません．というのは，同じ価格水準あるいはプロモーション実施の有無でも売上げの水準が異なっており，これらのマーケティング変数の効果にある程度の不確実性が含まれるからです．また，図の目視ではこれらのマーケティング変数の効果の大きさ（限界効果）を確かめるのが容易ではありません．たとえば，特別陳列を実施する場合に売上げがどれだけ増えるか，

図からそのような情報をすぐに読み取れるケースは稀なことです．売上げに対するマーケティング変数の効果を正確に測定するには，以下に説明する線形回帰分析を用いる必要があります．この分析手法では，結果となる変数と原因となるいくつかの変数の間の因果関係を仮定し，両者の間の関係が線形なかたちでモデル化されます．結果となる変数を従属変数，原因となる変数を独立変数と呼びます．上述のデータの場合，従属変数は売り上げで，独立変数は価格とプロモーション活動になります．

　ここからは，**線形回帰モデル**に関する詳細な説明を与えます．まず，期間 $t(t = 1, 2, \cdots, T)$ における従属変数の値を y_t と表します．この y_t の変動を K 個の独立変数 $x_{1t}, x_{2t}, \cdots, x_{Kt}$ で説明するモデルを考えます．線形回帰モデルでは，これらの変数の間の関係を次式のように表します．

$$y_t = \beta_0 + \beta_1 x_{1t} + \cdots + \beta_K x_{Kt} + \varepsilon_t \tag{3.1}$$

ここで，β_0 は切片であり，すべての独立変数の値が 0 であるときの y_t の値になります．また，$\beta_k(k = 1, 2, \cdots, K)$ は k 番目の独立変数の影響を表しており，x_k が一単位変化したときの y_t の変化分です．$\beta_k < 0$ の場合，x_{kt} の増加により y_t は減少し，$\beta_k > 0$ の場合，x_{kt} の増加により y_t は増加することになります．$\beta_k = 0$ の場合，x_k は y_t に対して影響を与えないと解釈します．最後の項 ε_t は**誤差項**と呼ばれるもので，モデルに含まれない要因の影響を捉えています．この誤差項の値自体はデータから観測されないため，ε_t を次の条件を満たす確率変数とします．

(1)　$\varepsilon_t \sim N(0, \sigma^2)$

(2)　すべての $i \neq j$ について，$Cov(\varepsilon_i, \varepsilon_j) = 0$ とする．

(3)　すべての t, k について，$Cov(\varepsilon_t, x_{kt}) = 0$ とする．

条件 (1) は，ε_t が平均 0，分散 σ^2 の正規分布に従う確率変数であるという仮定です．これは，誤差項に含まれる要因の影響が負と正のものを含んでいますが，すべて平均すれば 0 になるという考え方です．また，すべての期間において ε_t は同一の分布に従うとされます．条件 (2) は異なる期間での誤差項が無相関であるという仮定です．ここで，$Cov(\varepsilon_i, \varepsilon_j)$ を系列相関と呼びますが，線形回帰モデルでは誤差項に系列相関がないとされることになります．最後に，条件 (3) は独立変数と誤差項が無相関である仮定で，誤差項が独立変数の水準に依存しないことを

意味します.

　簡略化のために, $x_t = (1, x_{1t}, \cdots, x_{Kt})'$, $\beta = (\beta_0, \beta_1, \cdots, \beta_K)'$ というように独立変数と回帰係数をベクトルで表現します[1]. そうすると, (3.1) を以下のように表すことができます.

$$y_t = x_t'\beta + \varepsilon_t \tag{3.2}$$

線形回帰分析の目的はモデルに含まれる未知のパラメータを推定することにあります. モデル (3.2) における未知のパラメータは β と σ^2 になります. これらのパラメータを推定するための方法は主に2つあります. それは, 最小二乗法と最尤推定法 (最尤法) と呼ばれる方法です.

　まず, **最小二乗法** (Ordinary Least Squares; **OLS**) による推定の手続きについて説明します. この方法では, 誤差項 ε_t の平方和が最小にするようなパラメータの推定値が求められます. 具体的に, 最小化する目的関数は以下のようになります.

$$\sum_{t=1}^{T} \varepsilon_t^2 = \sum_{t=1}^{T} (y_t - x_t'\beta)^2 \tag{3.3}$$

(3.3) を最小にするパラメータを求めるにはこの平方和を β に関して微分し, その微分係数を 0 に等しいとします.

$$\frac{\partial \sum_{t=1}^{T} \varepsilon_t^2}{\partial \beta} = \sum_{t=1}^{T} x_t(y_t - x_t'\beta) = 0 \tag{3.4}$$

(3.4) は最小化の一階条件を表し, **正規方程式**と呼ばれます. これを β について解くと, 次式で示すこのパラメータの最小二乗推定量を得ることができます.

$$\hat{\beta} = \left(\sum_{t=1}^{T} x_t x_t' \right)^{-1} \sum_{t=1}^{T} x_t y_t \tag{3.5}$$

また, 誤差項の分散 $\sigma^2 = E(\varepsilon_t^2)$ に関して以下の関係が知られています.

$$(T - (K+1))\sigma^2 = E\left(\sum_{t=1}^{T} (y_t - x_t'\hat{\beta})^2 \right) \tag{3.6}$$

したがって, このパラメータの不偏推定量を次式のように求めることができます.

$$\hat{\sigma}^2 = \frac{1}{T - (K+1)} \sum_{t=1}^{T} (y_t - x_t'\hat{\beta})^2 \tag{3.7}$$

---

[1] 「′」は転置記号を表します.

以上の (3.5) の結果と ε_t^2 に関する仮定から，β の最小二乗推定量を以下の正規分布に従う確率変数として表現できます．

$$\hat{\beta} \sim N\left(\beta, \sigma^2 \left(\sum_{t=1}^{T} x_t x_t'\right)^{-1}\right) \tag{3.8}$$

(3.8) の分布は $\hat{\beta}$ に関する様々な統計的な性質を調べるうえで重要な役割を持っています．たとえば，k 番目の独立変数 x_k が実際に従属変数に影響を与えるかどうかを確かめたい場合があります．そのためにはパラメータ β_k が 0 に等しいかどうか検定する必要があります．この検定の帰無仮説 H_0 と対立仮説 H_1 は以下のように表すことができます．

$$H_0 : \beta_k = 0, \quad H_1 : \beta_k \neq 0$$

(3.8) からこの検定は標準正規分布の z 検定を用いることになることがわかり，その検定統計量は以下のようになります．

$$z_{\hat{\beta}_k} = \frac{\hat{\beta}_k}{\sqrt{\sigma^2 \left(\sum_{t=1}^{T} x_{kt}^2\right)^{-1}}} \tag{3.9}$$

たとえば，有意水準 5%の両側検定の場合，$|z_{\hat{\beta}_k}| > 1.96$ のとき帰無仮説が棄却されることになります．ここで，1.96 は標準正規分布の両側裾の領域が 5%となる**臨界値**（critical value）です．ところで，(3.8) における σ^2 は未知のパラメータであるため，実際には σ^2 の代わりにその推定量である $\hat{\sigma}^2$ を用いて検定を行うことになります．検定統計量は以下のようになります．

$$t_{\hat{\beta}_k} = \frac{\hat{\beta}_k}{\sqrt{\hat{\sigma}^2 \left(\sum_{t=1}^{T} x_{kt}^2\right)^{-1}}} \tag{3.10}$$

この検定統計量は正規分布ではなく，自由度 $T - (K + 1)$ の t 分布に従うことが知られています．したがって，ここで用いる仮説検定は z 検定ではなく，t 検定になります．

次に，**最尤推定法**による線形回帰モデルの推定について説明します．モデル (3.1) の仮定より，y_t の個々の観測値は平均 $x_t'\beta$，分散 σ^2 の正規分布に従うことがわかります（$y_t \sim N(x_t'\beta, \sigma^2)$）．この確率分布はデータ $y_t (t = 1, 2, \cdots, T)$ を観測する確率を表しているので，x_t とパラメータ (β, σ^2) が与えられれば $\{y_t\}$ の同時分

布 $p(y_1, y_2, \cdots, y_T)$ を求めることができます．この同時分布をパラメータ (β, σ^2) の関数として見なすときにこれを**尤度関数**と呼び，次式のように表します．

$$L(\beta, \sigma^2) = \prod_{t=1}^{T} \frac{1}{\sigma\sqrt{2\pi}} \exp\left(-\frac{(y_t - x_t'\beta)^2}{2\sigma^2}\right) \tag{3.11}$$

つまり，尤度関数 (3.11) は任意のパラメータの値におけるデータ $\{y_t\}$ を得る確率と解釈できます．ここで，(3.11) の右辺が正規分布の積になっていることに注意してください．これは，$\{y_t\}$ に関する分布と独立性の仮定から得られた結果です．最尤推定法ではこの尤度関数を最大にするパラメータ $\hat{\beta}$ と $\hat{\sigma}^2$ を求めて，これらの解をモデルの推定値とします．ただし，パラメータについて尤度関数を最大化する際に，尤度関数 (3.11) を対数変換してから行うのが一般的です．したがって，目的関数は以下の対数尤度関数になります．

$$\ell(\beta, \sigma^2) = \sum_{t=1}^{T} \left(-\frac{1}{2}\log 2\pi - \log\sigma - \frac{1}{2\sigma^2}(y_t - x_t'\beta)^2\right) \tag{3.12}$$

線形回帰モデルのパラメータの**最尤推定量**はこの対数尤度関数をパラメータに関して微分した以下の方程式の解として求められます．

$$\frac{\partial\ell(\beta, \sigma^2)}{\partial\beta} = \sum_{t=1}^{T} \frac{1}{\sigma^2} x_t(y_t - x_t'\beta) = 0$$
$$\frac{\partial\ell(\beta, \sigma^2)}{\partial\sigma^2} = \sum_{t=1}^{T} \left(-\frac{1}{2\sigma^2} + \frac{1}{2\sigma^4}(y_t - x_t'\beta)^2\right) = 0 \tag{3.13}$$

パラメータ β と σ^2 の最尤推定量をそれぞれ (3.14) と (3.15) で示します．この結果からわかるように，パラメータ β の最尤推定量は最小二乗推定量と一致していますが，σ^2 の最尤推定量は異なっています．(3.6) で示したように，σ^2 の最小二乗推定量は不偏性を持っていますが，σ^2 の最尤推定量は不偏性を持っていません．しかし，標本サイズ T が大きくなるにつれて両者の差は 0 に限りなく近づくので σ^2 の最尤推定量は一致推定量になります．

$$\hat{\beta} = \left(\sum_{t=1}^{T} x_t x_t'\right)^{-1} \sum_{t=1}^{T} x_t y_t \tag{3.14}$$

$$\hat{\sigma}^2 = \frac{1}{T} \sum_{t=1}^{T} (y_t - x_t'\hat{\beta})^2 \tag{3.15}$$

モデルの推定を行ったあとに，検証しているモデルによってデータがどれだけ

説明できるかを調べる必要があります．一般的に，従属変数 y_t の変動のうち，データによって説明できる部分とできない部分があります．モデルによって説明できる割合が高ければ高いほどモデルの精度が高くなります．いま，モデルの残差を $u_t = y_t - x_t'\hat{\beta}$ と書けば，以下の関係が成立します．ただし，$\bar{y} = 1/T \sum_{t=1}^{T} y_t$ は従属変数の平均値になります．

$$\sum_{t=1}^{T}(y_t - \bar{y})^2 = \sum_{t=1}^{T}(x_t'\hat{\beta} - \bar{y})^2 + \sum_{t=1}^{T} u_t^2 \tag{3.16}$$

(3.16) はデータの全変動を表しています．右辺の第 1 項はモデルによって説明できる変動で，第 2 項はモデルによって説明されない変動になります．これらの項は二乗の和になっているので，どれも負の値を取らないことに注意しましょう．(3.16) の右辺の第 1 項はモデルによって説明できる従属変数の変動の部分ということで，モデルの精度として考えることができます．しかし，モデルやデータによってはその値が大きく異なる可能性があるので，モデル精度の評価を容易に行うために，一定の範囲内の値を取る精度の指標が必要となります．そこで，(3.16) の両辺を $\sum_{t=1}^{T}(y_t - \bar{y})^2$ で割って整理すれば，以下の関係を得ることができます．

$$R^2 = \frac{\sum_{t=1}^{T}(x_t'\hat{\beta} - \bar{y})^2}{\sum_{t=1}^{T}(y_t - \bar{y}_t)^2} = 1 - \frac{\sum_{t=1}^{T} u_t^2}{\sum_{t=1}^{T}(y_t - \bar{y}_t)^2} \tag{3.17}$$

ここで，R^2 は**決定係数**と呼ばれ，データの全変動のうちモデルによって説明できる割合を表しています．決定係数の取りうる値の範囲は $0 \leq R^2 \leq 1$ になり，決定係数が大きければ大きいほどモデルの精度が高くなることを意味します．

このように，決定係数はモデルの当てはまり具合の指標として用いることができますが，いくつかの注意点があります．1 つ目は，決定係数の大きさは独立変数と従属変数の間の因果関係の強さを示すものではないことです．変数間の因果関係はあくまでもモデルを構築する段階における理論的または常識的な判断に基づいています．実際，モデル (3.1) の従属変数を独立変数の 1 つに置き換えたモデルの決定係数はモデル (3.1) のそれと一致することが知られています．2 つ目は，決定係数は線形関係におけるモデルの当てはまり具合を示すもので，非線形モデルの評価には用いることができないことです．従属変数と独立変数の関係が非線形であれば，決定係数が 0 に近い値を取る場合もありますが，これは必ずし

も両変数の間の関係が弱いという意味ではありません. 3つ目は, 既存のモデル
に新たな説明変数を追加すれば, 新しいモデルの決定係数は必ず等しいか高くな
ることです. さらに説明変数を追加して, その数が観測値の数と一致する ($K = T$)
ときには, 決定係数は 1 (最高値) になります. そのため, 説明変数の数が異な
るモデルの精度を比較する際には, 以下のように説明変数の数だけペナルティを
果たす**調整済み決定係数**を用いることが適切です.

$$\text{Adjusted } R^2 = 1 - \frac{\sum_{t=1}^{T}(y_t - x_t'\hat{\beta})^2/(T-(K+1))}{\sum_{t=1}^{T}(y_t - \bar{y}_t)^2/(T-1)} \tag{3.18}$$

線形回帰モデルを最尤推定法で推定した場合, モデルの精度を評価する方法と
してパラメータ推定値のもとでの (対数) 尤度関数を用いた評価方法があります.
基本的に, 尤度関数が大きいモデルは小さいモデルよりも精度が高いと評価され
ます. しかし, 尤度関数による評価は決定係数と似たような問題を含んでいます.
つまり, 説明変数が多い複雑なモデルほど尤度関数が大きくなる傾向があること
です. 複数のモデルの精度を適切に比較するためにはやはりパラメータ数に基づ
くペナルティを考慮する必要があります. この特性を持つ評価基準は複数ありま
すが, 広く用いられるのは**赤池情報量基準**(Akaike Information Criterion; **AIC**)
と**ベイジアン情報量基準**(Bayesian Information Criterion; **BIC**)です. AIC と
BIC の定義は次式のように与えられます. これらの評価基準を用いてモデル選択
を行う際には, AIC または BIC が最小のモデルを選ぶことになります.

$$AIC = -2\ell(\hat{\beta}, \hat{\sigma}^2) + 2K \tag{3.19}$$

$$BIC = -2\ell(\hat{\beta}, \hat{\sigma}^2) + K\log(T) \tag{3.20}$$

以上で述べた評価基準は複数のモデルの精度を比較する際に優劣関係を示して
くれます. 多くの場合, これらの評価基準のみで十分にモデルの比較を行うこと
ができます. しかし, これらの評価基準では, 複数のモデルの尤度の間に統計的
に有意な差があるといえるかどうかはすぐにはわかりません. そこで, 尤度関数
に差があるかどうか確認するために, 尤度比検定を行う必要があります. たとえ
ば, 以下の2つモデルを比較することを想定します.

モデル1 :$y_t = x_{1t}'\beta_0 + \varepsilon_t$

モデル2 :$y_t = x_{2t}'\beta_A + e_t$

ここで, x_1 と x_2 は異なる独立変数のベクトルを表しています. これらのモデル
から計算する尤度比検定の検定統計量は次式のようになります.

$$LR = -2\log\frac{L(\hat{\beta}_0, \sigma^2)}{L(\hat{\beta}_A, \sigma^2)} = -2(\ell(\hat{\beta}_0, \hat{\sigma}^2) - \ell(\hat{\beta}_A, \hat{\sigma}^2)) \tag{3.21}$$

モデル 1 のパラメータ数を k_0，モデル 2 のパラメータ数を k_1 $(k_1 > k_0)$ としたとき，この検定統計量は自由度 $k_1 - k_0$ の χ^2 分布に従うことが知られていますので，χ^2 検定を用いて尤度比を検定することになります．

3.3 データ分析

　ここからは，3.1 節で紹介した売上データに線形回帰モデルを当てはめ，モデルの推定を行います．検証するモデルは以下の 3 つになります．

モデル 1 ：$Sales_t = \beta_0 + \beta_1 Price_t + \varepsilon_t$

モデル 2 ：$Sales_t = \beta_0 + \beta_1 Price_t + \beta_2 Display_t + \beta_3 Feature_t + \varepsilon_t$

モデル 3 ：$Sales_t = \beta_0 + \beta_1 Price_t + \beta_2 Display_t + \beta_3 Feature_t + \beta_4 DisFeat_t + \varepsilon_t$

モデル 1 は最も単純なモデルで，独立変数は価格のみになっています．モデル 2 は価格に加え，特別陳列とチラシの配布の効果を含んだモデルになっています．最後のモデル 3 は，これらのプロモーション変数の交差項を含むモデルで，この中ではパラメータ数が最も多いモデルになっています．この 3 つの線形モデルを推定するには，関数 lm を用いることができます．この関数は線形回帰モデルのパラメータを最小二乗法で推定します．

```
model1 <- lm(Sales ~ Price, data = data_chap3)
model2 <- lm(Sales ~ Price + Display + Feature,
             data = data_chap3)
model3 <- lm(Sales ~ Price + Display + Feature + DisFeat,
             data = data_chap3)
```

これらのモデルの推定結果を同時に表示するために，パッケージ stargazer にある関数 stargazer を使います．このパッケージを使うには R の公式ウェブサイトから関数 install.packages を用いて入手する必要があります．パッケージのインストール後，それが使えるように関数 library を用いて呼び出します．以上の 3 つのモデルの推定結果は以下のようになります．

```
install.packages("stargazer")
library(stargazer)
stargazer(model1, model2, model3, type = "text")
```

```
##
## Please cite as:

## Hlavac, Marek (2018). stargazer: Well-Formatted Regression and Summary Statistics Tables.

## R package version 5.2.2. https://CRAN.R-project.org/package=stargazer

##
## ===============================================================================
##                                            Dependent variable:
##                              -------------------------------------------------
##                                                    Sales
##                                   (1)              (2)              (3)
## -------------------------------------------------------------------------------
## Price                        -158.706***      -154.210***       -154.688***
##                                (13.754)          (8.270)          (8.217)
##
## Display                                        11,630.320***     10,659.850***
##                                                 (545.321)         (673.132)
##
## Feature                                         7,669.087***      6,812.868***
##                                                 (528.505)         (632.375)
##
## DisFeat                                                           2,750.701**
##                                                                  (1,132.736)
##
## Constant                     103,440.100***    96,038.930***     96,453.960***
##                               (2,720.684)      (1,658.488)       (1,656.194)
##
## -------------------------------------------------------------------------------
## Observations                     365              365              365
## R2                              0.268            0.738            0.742
## Adjusted R2                     0.266            0.736            0.739
## Residual Std. Error   8,088.669 (df = 363)  4,852.822 (df = 361)  4,820.239 (df = 360)
## F Statistic      133.153*** (df = 1; 363) 339.139*** (df = 3; 361) 259.279*** (df = 4; 360)
## ===============================================================================
## Note:                                          *p<0.1; **p<0.05; ***p<0.01
```

　分析結果を見ると，価格のみを独立変数とするモデル1の修正済み決定係数は0.268で，相対的には決して精度が高いとはいえません．プロモーションの変数を加えたモデル2に対応する値を見ると，修正済み決定係数が0.738になってお

り，モデルの精度が大分改善されていることがわかります．交差項を含んだモデル 3 の修正済み決定係数は 0.739 となっており，モデル 2 よりも高いものの，それほど大きな差はありません．さらに，AIC と BIC の基準での評価値を以下に示します．いずれの評価基準もモデル 3 が最良のモデルであることを示しています．ただし，BIC の基準で評価した場合，モデル 2 とモデル 3 の間に大きな差は見られません．

```
AIC(model1, model2, model3)
##          df      AIC
## model1   3 7608.520
## model2   5 7237.544
## model3   6 7233.613

BIC(model1, model2, model3)
##          df      BIC
## model1   3 7620.220
## model2   5 7257.043
## model3   6 7257.013
```

最後に，モデルの**尤度比検定**を行い，これらのモデルの尤度関数の違いを調べます．尤度比検定を行うには，パッケージ lmtest の中の関数 lrtest を用います．この検定では一度に 2 つモデルしか検定できないため，モデル 1 とモデル 2 を検定してから，モデル 2 とモデル 3 の検定を行います．結果は以下のとおりになります．モデル 1 とモデル 2 の比較では，χ^2 の値が 374.98 になっており，有意水準 0.001 で両モデルの間で尤度の差が認められました．一方，モデル 2 とモデル 3 の比較では，有意水準 0.05 で差が認められたものの，やや弱い結論になっています．

```
install.packages("lmtest")
library(lmtest)
lrtest(model1, model2)
## Likelihood ratio test
##
## Model 1: Sales ~ Price
## Model 2: Sales ~ Price + Display + Feature
##   #Df  LogLik Df  Chisq Pr(>Chisq)
## 1   3 -3801.3
```

```
## 2    5 -3613.8  2 374.98  < 2.2e-16 ***
## ---
## Signif. codes:  0 '***' 0.001 '**' 0.01 '*' 0.05 '.' 0.1 ' ' 1


lrtest(model2, model3)
## Likelihood ratio test
##
## Model 1: Sales ~ Price + Display + Feature
## Model 2: Sales ~ Price + Display + Feature + DisFeat
##   #Df  LogLik Df  Chisq Pr(>Chisq)
## 1   5 -3613.8
## 2   6 -3610.8  1 5.9304    0.01488 *
## ---
## Signif. codes:  0 '***' 0.001 '**' 0.01 '*' 0.05 '.' 0.1 ' ' 1
```

　以上のモデル比較の結果を踏まえると，モデル3の精度が最も高いといえます．このモデルの推定結果を見ると，価格の係数の推定値は -154.688 になっており，しかも有意水準 0.01 で有意な結果になっています．これは，牛乳の価格が1円増えれば，売上げはおよそ 155 円減少することを意味します．特別陳列の効果も同様に有意に出ており，特別陳列を実施することによって売上げが 10,660 円程度増えるという結果になっています．チラシの効果も正で有意になっており，チラシを配布した日では売上げがおよそ 6,813 円増加します．さらに，交差項 DisFeat の効果も有意に確認され，それぞれのプロモーションが単独で実施される場合に比べて，同時に実施される場合の売上げが 2,751 円程度増加することがわかります．

章末問題

1. 以下のモデルを線形回帰モデルになるように変換してください．ただし，従属変数と独立変数は上記の例で用いたものと同じです．

   モデル1 ：$Sales_t = \exp(\beta_0 + \beta_1 Price_t + \beta_2 Display_t + \beta_3 Feature_t + \varepsilon_t)$
   モデル2 ：$Sales_t = \exp(\beta_0 + \beta_2 Display_t + \beta_3 Feature_t + \varepsilon_t)Price_t^{\beta_1}$

2. 問1で線形変換されたモデルを最小二乗法で推定してください．
3. これらのモデルの精度を AIC と BIC で評価して，最良のモデルを特定してください．

第4章
選択問題の分析

　マーケティング・データの分析対象として，消費者の「買った」，「買わなかった」という二者択一，あるいは携帯電話のキャリアについて「A 社」，「B 社」，「C 社」のどれを選ぶかという 3 つ以上の排他的選択のデータがよく見られます．実際に消費者の生活は選択の連続です．朝食を食べるか食べないか，仕事に行くか休暇をとるか，就職するか大学院に進学するかなど，大きな選択から小さな選択まで様々な選択を強いられています．本章では，このような消費者の選択行動に焦点を当て，とくに二者択一の選択問題を分析する方法を考えてみたいと思います．

　　[本書サポートサイト掲載の chapter_04.csv のデータを使用します.]

4.1　選択するということ

　まず，我々が直面する選択問題を整理してみましょう．基本的には以下の性質を持ちます．第 1 は，いくつの選択肢があっても 1 つしか選べないことです．ある日の朝食について「食べる」という選択をすると，あわせて「食べない」を同時に選択することはできません．また，ある日に 9:00 から 17:00 まで仕事をすると，少なくともその時間に同時に休暇をとることはできません．第 2 は相対的であることです．たとえば仕事をすれば給料を得ることができ，休暇をとればレジャーを楽しむことができると考えると，どちらも魅力的ですが，どちらかを選ばなくてはいけません．逆に，仕事をしてもあまりお金をもらえないけれど，休んでもあまり楽しくないという状態でも，どちらかを選ばなくてはいけません．魅力的な選択肢間でも，魅力のない選択肢間でも，相対的に魅力的な方を選択しなければなりません．

　ID付きPOSデータをはじめとする購買履歴データや，来店データなど「行動」のデータにおいては，その行動結果のみが観察されるため，結果として「買った」のか「買わなかった」のかが見られるのみであり，消費者として「なぜ」選択されたのか，背景を分析する必要があります．そこで，本節では，まずは二者択一の行動を考えてみます．

4.2　選択のデータ

4.2.1　データのインポート

　まずは選択データを見てみましょう．利用するデータはあるお弁当屋の購買履歴になります．この弁当屋では2つの種類の弁当を販売しており，それぞれ，ブランドAとブランドBと呼びます．データには購買履歴が記録されており，購買された時点でのAの価格とBの価格，そしてAとBのプロモーション履歴が記録されています．

　データをインポートすると，以下のような変数があることがわかります．

```
# データのインポート
data_chap4 <- read.csv("chapter_04.csv", header = TRUE)

# データ概要の表示
head(data_chap4)
##   id YA YB PriceA PriceB DispA DispB Forecast
## 1  1  0  1    193    206     0     0        0
## 2  2  1  0    201    206     0     0        0
## 3  3  1  0    191    205     1     0        0
## 4  4  0  1    215    194     0     1        0
## 5  5  1  0    203    186     0     0        0
## 6  6  1  0    191    196     0     0        0
```

ブランド選択結果は2，3列目に示されており，ブランドAが購入されれば2列目が1，3列目が0になり，ブランドBが購入されれば3列目が1，2列目が0になっています．0か1のデータになっています．2列目と3列目について，行の和は必ず1になるため，情報としてはどちらか1列があれば十分です．また，4

列目と 5 列目は，ブランド A と B の価格です．6 列目と 7 列目はセールスプロモーションの変数になります．ここではエンド陳列などの特別展示の変数が入っています．**エンド陳列**は，陳列棚の端に大々的な商品展示を行うことで，来店客に注目されやすく，売上げの向上が期待されます．6 列目はブランド A の特別展示，7 列目はブランド B の特別展示の履歴が記録されています．どちらも 1 ならば特別展示が行われており，0 であれば特別展示が行われていないというダミー変数になります．

図 4.1 エンド陳列

（写真提供：PIXTA）

4.2.2 マーケティング・プロモーションと選択行動

次にシェアを見てみましょう．

```
# 全体: A のシェア
mean(data_chap4$YA)
## 0.8438356

# 全体: B のシェア
mean(data_chap4$YB)
## 0.1561644
```

ブランド A の方がブランド B よりもだいぶ高いシェアを持っているようです.
集計すると, 全データの平均はブランド A のシェアが 84.3％, ブランド B の
シェアが 15.6％でした. しかしながら, 価格で条件を絞ると少し変わりそうです.

```
# A の価格が B の価格より高いとき
mean(data_chap4$YA[data_chap4$PriceA > data_chap4$PriceB])
## 0.8128342

# A の価格が B の価格より安いとき
mean(data_chap4$YA[data_chap4$PriceA < data_chap4$PriceB])
## 0.8809524
```

ブランド A の方が価格の高い日だけで集計すると, A のシェアは 81.2％（した
がって, B のシェアは 18.8％）になります. ブランド A の価格が高いため, 一部
の顧客がブランド B に移っていると考えられます. また, プロモーションなども
条件を付けて集計してみると, ある程度傾向が見えてきます.

```
# A が特別展示をしているとき
mean(data_chap4$YA[data_chap4$DispA == 1])
## 0.8823529

# B が特別展示をしているとき
mean(data_chap4$YA[data_chap4$DispB == 1])
## 0.6176471
```

どうやら価格や特別展示はブランド A と B の選択行動に影響を与えるようです.
重回帰分析のように, 複数の要因を一度に検討できれば, 価格の影響やプロ
モーションの影響がわかるのですが, データからは「A を購入した」か「B を購
入した」という情報しか得ることができません. そこで, このような選択結果の
データを目的変数にするモデルを考えていきましょう.

4.3 選択モデルの定義

4.3.1 線形モデルから選択モデルへ

まず，ある製品を買うか買わないかという行動を考えてみます．まずは説明変数を価格のみにして考えてみましょう．たとえばブランド A について，第 t 日の価格を p_{tA} として，販売量を z_{tA} とすると，以下のような価格を説明変数とした回帰分析を考えることができます．

$$z_{tA} = \alpha_0 + \alpha_1 p_{tA} + e_t \tag{4.1}$$

この線形モデルでは，おそらく α_1 の符号は負になり，価格が高いほど販売量が落ち込むという推定結果が得られるはずです．このモデルでは，誤差に正規分布が仮定され，モデルを以下のように表現することもできます．

$$z_{tA} \sim N(\alpha_0 + \alpha_1 p_{tA}, \sigma^2) \tag{4.2}$$

では，次に 1 人の消費者に注目してみます．この消費者は 1 日に 1 個だけお弁当を買い，A と B のどちらか 1 つを必ず選ぶとします．昼食として食べると考えると，1 日 1 個というのは妥当でしょう．店舗には 2 つのブランド {A, B} があり，消費者は A か B のどちらか 1 つを買うと考えます．

では，その消費者の選択機会 t（たとえば第 t 日）について（$t = 1, \cdots, T$），その消費者がこのお弁当屋に来店した第 t 日の A と B の価格比を $p_t = (p_{tA}/p_{tB})$ とします．また，そのときにブランド A を購入するかどうかについて，A を購入すれば 1，B を購入すれば 0 とする購買の観測変数が得られるとします．これを y_t として，ある価格のときに消費者がブランド A のお弁当を購入するか否かを考える回帰モデルは以下のように考えることもできるかもしれません．

$$y_{tA} = \beta_{0A} + \beta_1 p_t + \varepsilon_{tA} \tag{4.3}$$

しかしながら，y_{iA} は 0 か 1 の数値しか取らないので，正規分布を仮定している線形回帰モデルはあまり適切ではありません．0 か 1 の値を取る観測変数では，以下のようなベルヌーイ分布を仮定することが望ましいでしょう．**ベルヌーイ分**

布は $\{0,1\}$ やコインの $\{$表, 裏$\}$ のように 2 つの事象のみが起こりうる変数に仮定される確率分布で, 1 つのパラメータを要求します.

$$y_{tA} \sim Bernoulli(\theta_{tA})$$
$$\Pr(y_{tA}|\theta_{tA}) = \theta_{tA}^{y_{tA}}(1 - \theta_{tA})^{1-y_{tA}} \tag{4.4}$$

ここで, θ_{tA} は $y_{tA} \in \{0,1\}$ となる y_{tA} に対して, $\theta_{tA} = \Pr(y_{tA} = 1)$ となるベルヌーイ分布のパラメータであり, y_{tA} の期待値 $E(y_{tA})$ に等しくなります.

y_{tA} にはベルヌーイ分布を仮定することが望ましく, パラメータ θ_{tA} が大きければ購買される確率が上昇することがわかります. では, この θ_{tA} にどうやって価格の変数を入れ込んでいけばよいのでしょうか. 引き続き, 消費者の選択行動を考えるうえで重要な「効用」の観点から考えてみましょう.

4.3.2 選択と効用

お弁当について, ブランド A を購入するかブランド B を購入するか, あるいは別の問題でも同様ですが, 消費者が二者択一の選択肢に直面しているとき, 消費者はそのどちらの選択肢にも「効用」を持っていると考えます. **効用**は, 消費者が潜在的に持っている, その選択の魅力度と捉えることもできます. 現実的に, 実際観察される選択結果は「A を購入する」か「B を購入する」のどちらかですが, 私たちが選択をするときを考えてもらえばわかるように, 実は選択の前には「ブランド A」と「ブランド B」を天秤にかけて, どちらの選択肢が魅力的かを検討しているわけですから, その両方について「効用」を持っているはずです. ここで, ブランド A を購入したときの効用を $u_{tA} \in (-\infty, \infty)$, ブランド B を購入したときの効用を $u_{tB} \in (-\infty, \infty)$ として, 以下のような関係を想定します.

$$u_{tA} = \beta_{0A} + \beta_1 p_{tA} + e_{tA} \tag{4.5}$$
$$u_{tB} = \beta_{0B} + \beta_1 p_{tB} + e_{tB} \tag{4.6}$$

ブランド A の弁当を購入したときには, β_{0A} だけの正の効用を得ることができますが, p_{tA} だけ金額を失うことになりますので, $\beta_1 p_{tA}$ が負の効用になるはずです. 一方, ブランド B を購入したときの効用は β_{0B} で, $\beta_1 p_{tB}$ が負の効用になるはずです. ここで, A を購入して B を購入しても対価を払う必要があるので, 失う金

額の係数 β_1 は A も B の共通と仮定します。e_{tA}, e_{tA} は観測できない，平均がゼロの確率的に変動する成分になります。

　ブランド A を購入するときの効用である u_{tA} は，前節で挙げた線形回帰モデルの式と同じ表現になります。しかしながら，我々は u_{tA} と u_{tB} を直接観測することはできず，手に入るデータは観測結果の y_{tA}, y_{tB} だけです。そこで，購入される「確率」を考えてみたいと思います。購入される確率，すなわち $y_{tA} = 1$ となる確率は，ブランド A を購入することによる効用 u_{tA} がブランド B を購入することによる効用 u_{tB} を上回る確率を解釈することができます。したがって，以下の関係が成立することになります。

$$\Pr(y_{tA} = 1) = \Pr(u_{tA} > u_{tB}) \tag{4.7}$$

この関係について，具体的な両者の効用の式を代入して整理すると，以下の関係を得ることができます。

$$\begin{aligned}
\Pr(y_{tA} = 1) &= \Pr(u_{tA} > u_{tB}) \\
&= \Pr(\beta_{0A} + \beta_1 p_{tA} + e_{tA} > \beta_{0B} + \beta_1 p_{tB} + e_{tB}) \\
&= \Pr((\beta_{0A} - \beta_{0B}) + \beta_1(p_{tA} - p_{tB}) > e_{tB} - e_{tA})
\end{aligned} \tag{4.8}$$

　ここで，$\beta_0 = (\beta_{0A} - \beta_{0B})$，$p_t = (p_{tA} - p_{tB})$，$e_t = e_{tB} - e_{tA}$ とおくと，A が選択される確率は以下のようになります。

$$\Pr(y_{tA} = 1) = \Pr(e_t < \beta_0 + \beta_1 p_t) \tag{4.9}$$

したがって，確率変数 e_t よりも $\beta_0 + \beta_1 p_t$ が大きいときにブランド A は購入されるということになります。この e_t 対して分布を仮定すると，A が選択される確率は密度関数 $f(z)$ と分布関数 $F(v_t)$ を使って以下のように表現することができます。以下では，確率的に変動しない効用部分について $v_t = \beta_0 + \beta_1 p_t$ としています。

$$\Pr(y_{tA} = 1) = \int_{-\infty}^{v_t} f(z)dz = F(v_t) \tag{4.10}$$

　ここで，$F(\cdot)$ は e_t に仮定される確率分布の分布関数ですが，**リンク関数**とも呼ばれます。$F(\cdot)$ は分布関数なので，単調増加関数であり，$v^* > v$ なら $F(v^*) > F(v)$ となり，大小関係はそのまま維持されることになります。したがって，$v_t = \beta_0 + \beta_1 p_t$ が大きければ $y_{tA} = 1$ となる確率が上昇することになりますか

ら，得られた結果については線形回帰モデルと同様の解釈が可能です．得られた β_1 が負であれば，p_t が低い方が $y_t = 1$ となる確率が高くなることになり，ブランド A の価格がブランド B と比較して安ければブランド A が購入される確率が上がる，ということになります．

さて，では具体的にどのような関数を仮定するかについてですが，選択モデルでは，$F(v_t)$ に仮定する関数によって呼び方が変わります．次の 2 つのモデルがよく知られています．まず，e_t に第 1 種極値分布を仮定したモデルを**ロジットモデル**（またはロジスティック回帰モデル）と呼びます．分布関数は，積分の外れた比較的わかりやすい形で表現できます．

$$F(v_t) = \frac{\exp(v_t)}{1 + \exp(v_t)} \tag{4.11}$$

また，e_t に標準正規分布を仮定したモデルを**プロビットモデル**と呼びます．プロビットモデルでは，分布関数は積分を含んだ形になります．

$$F(v_t) = \Phi(v_t) = \int_{-\infty}^{v_t} \frac{1}{\sqrt{2\pi}} \exp\left(-\frac{1}{2}z^2\right) dz \tag{4.12}$$

4.3.3 尤度関数

目的変数 y_{tA} にはベルヌーイ分布を仮定しているので，尤度関数はベルヌーイ分布の確率関数 $\Pr(y_{tA}|\beta)$ で構成されます．

$$
\begin{aligned}
L(\beta) &= \prod_{t=1}^{T} \pi(y_{tA}|\beta) \\
&= \prod_{t=1}^{T} F(v_t)^{y_{tA}} (1 - F(v_t))^{1-y_{tA}}
\end{aligned} \tag{4.13}
$$

ここで，$\beta = (\beta_0, \beta_1)'$ はパラメータのベクトルです．ロジットモデルとプロビットモデルの差は，ベルヌーイ分布のパラメータである $\theta_t = F(v_t)$ に仮定する関数の違いのみです．ロジットモデルの尤度関数には，上記の θ_t の部分にロジスティック関数が入ることになります．

$$L(\beta) = \prod_{t=1}^{T} \left(\frac{\exp(v_t)}{1 + \exp(v_t)}\right)^{y_{tA}} \left(\frac{1}{1 + \exp(v_t)}\right)^{1-y_{tA}} \tag{4.14}$$

プロビットモデルの場合は，θ_t の部分に標準正規分布の分布関数が入ることになります．この関数は積分を含みます．

$$L(\beta) = \prod_{t=1}^{T} \Phi(v_t)^{y_{tA}} (1 - \Phi(v_t))^{1-y_{tA}} \qquad (4.15)$$

パラメータの推定は，最小二乗法を使って値を求めることができず，最尤法についても，1階の条件でパラメータの推定値を求めることができません．そこで，推定においては2階微分も用いた**ニュートン法**（ニュートン・ラフソン法）を使います．本章では推定法の詳しい解説は省きますが，線形回帰モデル以外の多くの回帰モデルで用いられる推定法です．ロジットモデルでは，2階微分を解析的に求めることができるため，ニュートン法をそのまま利用することができますが，プロビットモデルでは閉じた形での微分を求めることができないので，多くの場合，数値微分によってパラメータの推定を行います．推定法は**第10章**でも紹介します．

4.4 分 析

4.4.1 モデルの定義

では，ロジットモデル，プロビットモデルを使って選択行動の分析を進めていきましょう．まず，目的変数はブランドの選択結果になります．続いて，説明変数の定義を行います．前節で説明した価格を入れたモデルに加えて，特別展示も考慮します．選択機会 t におけるブランドA，Bそれぞれの効用 u_{tA}, u_{tB} には以下のようなモデルを考えるとします．ブランドAに影響を与える要因は，ブランドAの価格の対数（$\log PrA_t$），Aの特別展示（$DispA_t$）を考えます．

$$u_{tA} = \beta_{0A} + \beta_P \log PrA_t + \beta_{DA} DispA_t + e_{tA} \qquad (4.16)$$

想定される結果としては，価格が高くなると魅力が低下することがと考えられるので $\beta_P < 0$，Aの特別展示を行えば需要が向上するので $\beta_{DA} > 0$ となるでしょう．同様に，ブランドBに影響を与える要因は，ブランドBの価格の対数（$\log PrB_t$）とBの特別展示（$DispB_t$）を考えます．想定される係数の符号は

$\beta_P < 0,\ \beta_{DB} > 0$ となるでしょう.

$$u_{tB} = \beta_{0B} + \beta_P \log PrB_t + \beta_{DB} DispB_t + e_{tB} \tag{4.17}$$

ここでは, ブランド A と B どちらを購入したとしても, 同じお金を失うということには変わりありませんので, 価格の係数 β_P は共通と考えます. また, ブランド A の効用には B の特別展示の影響はなく, ブランド B の効用には A の特別展示の影響はないはずです.

しかしながら, ブランド A と B はどちらかしか選ばれない排他的な競争状態にあるので, どちらかのブランドが魅力的になれば, もう一方のブランドは相対的に魅力を失うことになります. 確率モデルでは, 相対的な評価を分析対象とするため, 効用の差を取ってモデルを定式化する必要があります.

$$\begin{aligned}
\Pr(y_{tA} = 1) &= \Pr(u_{tA} > u_{tB}) \\
&= \Pr(e_{tB} - e_{tA} \\
&\quad < (\beta_{0A} - \beta_{0B}) + \beta_P(\log PrA_t - \log PrB_t) \\
&\quad + \beta_{DA} DispA_t - \beta_{DB} DispB_t)
\end{aligned} \tag{4.18}$$

ブランド A の選択確率は, B に対して相対的に A の魅力度が上回る確率と表現することができます. したがって, 一部のパラメータについては分けて推定結果を得ることができません (識別できません). たとえばブランド切片 β_{0A} と β_{0B} については, 別々に推定結果を得ることができず, 差を推定対象とします. したがって, $\beta_0 = \beta_{0A} - \beta_{0B}$ として β_0 を推定することになります. また, $\beta_A = \beta_{DA}$, $\beta_B = -\beta_{DB}$ とおき, $PRatio_t = \log PrA_t - \log PrB_t$, $e_t = e_{tB} - e_{tA}$ とおくと, 推定対象のモデルは以下のように定義することができます.

$$\Pr(u_{tA} > u_{tB}) = \Pr(e_t < \beta_0 + \beta_P PRatio_t + \beta_A DispA_t + \beta_B DispB_t) \tag{4.19}$$

ここで, 相対的な効用の, 確率的に変動しない部分 v_t に注目すると, 以下の式が得られます.

$$v_t = \beta_0 + \beta_P PRatio_t + \beta_A DispA_t + \beta_B DispB_t \tag{4.20}$$

価格のパラメータについては, 想定される符号は負で変わりません. また, $\beta_A > 0$ が想定されることも変わりませんが, ブランド B の特別展示の影響を示すパラメータ β_B については相対的な A の魅力度に負の影響を与える ($\beta_B < 0$ と

なる）ことが想定されるということになります.

　では，得られたモデルに合わせて説明変数を定義していきましょう. もともと
のデータには価格比（PRatio）がないので，追加する必要があります.

```
data_chap4["PRatio"] <- log(data_chap4[,5]) - log(data_chap4[,4])
```

(4.20) は v_t に対応して PRatio, DispA, DispB を説明変数に含む回帰モデルとし
て定義します. ここではブランド A の選択行動を検討するため，ブランド A の
購買履歴である YA が目的変数になります. ここで，関数 as.formula はモデル
式を定義する関数になります.

```
formula_1 <- as.formula(YA ~ PRatio + DispA + DispB)
```

関数 glm を使えば，ロジットモデルおよびプロビットモデルの推定を行うことが
できます. オプションの link に logit と入力すればロジットモデルの推定結果
を得ることができ，probit と入力すればプロビットモデルの推定結果を得るこ
とができます. 推定結果は model_logit および model_probit に格納されていま
す.

```
model_logit <- glm(formula_1, data = data_chap4,
                   family = binomial(link = logit))
model_probit <- glm(formula_1, data = data_chap4,
                    family = binomial(link = probit))
```

4.4.2　推定結果

　結果の一覧は，関数 summary を使って呼び出すことができます. まず注目した
いのは Coefficients です. Estimates は推定された係数，Std.Error は標準誤
差，z value は z 値になります.

　線形回帰モデルの推定を行う lm では Estimates, Std.Error, t value が出力さ
れていましたが，glm では z value が出力されています. これは，推定値を z 検
定するための統計量になります. 第 k 個目のパラメータについて，推定値を
β_k，標準誤差を SE_k とすると，z 値は $z_k = \beta_k / SE_k$ という関係になっています.
ここで，$z_k \sim N(0, 1)$ とされているため，z が 0 であるという帰無仮説を検討する

ためには標準正規分布を使えばよいということになります．標準正規分布ですの
で，z値がおおよそ2以上あれば5%水準で有意ということができます．

```
summary(model_logit)
##
## Call:
## glm(formula = formula_1, family = binomial(link = logit), data =
##     data_chap4)
##
## Deviance Residuals:
##     Min       1Q   Median       3Q      Max
## -2.2552   0.4047   0.5190   0.5874   1.2918
##
## Coefficients:
##              Estimate Std. Error z value Pr(>|z|)
## (Intercept)    1.8117     0.1770  10.234  < 2e-16 ***
## PRatio         4.1036     2.0614   1.991 0.046518 *
## DispA          0.6293     0.3943   1.596 0.110478
## DispB         -1.4750     0.4005  -3.683 0.000231 ***
## ---
## Signif. codes:  0 '***' 0.001 '**' 0.01 '*' 0.05 '.' 0.1 ' ' 1
##
## (Dispersion parameter for binomial family taken to be 1)
##
##     Null deviance: 316.28  on 364  degrees of freedom
## Residual deviance: 298.28  on 361  degrees of freedom
## AIC: 306.28
##
## Number of Fisher Scoring iterations: 5
```

ロジットモデルとプロビットモデルの推定結果について，stargazerを使ってま
とめると以下のようになります．係数の符号とp値についてはほぼ同じ値が出て
おり，どちらの結果を使ってもおおよそ同じ結果を得ることができることがわか
ります．ただし，推定値の大きさはプロビットモデルよりもロジットモデルの方
が大きくなります．これはリンク関数の裾の長さが違うことに起因するもので，
ロジットモデルの係数が大きいからといって，プロビットモデルよりも説明変数
が被説明変数に与える影響が大きいというわけではありません．

```
library(stargazer)
```

```
stargazer(model_logit, model_probit, type = "text")
##
## ================================================
##                      Dependent variable:
##                 ----------------------------
##                              YA
##                    logistic          probit
##                      (1)               (2)
## ------------------------------------------------
## PRatio            4.104**           2.343**
##                   (2.061)           (1.133)
##
## DispA             0.629             0.350*
##                   (0.394)           (0.210)
##
## DispB            -1.475***         -0.855***
##                   (0.401)           (0.240)
##
## Constant          1.812***          1.075***
##                   (0.177)           (0.096)
##
## ------------------------------------------------
## Observations      365               365
## Log Likelihood   -149.142          -149.012
## Akaike Inf. Crit. 306.284           306.024
## ================================================
## Note:            *p<0.1; **p<0.05; ***p<0.01
```

結果から見ると，価格比 PRatio は有意に負であり，ブランド A がブランド B に対して高価になるほどブランド A は選択されにくくなることが示されました．また，ブランド A の特別展示 DispA による正の影響は強くない一方，ブランド B の特別展示 DispB がブランド A の選択確率を有意に下げることも確かめられました．

4.4.3 モデル比較

モデルの適合度がどれくらい優れているのか，複数のモデルを比較する場合，線形回帰モデルであれば決定係数や調整済み決定係数を用いましたが，ロジットモデル，プロビットモデルでは直接決定係数を用いることができません．AIC や

BIC については同様に出力することができますので，複数のモデルを比較すると
きは AIC，BIC を用いるのが一般的です．ここでは，価格のみを含めたモデルと
の結果を比較してみましょう．なお，以降ではロジットモデルの結果のみを示し
ていますが，プロビットモデルについても同じように結果を得ることができます．

```
formula_p <- as.formula(YA ~ PRatio)
model_logitp <- glm(formula_p, data = data_chap4,
                    family = binomial(link = logit))
model_probitp <- glm(formula_p, data = data_chap4,
                    family = binomial(link = probit))
```

　推定結果を格納したオブジェクトを引数にした関数から，AIC および BIC を出
力することができます．AIC，BIC は値の小さいモデルの方が当てはまりがよい
ので，この場合，説明変数として価格だけでなく特別展示も入れることでモデル
の適合が向上していることがわかります．

```
AIC(model_logitp, model_logit)
##              df      AIC
## model_logitp 2 316.1503
## model_logit  4 306.2842
BIC(model_logitp, model_logit)
##              df      BIC
## model_logitp 2 323.9501
## model_logit  4 321.8838
```

　また，ロジットモデル，プロビットモデルにおいては，McFadden R^2 という疑
似的な決定係数を出力することもあります．以下の式で定義される指標ですが，
線形回帰モデルの決定係数よりもやや低めの値を返します．

$$\text{McFadden } R^2 = 1 - \frac{\log L(\beta_1)}{\log L(\beta_0)} \tag{4.21}$$

ここで，$L(\beta_0)$ は切片のみを説明変数に持ったモデルの尤度であり，$L(\beta_1)$ は今回
の事例では価格，特別展示を含めたモデルの尤度になります．McFadden R^2 を計
算するためには，切片のみのモデルを定義し，推定結果を得ます．

```
formula_0 <- as.formula(YA ~ 1)
model_logit0 <- glm(formula_0, data = data_chap4,
```

```
family = binomial(link = logit))
```

値を計算するために対数尤度が必要ですが,関数 logLik を使うことで簡単に得ることができます.

```
mcfadden_r <- 1 - logLik(model_logit)[1] / logLik(model_logit0)[1]
mcfadden_r
## [1] 0.05688572
```

まとめると,得られたモデルから,以下のことがわかります.

1. ブランド A のブランド B に対する相対的な価格が高いと,ブランド A の市場シェアは低下する.

2. ブランド B のセールスプロモーションが行われると,ブランド B の市場シェアは低下する.

4.5 予 測

4.5.1 推定用データと検証用データ

モデルから,価格の変更やセールスプロモーションによってブランド A と B のシェアが変わりうることが示されました.では,価格やセールスプロモーションの影響によって購買確率がどのように変化するのか,**予測**を立てることはできるのでしょうか.また,どうやって予測の精度を比較すればよいのでしょうか.本節では予測を扱います.

まず,予測においては,パラメータを推定する「推定用データセット」と,予測精度を検討する「予測用データセット」を作る必要があります.「推定用データセット」は過去のデータであり,「予測用データセット」は未来のデータとも考えることができます.推定用データセットでパラメータを推定し,そのパラメータと予測用データセットの説明変数を使って選択確率の予測値を得ることができるのです.このように予測用データセットを分けて予測精度を比較することで,「オーバーフィッティング」の問題を解決することができます.線形回帰モデルでは,説明変数を増やしていくことで,モデルの尤度や決定係数は上昇しま

す．AIC や自由度調整済み決定係数などで説明変数の選択を行うこともできますが，どうしてもパラメータの推定値はデータセットに依存します．そこで，パラメータを推定するためのデータと予測をするためのデータを分割し，モデルの予測精度を検証します．

では，推定用データセットと予測用データセットを分けましょう．data_chap4の7列目である Forecast は，前半の70％は0が記録され，後半の30％は1が記録されています．これが0であるデータを推定用データセットとし，これが1であるデータを予測用のデータセットとします．後ろに c が付いているオブジェクト data_chap4_c はパラメータの推定用で，f が付いているオブジェクト data_chap4_f は予測のためのデータセットです．

```
data_chap4_c <- data_chap4[data_chap4$Forecast == 0,]
data_chap4_f <- data_chap4[data_chap4$Forecast == 1,]
```

次に，推定用のデータセットを使ってパラメータの推定を行います．推定結果のオブジェクトから $coef を呼び出すことでベクトル型のパラメータを得ることができます．以下ではロジットモデルの推定を行っていますが，プロビットモデルでも同様の推定を行うことができます．

```
model_logit_c <- glm(formula_1, data = data_chap4_c,
                     family = binomial(link = logit))
beta <- model_logit_c$coef
```

推定用データセットから得られたパラメータは beta というオブジェクトに入っています．ここから，説明変数との線形結合である v_i（est_v）を計算します．

```
est_v <- cbind(1,data_chap4_f$PriceRatio,
               data_chap4_f$DispA,
               data_chap4_f$DispB) %*% beta
```

この est_v から，選択確率を計算することができます．ここはロジットモデルとプロビットモデルで少し異なります．ロジットモデルの場合はロジスティック関数をそのまま使って計算すればよいのですが，プロビットモデルの場合は関数 pnorm を使うと便利です．関数 pnorm は，標準正規分布の分布関数を返す関数であり，$\Phi(x) = $ pnorm(x) です．標準正規分布の分布関数の値を得るためには，本

来は密度関数の積分が必要ですが，関数を用いることで簡単に確率を得ることができます．

$$\text{ロジットモデル}: \Pr(y_{tA} = 1) = \frac{\exp(v_t)}{1 + \exp(v_t)} \tag{4.22}$$

$$\text{プロビットモデル}: \Pr(y_{tA} = 1) = \Phi(v_t) \tag{4.23}$$

```
est_p <- exp(est_v) / (1 + exp(est_v))
# プロビットモデルなら，est_p <- pnorm(est_v)
```

4.5.2 予測精度の検証

予測精度の検証にはいくつかの方法がありますが，それぞれ特性があるので，目的に応じて使い分けることが重要です．得れる結果が 0 か 1 なので，MSE（Mean Squared Error; 平均二乗誤差）や MAE（Mean Absolute Error; 平均絶対誤差）を使うのはあまり望ましくないので，{0,1} の二値の予測に適した指標を用います．

予測・実現行列

まず，最も単純な方法は**予測・実現行列**を作成することです．今回の例でいえ
ば，ブランド A を購入すると予測したケースが，実際に本当にブランド A を購
入したのか，あるいはブランド B を購入したのかを検討していくことができます．
予測で {0,1} を判定すれば，実際も {0,1} の結果が得られますので，以下のような
2 × 2 の行列を得ることができます．

予測 ＼ 実現	0	1
0	p_{00}	p_{01}
1	p_{10}	p_{11}

ここで，$p_{jk}(j, k \in \{0, 1\})$ は $y = j$ と予測して，実際に $y = k$ となった件数を表して
います．したがって，$j = k$ のとき，p_{jk} は予測と実現値が一致する件数を意味し
ます．この予測・実現行列が作成できれば，予測精度の指標を簡単に計算するこ
とができます．0 と予測したサンプルが実際も 0 で，1 と予測したサンプルが実

際に 1 であれば予測が当たったということになりますので，正答率（hit rate）を
求めることで予測の精度を検討することができます．

$$正答率 = \frac{p_{00} + p_{11}}{p_{00} + p_{01} + p_{10} + p_{11}} \tag{4.24}$$

ただ，ここで 1 つ問題があります．推定されたパラメータから，$\Pr(y_{tA} = 1)$ とし
て 0 から 1 までの連続型の予測確率が得られています．どの値を閾値にして 1
（ブランド A を選択する）と 0（ブランド B を選択する）に分ければよいので
しょうか．主に用いられている閾値は 2 つあります．1 つは 0.5 で分ける方法で
す．$\Pr(y_{tA} = 1)$ が 0.5 よりも大きければ 1（A を選択）とし，0.5 以下であれば 0
（B を選択）とします．直感的に納得ができます．また，もう 1 つの方法はブラ
ンド間のシェアを用いる方法です．ブランド A の推定用データにおけるシェアを
s とすると，$\Pr(y_{tA} = 1) > s$ であれば 1 と判定し，そうでなければ 0 と判定する
という基準もあります．

　以下のコードは，予測・実現行列 m を計算するためのものです．まず閾値 s を
定義しますが，0.5 とする場合と推定用データのシェアを用いる方法の 2 つを提
示しています．また，`ya_ff` は予測用の選択結果のデータですが，ここでは
`factor` 型に変換しています．`est_y` は予測される選択の判定ですが，これも同
様に `factor` 型に変換します．この 2 つのオブジェクトのクロス集計である行列
m は関数 `table` によって簡単に得ることができます．最後に対角項の和を分子，
要素の総和を分母にとって正答率を計算します．

```
s <- 0.5 # 閾値が 0.5 のとき
#s <- mean(data_chap4_c$YA) # 閾値がブランドのシェアのとき

ya_f <- data_chap4_f$YA
ya_ff <- factor(ya_f, levels = c(0, 1))
est_y <- as.numeric(est_p > s)
est_y <- factor(est_y, levels = c(0,1))

m <- table(ya_ff, est_y)
sum(diag(m)) / sum(m)
```

ここで計算結果を得ると，閾値が 0.5 のときは，正答率は 0.818 であり，閾値が
市場シェアのときは正答率が 0.618 となっているようなので，閾値を 0.5 とする

表 4.1 予測・実現行列

閾値＝0.5

実現 予測	0 （B を選択）	1 （A を選択）
0（B を選択）	9	11
1（A を選択）	11	59

閾値＝市場シェア

実現 予測	0 （B を選択）	1 （A を選択）
0（B を選択）	0	20
1（A を選択）	0	90

方がよいような気がします．しかしながら，予測・実現行列を実際に見てみると，予測にはかなりの偏りがあることがわかります．表 4.1 は，閾値＝0.5，閾値＝市場シェアのときの予測・実現行列 m の出力結果です．これを見るとわかるように，閾値が 0.5 のときは，ブランド A を選択すると予測したデータに関して，予測がすべて的中しています．もともとブランド A の市場シェアが非常に高いため，すべての消費者がブランド A を選択すると予測すると，そのまま市場シェアがヒットレートになりますが，それでも予測能力が高く見えてしまうのです．いうまでもなく，予測用セットにおけるブランド A のシェアは 0.818 なので，全員が A を選択するという予測で「約 82％の消費者の選択行動を当てた」という結果が得られてしまうのです．ヒットレートで予測をするときには，もともとのシェアの差が大きすぎると適切な結果を得られないこともあるので注意が必要です．

ROC 曲線

　すでに述べたように，二値の選択問題ではありますが，推定された確率から連続型の予測確率が得られており，予測確率を使って「A を最も選択しそうなケース」から「B を最も選択しそうなケース」までかなり細かい順位付けを行うことができます．順位付けは推定された効用 v_i を使っても予測確率と同じ結果を得ることができるのでこれを使うこともできます．ここでは，連続型のスコアを用いて二値の予測を行うための指標として **ROC 曲線**と，その曲線から計算される **AUC**（Area Under Curve）を説明します．

ROC 曲線は，ヒットレートの閾値を連続的に変化させていったときに得られる図とも解釈することができます．ある閾値 s を取ったときに得られる予測・実現行列について，p_{00} の値は予測も実現も 0 なので TN（True Negative）といい，p_{11} を予測も実現も 1 なので TP（True Positive）といいます．加えて非対角項について，p_{01} は 0 であると予測されたにもかかわらず 1 であったので FN（False Negative），p_{10} は 1 であると予測されたにもかかわらず 0 であったため FP（False Positive）といいます．この 4 つから，以下の **TPR**（True Positive Rate; 真陽性率）と **FPR**（False Positive Rate; 偽陽性率）を図にプロットしていきます．

$$TPR = \frac{TP}{TP + FN} \tag{4.25}$$

$$FPR = \frac{FP}{FP + TN} \tag{4.26}$$

指標の定義は直感的にわかりにくいですが，出力は非常にわかりやすく，機械学習などの分野でも，二値判別を行うモデルの予測指標としてよく使われていますので，まずは出力結果を見てみましょう．関数 roc のコードは章末の補論にありますので，まず補論の関数を定義してから使ってください．

関数 roc の第 1 引数には予測対象となる実際の選択結果を入れ，第 2 引数は対応する予測確率を入れます．出力結果の roc.res には \$curve と \$score という 2 つの結果が含まれています．

```
res_roc <- roc(ya_f, est_p)
plot(res_roc$curve, type = "l",
     xlab = "False Positive Rate", ylab = "True Positive Rate")
lines(c(0, 1), c(0, 1))
```

まず \$curve をプロットしてみましょう．以下に示された**図 4.2** が ROC 曲線になります．あわせて 45 度線が引かれていますが，多くの場合 45 度線の左上に膨れた曲線が描かれます．この曲線から直感的に予測能力を検討することができます．左上に膨れるほど予測能力が高く，45 度線より上にあれば予測能力が「ある」といえます．

加えて，この曲線より下の面積が \$score であり，AUC と呼ばれる指標になります．AUC は 0 から 1 の間の値を取ります．完全にランダムに予測を行うと AUC の期待値は 0.5 になりますので，0.5 よりも大きな値であればそのモデルは

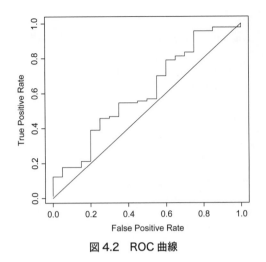

図 4.2 ROC 曲線

予測能力があることになります．描かれた曲線から直感的にとらえることもでき
ますが，指標として数値にすることで，より明確なモデルの比較ができるように
なります．また，ROC 曲線と AUC は，ヒットレートのようにシェアの偏りがあ
るデータにおいても広く適用できるため，多様な分野でモデルの予測精度を検討
するために使われています．

ゲインチャート

ここでは，もう 1 つの予測精度を検討する方法である**ゲインチャート**について
説明します．ROC 曲線と同じく連続型の予測スコアを使いますが，ゲイン
チャートは，出力については必ずしも 0, 1 の二値である必要はありません．図の
描き方は単純で，予測用サンプルを，予測確率が高い順に並べ替え，縦軸には予
測用サンプルの累積購買量をプロットしていきます．これも ROC 曲線と同様に
関数 gain を使ってまずは図を描いてみましょう．関数 gain も補論にあるので，
それをまず定義して，以下のコードを実行してください．

```
res_gain_a <- gain(ya_f, est_p)
plot(c(0, res_gain_a), type = "l",
     xlab = "Number of Customers", ylab = "Cumulative Purchase")
lines(c(1, length(ya_f)), c(0, sum(ya_f)))
```

```
# 完全予測の点線を追加
res_gain_ap <- gain(ya_f, ya_f)
par(new = TRUE)
plot(c(0, res_gain_ap), type = "l", lty = 2,
     ann = FALSE, axes = FALSE)
```

```
res_gain_b <- gain(1 - ya_f, 1 - est_p)
plot(c(0, res_gain_b), type = "l",
     xlab = "Number of Customers", ylab = "Cumulative Purchase")
lines(c(1, length(ya_f)), c(0, sum(1 - ya_f)))

# 完全予測の点線を追加
res_gain_ap <- gain(1 - ya_f, 1 - ya_f)
par(new = TRUE)
plot(c(0, res_gain_ap), type = "l", lty = 2,
     ann = FALSE, axes = FALSE)
```

以下，図4.3では2つの図を描画しています．まずは両方の図の実線に注目してください．左はブランドAの購入を予測対象としたゲインチャート，右はブランドBの購入を予測対象としたゲインチャートです．どちらも同じモデルの同じ予測結果ですが，多少印象が違います．

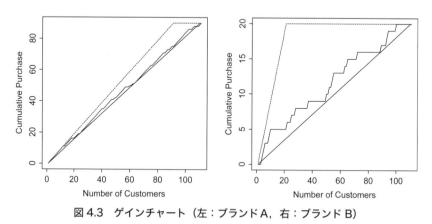

図4.3 ゲインチャート（左：ブランドA，右：ブランドB)

ゲインチャートもROC曲線と同様，左上に膨れた曲線であるほど予測精度がよいという判断をすることができます．また，完全にランダムに予測を行うと，45度線上（図で45度に見えるだけで厳密には違います）に曲線が乗るとされて

いますので，予測能力の差異を複数のモデルについて比較することができるという点は同じです．しかしながら，ROC 曲線と比較していくつかの差異があります．1つは，完璧な予測がされた場合，ROC 曲線は原点から垂直の直線が立ち上がりますが，ゲインチャートは垂直になりません．ゲインチャートは累積の売上個数を図示しているので，シェアが高いと完全予測のときの曲線はなだらかになります．実は両方の図の左上に引かれている点線が完全予測のときのゲインチャートになります．ブランド A はシェアが高いので非常になだらかになり，ブランド B はシェアが低いので急な立ち上がりの直線になっています．

このような特性から，ゲインチャートは ROC 曲線よりは直感的な予測精度の理解が面倒ですが，マーケティング戦略上，ゲインチャートにも利点はあります．個別プロモーションのコスト算出において「予測スコア上位何％にプロモーションをかけることで，潜在顧客の何％にヒットするか」を検討する場合，優れた指標となります．たとえば今回の場合，各ケースを個人の購買として考えると，ブランド A の購買確率の上位 50％にはブランド A の顧客の 53.3％が含まれていることがわかります．これは，横軸の値が 55（全消費者の半分）のときのゲインチャート上の縦軸の値をブランド A の購入者数で割ったものとして計算できます．一方，ブランド B については，購買確率の上位 50％に，実際の購買者の65％が含まれていることがわかります．これも同様に，横軸の値が 55 のときのゲインチャート上の縦軸の値をブランド B の購入者数で割ったもの相当します．とくにマーケティングでは，売上上位顧客 30％で全売り上げの 70％を占めるといわれているなど，上位顧客の偏りがあるといわれており，そのような市場を対象に分析をするなら，ゲインチャートによって上位顧客のカバー率を検討することができます．また，今回のブランド B のように，市場全体のシェアが小さい，あるいはほかの製品でも購入者が市場全体の数％，1％未満といった場合でも，スコアを検討していくことでプロモーション予算と効果の見込みを立てることができます．

4.6　まとめ

本章では，線形回帰モデルではそのまま分析を行うことが難しい二値の選択問

題について基本的な考え方とモデルの定義，推定結果の解釈を説明しました．本章で扱ったロジットモデル，プロビットモデルは，とくに二値の目的変数を持つ場合，二項ロジットモデル，二項プロビットモデルと呼ばれることもあります．これは，後の章で紹介する 3 つ以上の選択モデルとの差異を明確にするために呼び分けられているので，3 つ以上の選択問題については今後の章を参考にしてください．

　また，本章では「予測」についてもページ数を割いて説明しました．とくに機械学習分野では，二値の判別問題を頻繁に扱い，開発したモデルの予測能力を検討するために ROC 曲線，AUC がしばしば使われています．また，本文中でも述べた通り，マーケティング・データベースの分析においては，コストの観点からゲインチャートが使われることもあります．ヒットレートについては，本章のデータではあまり有効な情報とはなりませんでしたが，分析対象のデータによっては，直感的かつ説得力のある出力を得ることもできます．いずれにしても，分析の目的やデータの特性に合わせて，これらの指標をうまく使い分けることが重要といえるでしょう．

補論　ROC と gain の関数

　以下に，ROC 曲線を作成するための関数 roc とゲインチャートを作成するための関数 gain のコードを示します．どちらも入力として選択の有無を示す二値関数の観測値 y と予測値 p です．

関数 roc

```
roc <- function(y, p){
        yo <- y[order(-p)]
        n <- length(yo)
        curve <- matrix(0, n, 2)
        nn <- sum(yo == 0)
        pn <- sum(yo == 1)
        for (i in 1:n){
                curve[i,1] <- sum(yo[1:i] == 0) / nn
```

```
        curve[i,2] <- sum(yo[1:i] == 1) / pn
     }
     lst <- as.list(NULL)
     lst$curve <- curve
     lst$score <-  sum(curve[yo == 0,2]) / sum(yo == 0)
     return(lst)
}
```

関数 gain

```
gain <- function(y, p){
     yo <- y[order(-p)]
     n <- length(yo)
     yg <- yo[1]
     for (i in 2:n){
             yg[i] <- yg[i - 1] + yo[i]
     }
     return(yg)
}
```

章末問題

1. 以下のモデル 1, 2 について，二項ロジットモデルでパラメータ推定を行い，推定用データセットから McFadden R^2 と AIC，予測用データセットから ROC スコア（AUC）を計算しなさい．

$$\text{モデル } 1 : v_i = \beta_0 + \beta_P \, PRatio_i$$
$$\text{モデル } 2 : v_i = \beta_0 + \beta_P \, PRatio_i + \beta_A \, DispB_i + \beta_B \, DispB_i$$

2. 予測用データセットを分けてパラメータ推定を行うことの利点と欠点をそれぞれ 1 つずつ挙げ，予測用データセットを作ることの是非を議論しなさい．

第5章
複数の選択肢がある
問題の分析

　前章では，たとえば「買う」，「買わない」など，2つの選択肢からの選択問題を考えました．目的変数が0か1になるというところは，連続型の目的変数を取る線形回帰モデルと比較すると処理がやや面倒でしたが，背景に効用を仮定した確率モデルとして考えると，「購入する確率が増加する要因」＝「対象の製品に対する効用を向上させる要因」であり，これは「購入しない確率が減少する要因」と同じ意味を持つことになります．効用という1つの潜在変数が検討対象になるという考え方を導入すれば，線形回帰モデルと同様の解釈ができることがわかりました．本章では，前章の選択問題の拡張として，選択肢が3つ以上ある場合の分析手法について解説します．

[本書サポートサイト掲載の chapter_05.csv のデータを使用します.]

5.1　3つ以上の選択肢がある場合

　さて，3つ以上の選択肢がある場合はどのような考え方ができるのでしょうか．実際にマーケティングが解決しなければならない問題の中には，3つ以上の選択肢が存在するケースは決して少なくありません．夕食を何にするか，ドラッグストアでどのメーカーの洗剤を購入するか，どの大学に進学するか，与えられた選択肢が3つ以上の場合は，それぞれの効用を考えて，相対的に最も高い効用をもたらすと期待できる選択肢を採用することになるでしょう．前章では，AとBの効用の相対化は，AとBの効用の差として1次元にまとめることができました．しかしながら，これがJ個の選択肢から検討することになると，選択における影響要因の分析は複雑になってしまいます．そこで，本章では，前章までの二項選

択問題を拡張した多項選択問題を扱います．とくに，マーケティング分析で非常によく使われる「**多項ロジットモデル**」について，数理的背景や性質を含めた使い方を解説していきます．

5.2 多項選択のデータ （4つのブランドが競合する製品市場）

さて，まずは4つのブランドが競合するスナック市場を考えてみましょう．ここで用いるデータの概要を**表5.1**で説明しています．この事例では，ブランド選択を行う主体は家計で，データの2列目が各家計のID番号を示しています．選択対象とするブランドはプライベートブランド，SUNSHINE，KEEBLERとNABISCOの4つです．データの4列目から7列目はブランドの選択結果で，4

表5.1 データ概要

項 目	概 要
OBS	観測された購買の番号
HOUSEHOLDID	家計のID番号
LASTPURCHASE	各家計の最後の購買を示すダミー変数
y.PRIVATE	プライベートブランドの選択の有無を示すダミー変数
y.SUNSHINE	ブランドSUNSHINEの選択の有無を示すダミー変数
y.KEEBLER	ブランドKEEBLERの選択の有無を示すダミー変数
y.NABISCO	ブランドNABISCOの選択の有無を示すダミー変数
PRICE.PRIVATE	プライベートブランドの価格
PRICE.SUNSHINE	ブランドSUNSHINEの価格
PRICE.KEEBLER	ブランドKEEBLERの価格
PRICE.NABISCO	ブランドNABISCOの価格
DISPL.PRIVATE	プライベートブランドの特別陳列の有無を示すダミー変数
DISPL.SUNSHINE	ブランドSUNSHINEの特別陳列の有無を示すダミー変数
DISPL.KEEBLER	ブランドKEEBLERの特別陳列の有無を示すダミー変数
DISPL.NABISCO	ブランドNABISCOの特別陳列の有無を示すダミー変数
FEAT.PRIVATE	プライベートブランドのチラシ広告の有無を示すダミー変数
FEAT.SUNSHINE	ブランドSUNSHINEのチラシ広告の有無を示すダミー変数
FEAT.KEEBLER	ブランドKEEBLERのチラシ広告の有無を示すダミー変数
FEAT.NABISCO	ブランドNABISCOのチラシ広告の有無を示すダミー変数
FD.PRIVATE	プライベートブランドの特別陳列とチラシ広告の有無を示すダミー変数
FD.SUNSHINE	ブランドSUNSHINEの特別陳列とチラシ広告の有無を示すダミー変数
FD.KEEBLER	ブランドKEEBLERの特別陳列とチラシ広告の有無を示すダミー変数
FD.NABISCO	ブランドNABISCOの特別陳列とチラシ広告の有無を示すダミー変数

つあるブランドのどれか 1 つが選択されています．また，8〜11 列目はそれぞれ
のブランドの価格，12〜15 列目には特別陳列の実施，16〜19 列目にはチラシ広
告の配布状況になっています．最後に，19 列目から 23 列目はそれぞれのブラン
ドに関して特別陳列とチラシ広告が同時に実施されたかどうかを示すダミー変数
になっています．

　以下のコードでデータを読み込み，関数 head を用いてその一部を表示しま
しょう．

```
data_chap5 <- read.csv("chapter_05.csv", header = TRUE)
```

ブランドごとが選択された割合は以下のように棒グラフで表すことができます．
この指標は各ブランドの市場シェアとして考えることができますが，市場シェア
1 位のブランド NABISCO がかなり大きなシェアを維持していることがわかりま
す．

```
barplot(colMeans(data_chap5[,4:7]))
```

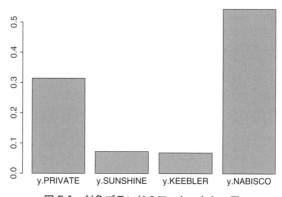

図 5.1　対象ブランドのマーケットシェア

　次に，ブランドごとの価格設定を調べます．以下のように各ブランドの平均価
格を棒グラフで表します．図から，ブランドごとの平均価格に差があることがわ
かり，各ブランドが異なる価格プロモーション戦略を実施していることが伺えま
す．たとえば，平均価格を見てみると，プライベートブランド（PRIVATE）が
最も安価で，KEEBLER が最も高価であることがわかります．市場シェアが最も

高い NABISCO は平均販売価格においては高い方から 2 番目ということになります. 市場シェアとしては SUNSHINE と KEEBLER は同じくらいでしたが, 市場地位には差異があるといえます.

```
barplot(colMeans(data_chap5[,8:11]), main = "PRICE")
```

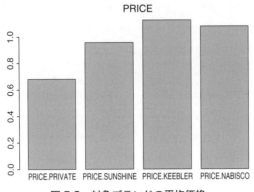

図 5.2 対象ブランドの平均価格

5.3 選択モデルの定義

5.3.1 多項ロジットモデル

二項選択問題では, 目的変数はベルヌーイ分布に従うという仮定を置いていましたが, これを多項選択問題に拡張したとき, 仮定する分布は「カテゴリカル分布」と呼ばれる分布になります. ベルヌーイ分布は試行 1 回の二項分布でしたが, カテゴリカル分布も同様に, 試行 1 回の多項分布になります. カテゴリカル分布においては, たとえば J 個の選択肢があったときに, 1 回の試行でどれか 1 つだけの事象が観測されると仮定しています. 最も身近な例はサイコロになります. サイコロを 1 回振ると, 1 から 6 の目のどれか 1 つが出ます. ベルヌーイ分布のコイン投げの拡張と考えると想像しやすいのではないでしょうか.

さて, ある消費者 i の選択行動の結果をベクトル y_i とおきます. J 個ある選択肢の中から 1 つを選ぶとき, $y_{ij} = 1$ かつ $y_{ik} = 0, k \neq j$ とします. このとき, y_i は

次のようなカテゴリカル分布に従っているとします.

$$y_i \sim Categorical_J(\theta_i) \tag{5.1}$$

ここで,θ_i は J 次元のベクトルになり,その第 j 要素を θ_{ij} とすると,$\theta_{ij} \in (0,1)$ かつ $\sum_{j=1}^{J} \theta_{ij} = 1$ となるようなパラメータになります.ベルヌーイ分布と同様に,この数値はそのまま y_i がその値を取る確率になります.したがって,$\Pr(y_i = j) = \theta_{ij}$ ということになります.カテゴリカル分布の確率関数は以下の構造になっています.二項選択問題であるベルヌーイ分布を多項選択問題に拡張した形をしています.

$$\Pr(y_i|\theta_i) = \prod_{j=1}^{J} \theta_{ij}^{y_{ij}} \tag{5.2}$$

この θ_{ij} が大きければ選択肢 j が採用される確率,つまりは $y_{ij} = 1$ となる確率が上がり,小さければ下がることになります.二項選択モデルと同様,回帰分析の構造を仮定するのであれば,$v_{ij} \in (-\infty, \infty)$ となる効用を変換するリンク関数を考える必要があります.

$$\theta_{ij} = F(v_{ij}) \tag{5.3}$$

リンク関数については,θ_{ij} と v_{ij} が単調な関係にあることが求められます.また,θ_{ij} についても条件がありますが,これらの条件を満たし,よく使われている適切な関数が以下になります.

$$F(v_{ij}) = \frac{\exp(v_{ij})}{\sum_{k=1}^{J} \exp(v_{ik})} \tag{5.4}$$

上記の関数は,二項ロジットモデルを拡張したもので,$\theta_{ij} \in (0,1)$ かつ $\sum_{j=1}^{J} \theta_{ij} = 1$ という条件を満たしています.また,他の効用 $v_{ik}, k \neq j$ が一定のままで v_{ij} が大きくなれば θ_{ij} も大きくなります.また,$u_{ij} = v_{ij} + \varepsilon_{ij}$ という効用を仮定し,ε_{ij} に第 1 種極値分布を仮定したときに得られる確率を計算したときにも同じ関数を得ることができます.

選択確率が上記のように定義されるモデルは,選択肢が 3 つ以上で「多項」であること,ロジスティック関数を拡張していることから「**多項ロジットモデル**」と呼ばれています.多項ロジットモデルはブランド選択をはじめとしたマーケティングにおける選択問題で広く使われています.

5.3.2 モデルの定式化

さて，では具体的に，v_{ij} にどのような変数を考えるべきでしょうか．まず，得られたデータからは，選択行動に影響を与えると考えられる要因として，価格，プロモーション（特別展示，広告）に関する情報がブランドごとに得られています．そこで，ブランド j については以下のような構造を考えることができそうです．

$$v_{ij} = \beta_{0j} + \gamma_1 Price_{ij} + \gamma_2 Disp_{ij} + \gamma_3 Feat_{ij} + \gamma_4 FeatDisp_{ij} \tag{5.5}$$

ここで，切片はブランドごとに異なるパラメータが得られ，価格，特別展示，広告についてはブランド間で共通のパラメータを仮定しています．価格やプロモーションに関する感度はブランドごとに変わるものではないと考えると，妥当といえるでしょう．また，特別展示と広告は一度に実施するとシナジー効果があるかもしれませんので，両方実施したときのみに 1 を取る変数（FeatDisp）をモデルに含めることにしましょう．

ただ，モデルの定式化はこの限りではありません．たとえば価格についてはブランド間で共通のパラメータを仮定しても，広告宣伝にはブランド間で感度の違いがあるかもしれません．そこで，価格以外はブランドごとに効果が異なる関係を仮定すると，以下のようなモデルになります．

$$v_{ij} = \beta_{0j} + \beta_{1j} Disp_{ij} + \beta_{2j} Feat_{ij} + \beta_{3j} FeatDisp_{ij} + \gamma_1 Price_{ij} \tag{5.6}$$

説明変数の効果がブランドごとに異なるのか，ブランド間で共通なのかは個別の事例を注意深く検討する必要があります．また，推定にあたって考慮しなければならないことがあります．選択確率は，分子は $\exp(v_{ij})$，分母は $\sum_{k=1}^{J} \exp(v_{ik})$ になっています．この効用 v_{ij} については，相対的な高低の比較のみが意味を持つことになります．そこで，ブランドごとに与えられているパラメータについては，どれか 1 つのパラメータを固定する必要があります．効用は相対比較しかできないということを思い出してもらうとわかりやすいかと思いますが，切片項以外にも，ブランド間で共通の変数があった場合も，パラメータの 1 つを固定する必要があります．たとえば，消費者 i の選択機会における状況的要因として気温（$Temp_i$）という個別のブランドとは関係のない変数を入れると，以下のようなモ

デルが考えられますが，すべてのブランドに同じ影響を及ぼすという仮定をしてもパラメータの推定はできません．

$$v_{ij} = \beta_{0j} + \beta_{1j}Price_{ij} + \gamma Temp_i \tag{5.7}$$

ここで効用の差を考えてみましょう．たとえば選択肢1（$j \neq 1$）との相対値を取ると，以下のように，$Temp_i\gamma$ が相殺されてしまうことがわかります．すべてのブランドに対して，同じ要因が同程度の影響を及ぼすのであれば，相対的な効用の値には影響を及ぼすことはないのです．

$$
\begin{aligned}
v_{ij} - v_{i1} &= (\beta_{0j} - \beta_{01}) + (\beta_{1j}Price_{ij} - \beta_{11}Price_{i1}) + (\gamma Temp_i - \gamma Temp_i) \\
&= (\beta_{0j} - \beta_{01}) + (\beta_{1j}Price_{ij} - \beta_{11}Price_{i1})
\end{aligned}
\tag{5.8}
$$

したがって，$Temp_i$ はブランド間で影響が異なると仮定する必要があります．

$$v_{ij} = \beta_{0j} + \beta_{1j}Price_{ij} + \beta_{2j}Temp_i \tag{5.9}$$

差を取ると，切片と同様に，パラメータの差が残ります．$Temp_i$ が相殺されることはなくなりましたが，推定値を得るためには，J 個あるパラメータの少なくとも1つについては値を固定する必要が出てきます．

$$v_{ij} - v_{i1} = (\beta_{0j} - \beta_{01}) + (\beta_{1j}Price_{ij} - \beta_{11}Price_{i1}) + (\beta_{2j} - \beta_{21})Temp_i \tag{5.10}$$

1つの購買機会 i において，すべてのブランドについて異なる値が得られている変数については，ブランド間で共通のパラメータを持つこともできますし，異なるパラメータを持つこともできます．制約をかける必要もありません．しかしながら，1つの購買機会 i において，すべてのブランドについて共通の値となる変数については，ブランドごとに異なるパラメータを仮定する必要がありますし，いずれか1つのブランドのパラメータを固定する必要があります．とくに後者の場合は，得られた結果の解釈にも注意が必要です．たとえばあるブランドのパラメータを0に固定したとき，推定結果として得られたパラメータはすべて固定したブランドと比較した相対値になります．このとき，たとえば有意に正あるいは負の結果が得られていたとしても，それは0に固定したブランドとの差が有意であるという意味になります．数値の大小関係を比較することは問題ありませんが，有意水準や正負の偏りを議論するときには注意が必要です．

5.3.3 尤度関数

目的変数 y_i にはカテゴリカル分布を仮定しているので，尤度関数はカテゴリカル分布の確率関数 $\pi(y_i|\beta)$ で構成されます.

$$L(\beta) = \prod_{i=1}^{N} \prod_{j=1}^{J} \left[\frac{\exp(v_{ij})}{\sum_{k=1}^{J} \exp(v_{ik})} \right]^{y_{ij}} \tag{5.11}$$

対数尤度関数は以下のようになります. 消費者 i について J 個ある選択肢からは 1 つしか選ばれないので，選択されたブランドの選択確率のみが尤度関数に考慮されることになります.

$$\ell(\beta) = \sum_{i=1}^{N} \sum_{j=1}^{J} y_{ij} \log \left(\frac{\exp(v_{ij})}{\sum_{k=1}^{J} \exp(v_{ik})} \right) \tag{5.12}$$

5.4 データの分析

5.4.1 パラメータの推定

尤度関数を最大化するとパラメータの推定値を得ることができますが，本書ではよく知られたパッケージを使った推定を紹介します. まずはパッケージ mlogit をインストールします.

```
install.packages("mlogit")
library("mlogit")
```

次は，推定するためにデータを成形する必要があります. データには，目的変数を含めた 5 種類の変数，y（選択結果），PRICE（価格），FEAT（広告），DISP（特別展示），FD（広告＆特別展示）が並んでいます. また，個別の変数については，PRIVATE，SUNSHINE，KEEBLER，NABISCO の順番で並んでいます. 命名も規則的で「変数.ブランド」とピリオド「.」で区切られています. mlogit は列の名前で行列を作り直しますので，自分でデータを分析する際には列名に注意してください.

インポートした data_chap5 から，mlogit.data 形式のデータを作り直します．
ここで，オプション varying で，変数・ブランドごとにまとめられている列を指
定します．このデータセットでは4列目から23列目が該当しますので，列番号
を指定します．さらに，choice では目的変数となる列を指定することができま
す．このデータセットでは「y.ブランド名」となっているデータが目的変数の列
なので，これを指定します．オプションの shape はデータの並べ方に関する項目
になりますが，ここは縦にデータを並べる wide を指定しています．

```
data_mlogit <- mlogit.data(data_chap5, varying = 4:23,
                           shape = "wide", chioce = "y")
```

得られた data.mlogit を見てみると，y, PRICE, DISPL, FEAT, FD がそれぞれ1つ
の列にまとめられていることがわかります．

```
head(data_mlogit)
## ~~~~~~~
##   first 10 observations out of 13168
## ~~~~~~~
##   OBS HOUSEHOLDID LASTPURCHASE    alt y PRICE DISPL FEAT FD chid    idx
## 1   1           1            1      0 KEEBLER 0  0.88     0    0  0    1 1:BLER
## 2   1           1            1      0 NABISCO 1  1.20     0    0  0    1 1:ISCO
## 3   1           1            1      0 PRIVATE 0  0.71     0    0  0    1 1:VATE
## 4   1           1            1      0 SUNSHINE 0 0.98     0    0  0    1 1:HINE
## 5   2           1            1      0 KEEBLER 0  1.09     0    0  0    2 2:BLER
## 6   2           1            1      0 NABISCO 1  0.99     0    0  0    2 2:ISCO
## 7   2           1            1      0 PRIVATE 0  0.71     0    0  0    2 2:VATE
## 8   2           1            1      0 SUNSHINE 0 0.99     0    0  0    2 2:HINE
## 9   3           1            1      0 KEEBLER 0  1.09     0    0  0    3 3:BLER
## 10  3           1            1      0 NABISCO 0  1.09     0    0  0    3 3:ISCO
##
## ~~~ indexes ~~~~
##    chid      alt
## 1     1  KEEBLER
## 2     1  NABISCO
## 3     1  PRIVATE
## 4     1 SUNSHINE
## 5     2  KEEBLER
## 6     2  NABISCO
## 7     2  PRIVATE
## 8     2 SUNSHINE
## 9     3  KEEBLER
## 10    3  NABISCO
## indexes:  1, 2
```

さて，このデータセットの3列目には「LASTPURCHASE」という列があります．
実は家計ごとの id もデータには存在し，これが1ならその家計にとって最後
（最新）の購買履歴ということになります．そこで，前章でも扱った「予測」を
行うため，パラメータ推定用のデータセット data_est と，予測用のデータセッ
ト data_val を分けます．

```
data_est <- data_mlogit[data_mlogit[,3] == 0,]
data_val <- data_mlogit[data_mlogit[,3] == 1,]
```

では，実際に推定してみましょう．まずは，効用を「$v_{ij} = \beta_{0j} + Price_{ij}\gamma_1 +$
$Disp_{ij}\gamma_2 + Feat_{ij}\gamma_3 + FeatDisp_{ij}\gamma_4$」と仮定したモデルを推定します．「Y~...|1|0」
については後で解説しますが，関数 mlogit の中は，回帰式，データ，reflevel
（パラメータを固定するブランド）が記述されています．

```
result_1 <- mlogit(y ~ PRICE + DISPL + FEAT + FD| 1| 0, data_est,
                   reflevel = "NABISCO")
summary(result_1)
```

このモデルについては，結果の解釈は比較的容易といえます．パラメータを固定
するブランドは NABISCO なので，(Intercept) については NABISCO を0と固
定したときの相対値が示されています．NABISCO は高いシェアを持つトップブ
ランドなので，他のブランドのパラメータはすべて負になっています．また，
PRICE（価格）は負で有意，つまりは価格が高いときにはそのブランドの効用が
低下するという結果が得られています．当然といえば当然の結果です．ただ，
FEAT（広告）と DISPL（特別展示）については，DISPL はあまり効用を引き上げ
るのに役に立たないという結果が得られています．FEAT は効果があるようです．
また，FD（広告 & 特別展示）を見ると，FEAT+DISPL＜FD なので，個別ブラン
ドのマーケティング戦略上は，広告をやるなら特別展示も一緒にやった方がよい
ということになります．

```
summary(result_1)
##
## Call:
## mlogit(formula = y ~ PRICE + DISPL + FEAT + FD | 1 | 0, data = data_est,
##         reflevel = "NABISCO", method = "nr")
```

```
##
## Frequencies of alternatives:choice
##  NABISCO  KEEBLER  PRIVATE SUNSHINE
## 0.543093 0.067807 0.315272 0.073828
##
## nr method
## 5 iterations, 0h:0m:0s
## g'(-H)^-1g = 4.17E-05
## successive function values within tolerance limits
##
## Coefficients :
##                           Estimate Std. Error  z-value  Pr(>|z|)
## (Intercept):KEEBLER  -1.968441   0.074533 -26.4105 < 2.2e-16 ***
## (Intercept):PRIVATE  -1.814364   0.103868 -17.4679 < 2.2e-16 ***
## (Intercept):SUNSHINE -2.464932   0.081983 -30.0662 < 2.2e-16 ***
## PRICE                -3.172237   0.216147 -14.6763 < 2.2e-16 ***
## DISPL                 0.048884   0.067895   0.7200  0.471533
## FEAT                  0.412097   0.151091   2.7275  0.006382 **
## FD                    0.579694   0.119268   4.8604 1.171e-06 ***
## ---
## Signif. codes:  0 '***' 0.001 '**' 0.01 '*' 0.05 '.' 0.1 ' ' 1
##
## Log-Likelihood: -3215.8
## McFadden R^2:  0.048007
## Likelihood ratio test : chisq = 324.33 (p.value = < 2.22e-16)
```

さて，では式の中身の記法についてですが，これは「y ~ 式1| 式2| 式3」という形で並んでいます．改めて式だけ見てみましょう．

```
y ~ PRICE+DISPL+FEAT+FD|1|0
```

このモデルの例でいえば，「式1 = PRICE+DISPL+FEAT+FD」であり，「式2=1」であり，「式3=0」となります．「1」は切片になります．上の結果を見ると少し想像がつくかと思いますが，式1には，「1つの選択機会において，ブランドごとに個別の値が得られており，ブランド間で共通の影響を与える要因」が入っています．次に式2には「1つの選択機会において，ブランドごとに共通の値が得られており，ブランド間で異なる影響を与える要因であるが，制約の導入が必要な変数」が入っています．1は切片ですので，ここに切片が入ることになります．最

後に，式3については「1つの選択機会において，ブランドごとに個別の値が得られており，ブランド間で異なる影響を与える要因であり，制約の導入が不要な変数」が入ることになります．上の式では0になっています．該当する変数がないためです．

たとえば，価格以外がブランド間で影響の異なるモデル「$v_{ij} = \beta_{0j} + Disp_{ij}\beta_{1j} + Feat_{ij}\beta_{2j} + FeatDisp_{ij}\beta_{3j} + Price_{ij}\gamma_1$」は以下のようになります．

```
result_2 <- mlogit(y ~ PRICE| 1| DISPL + FEAT + FD, data_est,
                   reflevel = "NABISCO")
summary(result_2)
```

5.4.2 予 測

ここでは，パラメータの推定から外れた最後の購買を正解として，モデルの予測能力がどの程度あるのかを検証する方法について解説します．パッケージmlogit には，同じ形式の別のデータセットから，選択確率を計算する関数predict が用意されています．ここでは result_1 の結果を使います．

```
forecast_p <- predict(result_1, data_val)
```

オブジェクト forecast_p には選択確率が計算されて格納されていますので，最も選択確率の高いブランドを選択すると仮定して，ブランドの選択予測を行います．以下のコードでは，関数 apply を使って，列ごとに最も選択確率が高い列（which.max）を得ています．ただし，forecast_p のデータ型を matrix 型にする必要があるので，引数の中では関数 as.matrix で囲っています．次の行では，列番号で出力された forecast_y にブランド名を付けています．関数 table で集計するために factor 型にし，levels を指定します．これで購買予測のオブジェクト foreassy_y を得ることができました．

```
forecast_y <- apply(as.matrix(forecast_p), 1, which.max)
forecast_y <- factor(colnames(forecast_p)[forecast_y],
                     levels = colnames(forecast_p))
```

次に，実際に観測された最後の購買も factor 形式にして，observed_y というオ

ブジェクトを作ります．最後に関数 table でクロス集計を取ることで，予測結果を得ることができます．

```
observed_y <- factor(data_val[data_val[,5] == 1,4],
                     levels = colnames(forecast_p))
table(observed_y, forecast_y)
```

予測・実現テーブルは以下のとおりです．シェアの高い NABISCO と PRIVATE を選択するという予測が多く，KEEBLER と SUNSHINE を選択すると予測された家計はありませんでした．ただし，実際の購買を見ればこれらのブランドは購買されています．まだモデルの予測精度が十分でないのかもしれません．

```
table(observed_y, forecast_y)

##            forecast_y
## observed_y NABISCO KEEBLER PRIVATE SUNSHINE
##    NABISCO      59       0      19        0
##    KEEBLER      10       0       2        0
##    PRIVATE      21       0      19        0
##    SUNSHINE      2       0       4        0
```

対角項の人数の割合は正答率になります．

```
sum(diag(table(forecast_y, observed_y))) / length(observed_y)
## [1] 0.5735294
```

5.5 まとめ

本章では，前章の二項ロジット，プロビットモデルに引き続き，選択モデルとして多項プロビットモデルを紹介しました．マーケティングでは選択モデルは多用されており，多くの拡張モデルも開発されています．たとえば，続く**第6章**で扱う潜在クラスモデルは，本章で扱った多項ロジットモデルをベースとしていますし，**第10章**で扱う順序選択モデルも，前章で扱った二項ロジットモデルを拡張したモデルと解釈することができます．

ただし，本章で扱った多項ロジットモデルについて，その性質で注意しなけれ

ばならない点が1つあります．多項ロジットモデルには，**IIA**（Independence from Irrelevant Alternative: 無関係な代替案からの独立）という特性があります．多項ロジットモデルは，ブランド間の類似性や代替可能性を考慮せず，すべての代替案が独立であるという仮定のもとにモデルが定義されていますので，ブランド間の代替可能性に偏りがある場合は注意が必要です．よく挙げられる例が，交通手段としての ｛青いバス, 赤いバス, 自家用車｝ という選択肢です．たとえば空港から市街地までの経路に ｛青いバス, 自家用車｝ という選択肢があり，それぞれ1/2ずつのシェアを持っていたとします．ここに「赤いバス」の運行が始まると，我々の直感では ｛バス, 自家用車｝ という大きな括りを考え，｛青いバス, 赤いバス, 自家用車｝ のシェアが1/4, 1/4, 1/2になると想定しますが，多項ロジットモデルではどちらからも等しく顧客が奪われ，1/3, 1/3, 1/3になると仮定しています．ただし，このIIAに起因する問題を解決するモデルも提案されており，このような事例であれば，「入れ子（ネステッド）ロジットモデル」を使うことができます．また，「多項プロビットモデル」では選択肢間の類似性が考慮されます．事例やデータによってはこれらのモデルを使うことを考えた方がよい可能性もありますので，注意が必要です．

章末問題

1. 本章で推定した result_1 の結果をもとにして，価格（PRICE）が (1) −1.0 のとき，(2) 0 のとき，(3) 1.0 のときの，各ブランドの選択確率の推移を推定してください．ただし，マーケティング変数（Disp, Feat, FD）はすべて 0 とします．（＊本章の PRICE は価格の対数なので負の値も取ります．）
2. 本章で推定した result_2 のパラメータを確認し，result_1 との比較しながら，ブランドごとの特性について議論してください．

第6章
異質な消費者の選択行動の分析

第5章では消費者の選択行動を分析するための枠組みを紹介しました．条件付きロジットモデルを用いることで価格やプロモーションなどのマーケティング変数が消費者のブランド選択行動にどのような影響を与えるかを調べることができます．ここまでの議論では，マーケティング変数に対してすべての消費者が同じように反応すると暗黙に仮定されました．しかし，企業のマーケティング活動に対して消費者の一人ひとりが異なる反応を見せるという考え方がむしろ自然であると考えられます．たとえば，価格への反応について考えれば，価格に敏感な消費者とそうでない消費者が存在することは容易に想像できます．このような場合，データ分析において異なる消費者セグメントは異なる反応係数をもっているはずなので，セグメントごとのパラメータを推定することが望ましいです．そこで，本章では消費者の異質な反応を取り入れるための手法として，潜在クラス条件付きロジットモデル（latent class conditional logit model）を紹介します．

[本書サポートサイト掲載の chapter_06.csv のデータを使用します.]

6.1　ブランド選択モデル

第5章で説明したように消費者のブランド選択行動を分析するためにロジットモデルを用いることができます．本章では，消費者の異質性を考慮しないブランド選択の分析から出発して，後半で異質なセグメントの存在を仮定した分析手法を紹介します．まず，分析に用いるデータの概要を表6.1に示します．このデータは前章で用いたクラッカー商品に関する購買履歴データに仮想の顧客属性データを加えたものです．分析対象となるブランドは SUNSHINE，KEEBLER，

表 6.1 クラッカーのブランド選択データの概要

変数名	概 要
id	顧客 ID
disp.sunshine	ブランド SUNSHINE の特別陳列の有無
disp.keebler	ブランド KEEBLER の特別陳列の有無
disp.nabisco	ブランド NABISCO の特別陳列の有無
disp.private	プライベートブランドの特別陳列の有無
feat.sunshine	ブランド SUNSHINE のチラシ広告の有無
feat.keebler	ブランド KEEBLER のチラシ広告の有無
feat.nabisco	ブランド NABISCO のチラシ広告の有無
feat.private	プライベートブランドのチラシ広告の有無
price.sunshine	ブランド SUNSHINE の価格
price.keebler	ブランド KEEBLER の価格
price.nabisco	ブランド NABISCO の価格
price.private	プライベートブランドの価格
choice	選択されたブランド
sex	顧客の性別（女性＝0，男性＝1）
age	顧客の年齢
fsize	顧客の家族人数

NABISCO とプライベートブランドの 4 つです．それぞれに関して特別陳列（display）とチラシ広告（feature）の実施有無および価格の情報が含まれています．購買機会ごとに選択されたブランドは変数 choice で表されています．顧客の属性として性別（sex），年齢（age），と家族人数（fsize）が含まれています．性別については，女性＝0，男性＝1 のダミー変数で表しています．

　まずは，前章で説明した条件付きロジットモデルを用いてブランド選択に対するマーケティング変数の効果を分析します．分析を行うための準備としてはじめに本書のサポートサイトからこのデータをダウンロードして R に読み込みます．

```
data_chap6 <- read.csv("chapter_06.csv", header = TRUE)
```

第 5 章で示したように，条件付きロジットモデルを推定するためにパッケージ mlogit を用いることができます．このパッケージで条件付きロジット分析を実行するには関数 mlogit.data を用いてデータの形式を変換する必要があります．

```
library("mlogit")
cr_data <- mlogit.data(data_chap6,
                       choice = "choice", id = "id",
```

```
                    varying = 2:13, shape = "wide", sep = ".")
```

変換後のデータを以下のように確認することができます.

```
head(cr_data)
## ~~~~~~~
##  first 10 observations out of 13168
## ~~~~~~~
##    id choice sex age fsize       alt disp feat price chid      idx
## 1   1  FALSE   1  31     3   keebler    0    0  0.88    1  1:bler
## 2   1   TRUE   1  31     3   nabisco    0    0  1.20    1  1:isco
## 3   1  FALSE   1  31     3   private    0    0  0.71    1  1:vate
## 4   1  FALSE   1  31     3   sunshine   0    0  0.98    1  1:hine
## 5   1  FALSE   1  31     3   keebler    0    0  1.09    2  2:bler
## 6   1   TRUE   1  31     3   nabisco    0    0  0.99    2  2:isco
## 7   1  FALSE   1  31     3   private    0    0  0.71    2  2:vate
## 8   1  FALSE   1  31     3   sunshine   0    0  0.99    2  2:hine
## 9   1  FALSE   1  31     3   keebler    0    0  1.09    3  3:bler
## 10  1  FALSE   1  31     3   nabisco    0    0  1.09    3  3:isco
##
## ~~~ indexes ~~~~
##    chid id       alt
## 1     1  1   keebler
## 2     1  1   nabisco
## 3     1  1   private
## 4     1  1   sunshine
## 5     2  1   keebler
## 6     2  1   nabisco
## 7     2  1   private
## 8     2  1   sunshine
## 9     3  1   keebler
## 10    3  1   nabisco
## indexes: 1, 1, 2
```

次に, 関数 mlogit を用いて条件付きロジットモデルの推定を行います. 推定結果は以下のようになります.

```
result_logit <- mlogit(choice ~ disp + feat + price,
                        data = cr_data, reflevel = "private")
summary(result_logit)
##
```

```
## Call:
## mlogit(formula = choice ~ disp + feat + price, data = cr_data,
##       reflevel = "private", method = "nr")
##
## Frequencies of alternatives:choice
##  private  keebler  nabisco sunshine
## 0.314399 0.068651 0.544350 0.072600
##
## nr method
## 5 iterations, 0h:0m:0s
## g'(-H)^-1g = 4.66E-05
## successive function values within tolerance limits
##
## Coefficients :
##                          Estimate Std. Error  z-value  Pr(>|z|)
## (Intercept):keebler   -0.1687940  0.1173086  -1.4389    0.1502
## (Intercept):nabisco    1.7928141  0.1001067  17.9090 < 2.2e-16 ***
## (Intercept):sunshine  -0.6623986  0.0902961  -7.3358 2.203e-13 ***
## disp                   0.0919169  0.0620930   1.4803    0.1388
## feat                   0.4961264  0.0954303   5.1988 2.005e-07 ***
## price                 -3.124732   0.0020885 -14.9615 < 2.2e-16 ***
## ---
## Signif. codes:  0 '***' 0.001 '**' 0.01 '*' 0.05 '.' 0.1 ' ' 1
##
## Log-Likelihood: -3347.7
## McFadden R^2:  0.048852
## Likelihood ratio test : chisq = 343.89 (p.value = < 2.22e-16)
```

　推定結果を見ると，チラシ広告と価格はブランド選択に有意な効果を与えることがわかります．チラシ広告の反応係数の符号が正になっているのでチラシ広告が実施されないときに比べて実施されたときのブランド選択確率が大きくなります．それに対して，価格の反応係数の符号は負になっており，ブランドの価格が上がるとそのブランドが選択されにくくなります．一方，特別陳列のパラメータは有意性を持たず，特別陳列の有無によってブランド選択の確率は変わらないことを意味します．また，切片の推定値を見ると，マーケティング変数の値がすべてのブランドについて同じであれば，消費者は NABISCO，PRIVATE，KEEBLER，SUNSHINE という順にブランドを選好することが示されます．

6.2　消費者セグメンテーションと
　　　ブランド選択行動

　消費者セグメンテーションとは市場全体を同質な選好や市場反応を持つ消費者グループに分割することです．何らかの特性において同質な消費者グループをセグメントといいます．マーケティング戦略の立案において消費者セグメンテーションは重要な要素として位置づけられています．なぜなら，ほとんどの場合消費者は異なるニーズや好みを持っているため，企業が行うマーケティング施策に対して異なる反応を見せるからです．したがって，異なるセグメントに対していかに適切なマーケティング活動を行えるかが成功の鍵になります．消費者セグメンテーションを行うに際して，その目的に沿った基準を定める必要があります．

　そして，その基準に基づいて市場全体をいくつかのセグメントに分けます．セグメンテーションの基準としては，消費者のニーズ，製品属性への選好，ブランドへの態度，購買意図，プロモーションへの反応などが挙げられます．しかし，これらの基準が直接観測できる場合はそれほど多くありません．そのため，実務ではしばしばセグメンテーションの基準の代わりに観測可能な代理変数が用いられます．たとえば，化粧品市場において消費者のニーズの代理変数として年齢や性別といったデモグラフィック変数がよく利用され，20代男性セグメント，30代女性セグメントというように市場が分割されます．

　ブランド選択行動においてもセグメンテーションの考え方を適用することができます．前節の分析事例では，ブランド選択確率に対するマーケティング変数の影響がすべての消費者について共通であると仮定しました．その際，ブランド選択のランダム効用は以下のようにモデル化されます．

$$u_{ijt} = x'_{ijt}\beta + \varepsilon_{ijt}, \quad i = 1, 2, \cdots, N, \quad j = 1, 2, \cdots, J, \quad t = 1, 2, \cdots, T_i \tag{6.1}$$

ここで，u_{ijt} は消費者 i が購買機会 t にブランド j を選択することによって得る効用を表しており，当該ブランドに対する選好とマーケティング変数 x_{ijt} に依存すると仮定します．パラメータ β は効用に対するこれらの変数の影響を捕捉しており，すべての消費者について共通になっています．誤差項 ε_{ijt} は観測されないその他の要因の影響を集約し，第1種極値分布に従う独立な誤差項であると仮定し

ます.

　消費者 i がブランド j を選択するかどうかの指示関数を y_{ijt} と書き，ブランド j を選択した場合 1 で，それ以外のブランドを選択した場合 0 の値を取るダミー変数と定義します．消費者は自分の効用を最大化する合理的な意思決定を行うと仮定すると，ブランド j が選ばれる条件は当該ブランドの効用がその他ブランドの効用よりも大きいということになります.

$$y_{ijt} = \begin{cases} 1, & u_{ijt} = \max(u_{i1t}, u_{i2t}, \cdots, u_{iJt}) \\ 0, & u_{ijt} < \max(u_{i1t}, u_{i2t}, \cdots, u_{iJt}) \end{cases} \tag{6.2}$$

前章で示したように，消費者 i が購買機会 t にブランド j を選択する確率を以下のように表すことができます.

$$\Pr(y_{ijt} = 1) = \frac{\exp(x'_{ijt}\beta)}{\sum_{l=1}^{J} \exp(x'_{ilt}\beta)} \tag{6.3}$$

　(6.1) から (6.3) のモデルでは反応係数 β をすべての消費者の間で共通するとしていますが，消費者の異質性を考慮するためにはこの仮定を緩める必要があります．具体的には，市場に複数のセグメントが存在し，同一セグメントに所属する消費者は同じ反応を持って，異なるセグメントに所属する消費者は異なる反応係数を持っているというより一般的な仮定を置くことになります．たとえば，市場に K 個のセグメントが存在する場合に，(6.1) のランダム効用関数は次のように一般化できます.

$$u_{ijtk} = x'_{ijt}\beta_k + \varepsilon_{ijtk}, \quad k = 1, 2, \cdots, K \tag{6.4}$$

ここで，u_{ijtk} は消費者 i がセグメント k に所属するという条件のもとでブランド j から得られる効用を表しています．この効用関数は以前と同様にブランドに対する選好とマーケティング変数 x_{ijt} によって決まりますが，その影響は消費者の所属するセグメントに依存します．同じセグメント k に所属する消費者の反応は β_k で表しますが，異なるセグメントに所属する消費者は異なる反応係数を持つことになります．(6.4) に対応するブランド選択確率は次のように表されます.

$$\Pr(u_{ijtk} = \max(u_{i1tk}, u_{i2tk}, \cdots, u_{iJtk})) = \frac{\exp(x'_{ijt}\beta_k)}{\sum_{l=1}^{J} \exp(x'_{ilt}\beta_k)} \tag{6.5}$$

このように，セグメント間の違いを考慮することでブランド選択におけるマーケ

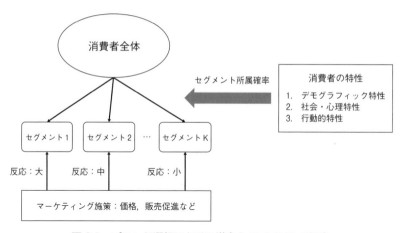

図6.1　ブランド選択における潜在クラスモデルの概念

ティング変数への反応の異質性を適切に取り扱うことができます.

　ところで,セグメントごとの反応係数をどのように推定することができるので
しょうか.これらのパラメータを推定するためには基本的に2つのアプローチが
あります.1つ目は,**事前セグメンテーション**と呼ばれるアプローチで,あらか
じめ何らかの基準にしたがって消費者を K 個のセグメントに分け,それぞれの
データを用いてセグメントごとの β_k を推定します.たとえば,性別や年齢に
よって消費者を複数のグループに分けた後,グループごとに (6.5) のパラメータを
最尤推定法で推定します.このアプローチでは,どの消費者がどのセグメントに
所属するかあらかじめ決まっています.2つ目のアプローチは**事後セグメンテー
ション**と呼ばれるもので,消費者の所属するセグメントが事前に決定されません.
その代わり, K 個のセグメントの存在があらかじめ仮定され,消費者がそれぞれ
に所属する確率を表すパラメータが定義されます(図6.1を参照).この所属確
率は分析において反応係数 $\{\beta_k\}$ と一緒に推定されますが,**6.5節**で説明するよう
に消費者のデモグラフィックなどの特性によって説明できるようにモデルを拡張
することができます.したがって,後者のアプローチでは消費者がどのセグメン
トに所属するかは観測されませんが,消費者同士の反応係数の類似度によってセ
グメントの所属が確率的に表現されます.この理由から,後者のアプローチに基
づくモデルを**潜在クラスモデル**といいます.

　事前セグメンテーションによるブランド選択の分析を行う際には,反応係数の

異質性を説明できる変数に基づいてセグメントを分割するのが望ましいとされています. マーケターは過去の経験からどのような変数を用いればよいか決定することができると考えられます. たとえば，年齢が若い消費者ほど価格に強く反応するという事前知識があれば年齢を市場分割するための変数として検討できます. 以下には，性別によるセグメンテーションに基づいたロジットモデルの推定を示します. R上で実装する際には mlogit の引数 data に subset 関数を用いて男女のセグメント別にデータを指定します. 推定結果は以下のようになります.

```
# 男性のセグメントに関するロジット分析
result_logit_m <- mlogit(choice ~ disp + feat + price,
                         data = subset(cr_data, sex == 0),
                         reflevel = "private")
as.data.frame(result_logit_m$coefficients)

##                      crack.logit1$coefficients
## (Intercept):keebler            0.51893294
## (Intercept):nabisco            2.25960338
## (Intercept):sunshine           0.07103474
## disp                          -0.10137704
## feat                           0.38033536
## price                         -4.92922911

# 女性のセグメントに関するロジット分析
result_logit_f <- mlogit(choice ~ disp + feat + price,
                         data = subset(cr_data, sex == 1),
                         reflevel = "private")
as.data.frame(result_logit_f$coefficients)

##                      crack.logit2$coefficients
## (Intercept):keebler           -0.71654502
## (Intercept):nabisco            1.38086894
## (Intercept):sunshine          -1.33541605
## disp                           0.29670855
## feat                           0.62808399
## price                         -1.5393375
```

推定結果からわかるように，マーケティング変数への反応が両セグメントの間で異なります. たとえば，男性は特別陳列されているブランドを選択する確率が低

くなるのに対して，女性は逆の傾向を見せています．また，価格への反応を見ると，男性は女性に比べて敏感に反応することがわかります．

　ここで示したように，事前セグメンテーションによるブランド選択の分析は適切なセグメンテーションの基準または代理変数さえわかれば比較的に容易に行うことができます．しかし，この方法にはいくつかの問題点があるので注意が必要です．1つ目は，反応係数の真の異質性を完全に説明するセグメンテーション変数は稀にしか見つけられないことです．セグメンテーションの精度を上げるには複数の変数を用いることもできますが，変数の数が多くなるとセグメントのサイズが小さくなるため推定結果が不安定になる問題が生じる可能性があります．2つ目は，セグメンテーション基準のどの水準で市場を分割するかは分析者の主観的な判断に頼る場合が多く，恣意性があることは否めないことです．次節で説明する潜在クラスモデルによるアプローチはこれらの問題を解消できる利点を持っています．

6.3　ブランド選択における潜在クラスモデル

　上述のように潜在クラスモデルでは消費者がどのセグメントに所属するかは観測されないため，それぞれのセグメントに所属する確率を定義します．消費者 i が所属するセグメントを表す確率変数を $S_i(S_i = 1, 2, \cdots, K)$ とおき，当該消費者がセグメント k に所属する確率を $\Pr(S_i = k) = p_k$ とします．消費者 i がセグメント k に所属するという条件のもとでブランド j を選択する確率は次式のように表されます．

$$\Pr(y_{ijt} = 1 | S_i = k) = \frac{\exp(x'_{ijt}\beta_k)}{\sum_{l=1}^{J} \exp(x'_{ilt}\beta_k)} \tag{6.6}$$

分析期間における消費者 i の選択データを $y_i = \{y_{ij1}, \cdots, y_{ijT_i}, \cdots, y_{iJ_1}, \cdots, y_{iJT_i}\}$ とおけば，セグメントの所属を条件としたブランド選択の同時分布を次のように書くことができます．

$$\Pr(y_i | S_i = k) = \prod_{t=1}^{T_i} \prod_{j=1}^{J} \left[\frac{\exp(x'_{ijt}\beta_k)}{\sum_{l=1}^{J} \exp(x'_{ilt}\beta_k)} \right]^{y_{ijt}} \tag{6.7}$$

(6.7)はセグメントの所属のもとでデータ y_i を観測する確率なので，条件付き尤度

関数と考えることができ，$\Pr(y_i|S_i = k) = L_i(\beta_k|y_i, \{x_{ijt}\})$ と表すことができます．条件なしの尤度関数は次式のように条件付き尤度関数 (6.7) をセグメント所属の分布に関して周辺化することによって求められます．

$$\Pr(y_i) = L_i(\{\beta_k\}|y_i, \{x_{ijt}\}) = \sum_{k=1}^{K} p_k \left\{ \prod_{t=1}^{T} \prod_{j=1}^{J} \left[\frac{\exp(x'_{ijt}\beta_k)}{\sum_{l=1}^{J} \exp(x'_{ilt}\beta_k)} \right]^{y_{ijt}} \right\} \qquad (6.8)$$

また，パラメータ p_k は確率であるので，すべての k に対して $p_k \geq 0$ かつ $\sum_{k=1}^{K} p_k = 1$ が成り立たなければなりません．この条件を満たすために，このパラメータに対して制約を果たす必要があります．一般的な方法として，ロジット関数を用いた p_k の再パラメータ化がなされます．

$$p_k = \frac{\exp(z_k)}{\sum_{s=1}^{K} \exp(z_s)} \qquad (6.9)$$

ここで，z_k は $(-\infty, \infty)$ の区間内にある値を取りうるパラメータで，以上の条件に制約されていません．ところで，この新たなパラメータを導入することによって識別性の問題が発生します．これは，パラメータの値が異なっても尤度は変わらないという問題で，モデルを推定してもパラメータの推定値は一意的に定まらない原因になります．識別性の問題を含むモデルの推定結果は信頼できません．(6.9) の定式化が識別性の問題を含むことを示すために，この式の右辺に $\exp(-z_k)/\exp(-z_k) = 1$ を掛けると，

$$p_k = \frac{\exp(z_k)}{\sum_{s=1}^{K} \exp(z_s)} \cdot \frac{\exp(-z_k)}{\exp(-z_k)} = \frac{1}{\sum_{s=1}^{K} \exp(z_s - z_k)} = \frac{1}{\sum_{s=1}^{K} \exp(z_s^*)} \qquad (6.10)$$

が得られます．ただし，$z_s^* = z_s - z_k$ とします．(6.9) と (6.10) の左辺は等しいのでどちらを (6.8) に代入しても尤度は変わりません．しかし，(6.9) と (6.10) の右辺にあるパラメータを見ると，前者では $\{z_1, \cdots, z_{k-1}, z_k, z_{k+1}, \cdots, z_K\}$ であるのに対して，後者では $\{z_1^*, \cdots, z_{k-1}^*, 0, z_{k+1}^*, \cdots, z_K^*\}$ になっています．この両者の対応する要素は必ずしも一致するとは限りません．それにもかかわらず，それぞれから得られる尤度は同じことになります．

　識別性の問題を解決するためにもう１つの制約を果たす必要があります．これは，$\{z_k\}$ の要素のうち，どれか１つの値を固定することです．たとえば，１つ目のセグメントに対応する値を 0 に固定する $(z_1 = 0)$ 方法があります．これによって，自由なパラメータは z_1 を除いた残りの $K-1$ 個のパラメータ $\{z_2, z_3, \cdots, z_K\}$ だけになります．$z_1 = 0$ と固定しているので，他の z_k の値が変われば所属確率

p_k も変わり,識別性の問題が解消されます.したがって,潜在クラスモデルにおける $\{z_k\}$ を推定する際には $K-1$ 個のパラメータを推定することになります.また,z の値が固定されるセグメントはどれでも構いませんが,該当するセグメントは**基底**(basis)**セグメント**と呼ばれます.

さて,以上に述べたセグメントの所属確率 p_k はある消費者 i の所属確率というよりは,一般的な消費者の所属確率と見るのが適切です.なぜなら,すべての i と k に対して $\Pr(S_i = k) = p_k$ が成り立つからです.これは,この所属確率が消費者 i に関する情報に依存せず,どの消費者もセグメント k に所属する確率は同じことを意味します.このことから,p_k をセグメント k に所属する **"事前" 確率**またはセグメントサイズと呼ぶ人もいます.消費者 i の所属する確率を求めるには,p_k の情報に加えて消費者のデータ $\{y_i, x_{ijt}\}$ が当該セグメントに所属する尤もらしさにどれだけ寄与しているかの情報が必要になります.具体的には,データが与えられたとき消費者 i がセグメント k に所属する "事後" 確率を,以下のように定義します.

$$\Pr(S_i = k | y_i, \{x_{ijt}\}) = \frac{p_k L_i(\beta_k | y_{it}, \{x_{ijt}\})}{\sum_{s=1}^{K} p_s L_i(\beta_s | y_{it}, \{x_{ijt}\})} \tag{6.11}$$

(6.11)は,セグメント所属の事前確率 p_k が大きくなれば事後確率が大きくなるのは当然として,条件付き尤度が増えても事後確率が大きくなることを意味します.別の見方をすれば,p_k が大きくてもデータが当該セグメントへの所属を支持しなければ事後確率は小さくなることもありうるということです.

最後に,これまでセグメント数 K を所与として議論を進めてきました.しかし,潜在クラスモデルではセグメントそのものが観測されることもなければ,その数も分析者が把握するわけではありません.それでは,セグメント数をどのように決めればよいのでしょうか.1つの方法としては,セグメント数を1に設定するモデルから出発して,逐次的にセグメント数を増やしてそれぞれを推定します.次に,推定した複数のモデルの精度を比較して,データを最も説明するモデルで仮定されるセグメント数を採用します.モデル比較の基準として尤度ベースの AIC や BIC,モデルの予測精度の指標であるヒット率や RMSE(Root Mean Squared Error; 二乗平均平方根誤差)などが挙げられます.

6.4 モデルの推定

潜在クラス多項ロジットモデルの推定は最尤推定法と **Expectation-Maximization**（**E-M**）アルゴリズムを用いることができます．まず，最尤推定法によるモデルの推定について説明します．(6.8) で消費者 i の尤度関数を示しています．ランダム効用の誤差項 ε_{ijtk} が消費者の間で独立であると仮定すれば，標本全体の尤度関数 $L(\{\beta_k\}|\{y_i\},\{x_{ijt}\})$ は (6.8) の消費者に関しての積になります．

$$L(\{\beta_k\}|\{y_i\},\{x_{ijt}\}) = \prod_{i=1}^{N}\sum_{k=1}^{K}p_k\left\{\prod_{t=1}^{T}\prod_{j=1}^{J}\left[\frac{\exp(x'_{ijt}\beta_k)}{\sum_{l=1}^{J}\exp(x'_{ilt}\beta_k)}\right]^{y_{ijt}}\right\} \tag{6.12}$$

パラメータ $\{\beta_k\}$ は (6.12) を最大にする解として求められます．この解は (6.12) の対数を微分して 0 に設定することで得られます．しかし，以下に示すように対数尤度の微分はパラメータの複雑な関数になります．

$$\frac{\partial \log L(\{\beta_k\}|\{y_i\},\{x_{ijt}\})}{\partial \beta_l} = \sum_{i=1}^{N}w_{il}\frac{\partial \log\{L_i(\beta_l|y_i,\{x_{ijt}\})\}}{\partial \beta_l} \tag{6.13}$$

ここで，w_{il} はセグメント所属の事後確率になっています．

$$w_{il} = \Pr(S_i = l|y_i,\{x_{ijt}\}) = \frac{p_l L_i(\beta_l|y_i,\{x_{ijt}\})}{\sum_{s=1}^{K}p_s L_i(\beta_s|y_i,\{x_{ijt}\})} \tag{6.14}$$

このことから，最尤推定法を用いる場合，(6.12) を最大化する大域的最適解が容易に得られないという問題がしばしばあります．

E-M アルゴリズムは最尤推定法の計算上の問題を解決できる推定方法だといえます．その理由を具体的に説明します．潜在クラスモデルの推定において，最尤推定法で用いるデータは不完全なデータになっています．ここで，不完全なデータとは消費者が所属するセグメントの情報が欠落していることを意味します．そのため，最尤推定法ではセグメント所属の分布によって尤度関数を周辺化する必要があり，結果として尤度関数が複雑なかたちをとってしまうのです．しかし，仮に消費者の所属するセグメントが分析の前に観測できるとすれば，それに基づいて消費者をいくつかのセグメントに振り分けて，セグメントごとで条件付きの尤度関数 (6.7) を用いてモデルの推定が容易に行うことができます．セグメントごとのパラメータの推定は通常の多項ロジットモデルと同様に最尤推定法を用いる

ことができます.

E-Mアルゴリズムは,この考え方に沿って欠落しているセグメント所属の情報を最初に推定して,不完全なデータを補完します.次の段階でセグメント所属の推定値を用いて消費者をいくつかのセグメントに分け,最尤推定法を用いてセグメントごとのパラメータを推定します.セグメント所属を推定する段階を **E-step**,セグメントごとのパラメータを推定する段階を **M-step** といいます.それぞれのステップは以下のようになります.

E-step

1. $\{\beta_k\}$ の初期値 $\{\beta_k^{(0)}\}$ に対し任意の値を設定します.
2. $\{\beta_k^{(0)}\}$ を用いてセグメント所属の事後確率 $w_{ik} = P(S_i = k | y_i, \{x_{ijt}\})$ を計算します.
3. $S_i \sim Categorical(w_{i1}, w_{i2}, \cdots, w_{iK})$ のとおり,消費者の所属するセグメントをカテゴリカル分布から生成します.

M-step

4. 推定したセグメント所属のパラメータ S_i の情報をもとに消費者をセグメントごとに分けます.
5. $S_i = k$ $(k = 1, 2, \cdots, K)$ の消費者の添字を i_k,そのセグメントのサイズを N_k とおき,セグメントごとの尤度関数を $L_k(\beta_k | \{y_{i_k}\}, \{x_{i_k jt}\})$ を用いてパラメータ β_k を推定します.ただし,セグメントごとの尤度関数は以下のように与えられます.

$$L_k(\beta_k | \{y_{i_k}\}, \{x_{i_k jt}\}) = \prod_{i_k=1}^{N_k} \prod_{t=1}^{T_i} \prod_{j=1}^{J} \left[\frac{\exp(x'_{i_k jt} \beta_k)}{\sum_{l=1}^{J} \exp(x'_{i_k lt} \beta_k)} \right]^{y_{i_k jt}} \tag{6.15}$$

6. $\{\beta_k\}$ の推定値を用いて初期値を $\{\beta_k^{(1)}\} = \{\beta_k\}$ と更新します.推定結果が収束するまでステップ2〜6を繰り返します.

ここからは,クラッカーのデータを用いて**潜在クラスロジットモデル**の推定を示します.Rでは潜在クラスモデルの分析に用いられるパッケージは複数ありますが,ここではE-Mアルゴリズムに基づいたパッケージ flexmix を使います.

このパッケージで条件付きロジットモデルを推定するには引数 model に
FLXMRcondlogit を選択します．セグメント数を設定するには引数 k = n というよ
うに設定したいセグメント数 n を入力します．先に述べたように真のセグメント
数は分析の前にわからないので，セグメント数が 1 から 6 までのモデルを推定し
てこれらの BIC の値を参考にセグメント数を決定します．なお，以下にある関数
set.seed は E-step の 3 で乱数を発生させる必要があるので，毎回同じ乱数を発
生させるための設定です．

```
library("flexmix")
## Warning: package 'flexmix' was built under R version 3.6.3
## Loading required package: lattice
result_lc1<-flexmix(choice ~ disp + feat + price + alt | id,
                    model = FLXMRcondlogit(strata = ~ chid),
                    data = cr_data, k = 1)

set.seed(123)
result_lc2<-flexmix(choice ~ disp + feat + price + alt | id,
                    model = FLXMRcondlogit(strata = ~ chid),
                    data = cr_data, k = 2)

set.seed(123)
result_lc3<-flexmix(choice ~ disp + feat + price + alt | id,
                    model = FLXMRcondlogit(strata = ~ chid),
                    data = cr_data, k = 3)

set.seed(123)
result_lc4<-flexmix(choice ~ disp + feat + price + alt | id,
                    model = FLXMRcondlogit(strata = ~ chid),
                    data = cr_data, k = 4)

set.seed(123)
result_lc5<-flexmix(choice ~ disp + feat + price + alt | id,
                    model = FLXMRcondlogit(strata = ~ chid),
                    data = cr_data, k = 5)

set.seed(123)
result_lc6<-flexmix(choice ~ disp + feat + price + alt | id,
                    model = FLXMRcondlogit(strata = ~ chid),
                    data = cr_data, k = 6)
```

推定した6つのモデルの BIC は以下のように求めることができます.

```
BIC(result_lc1, result_lc2, result_lc3,
    result_lc4, result_lc5, result_lc6)

##              df      BIC
## result_lc1   6 6752.340
## result_lc2  13 4780.375
## result_lc3  20 4107.817
## result_lc4  27 4027.676
## result_lc5  34 3928.955
## result_lc6  34 3891.879
```

以上の結果からわかるように,セグメント数が増えるに従い BIC の値が減少していきます.セグメント数が6つ以上のモデルは推定していませんが,結果を見る限りセグメント数が多いモデルほど精度が高いことがわかります.本来なら BIC が最小になるようなモデルを選択するべきですが,セグメント数が多くなると解釈が困難になるほか,それぞれに所属する消費者が減少し,マーケティング戦略上の意味が希薄になる可能性があります.ここでは,モデルの精度と解釈の容易さの両方を考慮して,セグメント数を決めることとします.モデルの精度は result_lc3 あたりで減少幅が小さくなり,セグメント数を増やしてもモデルの精度が著しく改善しないことがわかります.この事実をもとに,セグメント数が3から5までのモデルの推定結果を比較します.これらのモデルの推定結果をすべて表示しませんが,セグメント間の異質性が最も解釈しやすいのはセグメント数が4つのモデル(result_lc4)であることがわかりましたので,以下にこのモデルの推定結果を考察します.

モデルのパラメータ推定値およびそれらの有意性の指標を出力するには以下のように推定した result_lc4 を関数 refit で再度推定する必要があります.推定結果を見るとセグメント間で反応係数が異なることがわかります.たとえば,価格反応の推定値は4つのセグメントで -5.752,-11.329,-2.795,1.194 になっており,セグメント2に属する消費者が最も敏感に価格に反応していることが示されています.また,セグメント4に属する消費者は他の消費者と違ってブランドの価格が高くなると選択確率が上がります.その他のマーケティング変数への反応も同様にセグメント間で異なっていることがわかります.

```
result_refit_lc4 <- refit(result_lc4)
summary(result_refit_lc4)


## $Comp.1
##             Estimate Std. Error  z value  Pr(>|z|)
## disp        0.067391   0.152219   0.4426    0.6580
## feat        0.373818   0.233249   1.6039    0.1087
## price      -5.752882   0.005899  -9.7524 < 2.2e-16 ***
## altnabisco -0.095099   0.139891  -0.6745    0.5000
## altprivate -4.243031   0.344075 -12.3315 < 2.2e-16 ***
## altsunshine -1.129166  0.161701  -6.9833 2.884e-12 ***
## ---
## Signif. codes:  0 '***' 0.001 '**' 0.01 '*' 0.05 '.' 0.1 ' ' 1
##
## $Comp.2
##             Estimate Std. Error  z value  Pr(>|z|)
## disp        0.566390   0.275534   2.0544  0.039934 *
## feat       -0.071069   0.422406  -0.1676  0.866888
## price     -11.328764   0.010417 -10.8758 < 2.2e-16 ***
## altnabisco  1.606990   0.501920   3.2016  0.001367 **
## altprivate  0.048301   0.588802   0.0812  0.935248
## altsunshine -0.178312   0.533375  -0.3334  0.738802
## ---
## Signif. codes:  0 '***' 0.001 '**' 0.01 '*' 0.05 '.' 0.1 ' ' 1
##
## $Comp.3
##             Estimate Std. Error z value  Pr(>|z|)
## disp        0.24382  0.2121777  1.1498 0.2502389
## feat        1.11508  0.3054862  3.6496 0.0002626 ***
## price      -2.79507  0.0077122 -3.6241 0.0002900 ***
## altnabisco  3.96055  0.2072602 19.1112 < 2.2e-16 ***
## altprivate -0.97340  0.4266258 -2.2816 0.0225136 *
## altsunshine -0.55586 0.3141816 -1.7702 0.0766959 .
## ---
## Signif. codes:  0 '***' 0.001 '**' 0.01 '*' 0.05 '.' 0.1 ' ' 1
##
## $Comp.4
##             Estimate Std. Error z value  Pr(>|z|)
## disp        0.64921  0.1675540  3.8773 0.0001056 ***
## feat        1.14816  0.2460548  4.6660 3.071e-06 ***
## price       1.19437  0.0048573  2.4601 0.0138905 *
```

```
## altnabisco  1.21933  0.1916911  6.3614 1.999e-10 ***
## altprivate  2.95317  0.2597383 11.3714 < 2.2e-16 ***
## altsunshine 0.12138  0.2591222  0.4675 0.6401669
## ---
## Signif. codes:  0 '***' 0.001 '**' 0.01 '*' 0.05 '.' 0.1 ' ' 1
```

次に，(6.11) で与えた消費者のセグメント所属の事後確率を求めます．パッケージ flexmix にはこれを計算するために関数 posterior があります．この関数を使うとデータレコードごとに事後確率が出力されます．そのため，複数の購買機会がある消費者に関しては事後確率が重複して出力されます．重複を削除するために関数 unique と組み合わせて事後確率を出力します．以下に id が 1 から 10 番までの消費者の所属確率を示します．たとえば，id が 1 番の消費者はセグメント 3 に所属確率が 1 に近い値を取っており，非常に高い確率でこのセグメントに所属します．

```
cid <- cr_data$id
post_lc4 <- unique(cbind(cid, posterior(result_lc4)))
head(post_lc4, 10)
##      cid
##  [1,]  1 5.779771e-06 1.315527e-13 9.999942e-01 1.575568e-09
##  [2,]  2 1.000000e+00 8.452122e-14 2.179251e-14 1.053737e-11
##  [3,]  3 5.027348e-09 2.840173e-09 7.154833e-07 9.999993e-01
##  [4,]  4 1.331399e-28 9.999979e-01 9.259809e-45 2.071728e-06
##  [5,]  5 1.000000e+00 3.590389e-20 1.717734e-11 1.391851e-09
##  [6,]  6 6.268883e-20 9.999642e-01 7.048832e-31 3.578879e-05
##  [7,]  7 9.987208e-01 1.733365e-15 1.279236e-03 4.670476e-11
##  [8,]  8 4.566962e-14 2.579865e-29 1.000000e+00 1.261429e-18
##  [9,]  9 1.000000e+00 1.898989e-08 2.533693e-15 1.620727e-10
## [10,] 10 3.986820e-18 3.742728e-43 1.000000e+00 1.059960e-23
```

6.5　個人特性情報の利用

これまでの議論は，反応係数をもとに市場を複数のセグメントに分割し，ブランド選択データから消費者がそれぞれに所属する確率を推定することでした．各セグメントの特徴は反応係数の推定値を注視し解釈することができます．たとえ

ば，価格に敏感なセグメントや特別陳列に反応しないセグメントなどセグメント
を特徴づけるラベルを貼ることが考えられます．これはセグメンテーションを行
ううえで非常に重要なことです．なぜなら，セグメントの特徴を把握することで
どのセグメントをターゲットとして選ぶべきか，ターゲットセグメントに対しど
のようなマーケティング施策を提供すべきかといった課題を解決する手がかりが
得られるからです．たとえば，価格に敏感な消費者に対してどのような価格施策
を行うべきかセグメントの価格反応が不明な場合に比べて検討しやすいでしょう．

ところが，分析対象となる消費者の反応を知ったとしても容易にターゲットと
なる消費者全体にアプローチを仕掛けることができるとは限りません．なぜなら，
分析に含まれない消費者の市場反応は通常観測されないため，一般的にどの消費
者がどのセグメントに所属するか特定化するのは困難であるからです．これはセ
グメントの到達可能性に関する問題で，セグメントを評価するうえで重要な要素
の1つです．しかし，仮にセグメントの所属確率が比較的に観測しやすい消費者
のデモグラフィック情報と何らかの関係があるとわかれば，問題解決の糸口が見
えてきます．たとえば，年齢が若い人は価格に敏感なセグメントに所属する可能
性が高いという事実があればマーケターは年齢の情報を利用して当該セグメント
にマーケティング施策を届けることが可能になります．

これを確かめる方法として，(6.9)のセグメント所属確率を消費者の属性で説明
できるように拡張することです．具体的には，$d_i = (1, d_{i1}, d_{i2}, \cdots, d_{iM})'$ を定数項
を含む消費者 i のデモグラフィック変数のベクトルとおけば，(6.9)式は以下のよ
うに拡張することできます．

$$p_{ik} = \frac{\exp(\lambda_k' d_i)}{\sum_{s=1}^{K} \exp(\lambda_s' d_i)} \tag{6.16}$$

ここで，p_{ik} は消費者 i のセグメント k に所属する確率を表しています．パラ
メータ $\lambda_k = (\lambda_{1k}, \lambda_{2k}, \cdots, \lambda_{(M+1)k})'$ はデモグラフィック変数がセグメント k への所
属確率に与える影響を捉えています．$\lambda_{mk} > 0$ のとき，m 番目のデモグラ
フィック変数が大きくなれば，セグメント k への所属確率が高くなります．逆に，
$\lambda_{mk} < 0$ の場合，m 番目のデモグラフィック変数が大きくなれば，セグメント k
への所属確率が低くなります．なお，識別性の問題は依然として残っているので，
これを排除するためにはどれかのセグメントに関して λ を 0 に固定する必要があ
ります．一般的には第1セグメントに対してこの制約を果たします．つまり，

$\lambda_1 = (0, 0, \cdots, 0)'$ とします.

6.1 節で紹介したデータに性別, 年齢, 家族人数のデモグラフィックデータが含まれるので, これらを (6.16) のモデル拡張に用いて推定を行います. 消費者の属性データを推定するためには関数 flexmix に引数 concomitant を指定する必要があります. この引数は関数 FLXPmultinom による (6.16) を表すオブジェクト作成するための機能を持ち, セグメントの所属確率を説明する変数が指定されます. 各セグメントの反応係数の要約は以下のように関数 parameters を用いて出力されます.

```
result_lc4a <- flexmix(choice ~ disp + feat + price + alt | id,
                    model = FLXMRcondlogit(strata = ~ chid),
                    concomitant = FLXPmultinom(~sex + age + fsize),
                    data = cr_data, k = 4)

parameters(result_lc4)
##                      Comp.1      Comp.2       Comp.3     Comp.4
## coef.disp         0.5004116   0.3333479   0.07478478 -0.1469262
## coef.feat         0.8331183   1.0046716  -0.11241461  0.2065656
## coef.price       -4.4387011  -2.8080563  -6.95219919 -4.2155631
## coef.altnabisco   1.2713969   3.9426328  -0.95316274  1.5056570
## coef.altprivate  -0.6256150  -1.0754979  -7.04985475  2.6375764
## coef.altsunshine -0.1986373  -0.6069486  -1.65289907  0.1304418
```

ここで注意してほしいのは, この結果は前節の結果と一致していないことです. これは, デモグラフィック変数を導入することによってセグメント所属の事後確率が変化し, 各セグメントの消費者の構成が変化したからだと考えられます. また, セグメント番号も両方の結果で対応していないことに注意が必要です. たとえば, 前節の結果では最もチラシ広告に反応するのはセグメント4でしたが, 今回の結果ではセグメント2になっています. これは**ラベル・スイッチング**と呼ばれる問題でセグメントの番号がセグメントの特徴を反映しないことを意味します.

デモグラフィック変数のパラメータ λ の推定値を表示するには再び関数 refit でモデルを推定し, 関数 summary を実行します. 推定結果は以下のようになります. なお, 識別性のためにセグメント1に関する推定値は0に固定しているためここでは表示されません. この結果を解釈する際には, これらの推定値がセグメント1との相対的な値であることに注意が必要です. たとえば, セグメント2

の fsize は有意水準 0.1 で有意な負の効果を持っているが，これは家族人数が多い消費者はセグメント 2 よりもセグメント 1 に所属する確率が高いことを指しています．全体的に有意なものは少ないですが，4 つのセグメントの中でセグメント 3 の sex の推定値は有意で負の値になっているので，このセグメントに女性が所属する確率が低いことがわかります．ロジットモデルの推定結果から見ると，このセグメントの特徴はプライベートブランドの切片が最も大きく，女性の消費者が当該ブランドを好むセグメントに所属しやすいという解釈ができます．

```
result_refit_lc4a <- refit(result_lc4a)
summary(result_refit_lc4a, which = "concomitant")

## $Comp.2
##              Estimate Std. Error z value Pr(>|z|)
## (Intercept)  1.9301252  0.9712996  1.9872  0.04690 *
## sex          0.0578850  0.5120001  0.1131  0.90999
## age         -0.0024461  0.0217763 -0.1123  0.91056
## fsize       -0.4305588  0.2302866 -1.8697  0.06153 .
## ---
## Signif. codes:  0 '***' 0.001 '**' 0.01 '*' 0.05 '.' 0.1 ' ' 1
##
## $Comp.3
##              Estimate Std. Error z value Pr(>|z|)
## (Intercept)  1.832803   1.386629  1.3218   0.1862
## sex         -0.911932   0.705355 -1.2929   0.1961
## age         -0.044560   0.034133 -1.3055   0.1917
## fsize       -0.194785   0.319095 -0.6104   0.5416
##
## $Comp.4
##              Estimate Std. Error z value Pr(>|z|)
## (Intercept)  2.254148   1.125578  2.0027  0.04521 *
## sex         -1.054434   0.575544 -1.8321  0.06694 .
## age         -0.015635   0.026217 -0.5964  0.55094
## fsize       -0.416419   0.265424 -1.5689  0.11667
## ---
## Signif. codes:  0 '***' 0.001 '**' 0.01 '*' 0.05 '.' 0.1 ' ' 1
```

最後に，以上のセグメントごとの推定結果を比較しやすいように，以下のように関数 plot を用いて推定結果の棒グラフを作成します．

```
plot(result_refit_lc4a)
```

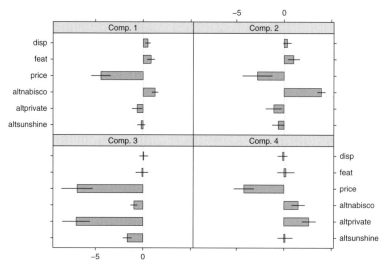

図6.2 セグメントごとのパラメータの推定結果

— 章末問題 —

1. 消費者は自動車の購入を検討する際に，価格，燃費，デザインなどの製品属性を評価して，最終的にどんなブランドを購入するかを決めます．しかし，これらの属性をどの程度重視するかは消費者によって異なります．この市場の消費者をセグメンテーションする場合に，どのような基準を用いるべきか考えなさい．

2. 本書のサポートサイトにある `chapter_06_choice_data.csv` を用いて，Logit モデルを推定しなさい．

3. 同じデータを用いて潜在クラス Logit モデルを推定して，セグメント間での消費者の反応の違いを調べなさい．ただし，セグメント数は BIC を用いて決定すること．

4. セグメントの所属確率を消費者のデモグラフィック変数によって決定するモデルを推定して，それぞれの変数の効果を調べなさい．

第7章
店舗利用行動と購買金額に関する分析

　ある一定期間における顧客の購買金額や来店日数のように，データの取りうる値が下限または上限を持っている場合があります．購買金額の場合，その値が0より小さくなることはなく，来店日数の場合，分析期間の日数を超えることはありません．このように，取りうる値に下限または上限が存在するデータを途中打ち切りデータ（censored data）といいます．データが下限を持っている場合は左側打ち切りデータ，上限を持っている場合は右側打ち切りデータといいます．回帰分析を行う際に，従属変数が途中打ち切りデータになっている場合，最小二乗法の推定量は不偏性も一致性も持っていません．このような問題に適切に対処するために，トービットモデルという分析手法があります．本章では，購買金額データを分析するためのタイプⅠトービットモデルと顧客の選択構造を考慮したタイプⅡトービットモデルについて解説します．

[本書サポートサイト掲載の chapter_07.csv のデータを使用します．]

7.1　マーケティングにおける
　　　途中打ち切りデータ

7.1.1　オンライン店舗における購買金額

　マーケティングにおいて，**途中打ち切りデータ**は様々な場面で観測することができます．ここでは，次のような例を用いてマーケティングにおける途中打ち切りデータの問題を考えます．ある仮想の小売業者がマルチ・チャネル戦略を採用することになり，既存の実店舗に加えてオンライン店舗の導入に踏み切ったとし

ます.当該企業の販売担当者は,オンライン店舗の導入から最初の四半期にかけて,顧客がオンライン店舗をどの程度利用しているかによってこの戦略の成否が左右されると考えています.オンライン店舗の利用状況については顧客の間にばらつきがあると予測されるものの,どのような顧客がどの程度オンライン店舗を利用しているのかは把握されていません.しかし,オンライン店舗をよく利用している顧客の特性がわかれば,同じ特性を持った顧客に働きかけることによって,効率的にオンライン店舗の売上げを増加させることができると考えられます.

そこで,販売担当者はこの問題に対処するために,最初の四半期の購買履歴データを分析し,オンライン店舗での購買金額が顧客によってどのように異なるか,その違いの原因とは何かを明らかにしようとします.分析にあたって,顧客データベースから無作為に 1,000 人の顧客を抽出し,対象者のデモグラフィック変数,オンライン店舗の利用状況および購買金額を検証します.

表 7.1 はデータの各項目の概要を示しています.CID は顧客の ID を表しています.Purchase は分析期間中に顧客がオンライン店舗で購買をしたかどうかのダミー変数です.Amount はオンライン店舗での購買金額(千円単位)を表しています.Sex は顧客の性別を表し,女性の場合 0,男性の場合 1 のダミー変数になります.Age は顧客の年齢で,Fsize は家族人数を表しています.Income は顧客の収入の対数になります.Ownhouse は持ち家の有無に関するダミー変数です.Crossbuying は分析期間において顧客が購入した商品カテゴリーの数を表しています.Pfreq はオンライン店舗が導入される前の顧客の年間購買頻度を示してい

表 7.1　顧客のデモグラフィックおよびオンライン店舗での購買データ

項　目	概　要
CID	顧客 ID
Purchase	オンライン店舗の利用の有無(無し=0,有り=1)
Amount	オンライン店舗での購買金額
Sex	顧客の性別(女性=0,男性=1)
Age	顧客の年齢
Fsize	顧客の家族人数
Income	顧客の収入(対数変換)
Ownhouse	顧客は持ち家があるかどうかのダミー変数(無し=0,有り=1)
Crossbuying	顧客が購入した製品カテゴリー数
Pfreq	顧客の購買頻度
Rduration	顧客の入会期間

ます．最後に，Rduration は顧客が入会してから現在までの経過月数を表しています．

まず，データを以下のように読み込み，関数 head を用いて最初の 10 名の顧客のデータを表示します．

```
data_chap7 <- read.csv("chapter_07.csv", header = TRUE)
head(data_chap7, 10)
##    CID Purchase Amount Sex Age Fsize Income Ownhouse Crossbuying Pfreq
## 1    1        0  0.000   0  60     4 14.901        1           9    30
## 2    2        0  0.000   1  50     2 15.078        1          17    33
## 3    3        1 13.201   1  51     4 15.495        1          20    27
## 4    4        0  0.000   0  56     3 15.351        1           4    21
## 5    5        1 15.316   0  42     4 14.581        0          25    18
## 6    6        0  0.000   0  57     3 15.320        1           9    36
## 7    7        0  0.000   1  63     2 14.787        0          23    18
## 8    8        0  0.000   0  17     3 15.220        0          13    18
## 9    9        1 21.550   0  20     3 15.200        0          24    33
## 10  10        0  0.000   1  43     1 15.322        1          15    27
##
##    Rduration
## 1         54
## 2         16
## 3         17
## 4         51
## 5          5
## 6         37
## 7          1
## 8          7
## 9         13
## 10        31
```

データの Purchase 項目を見ると，オンライン店舗を利用していない顧客（Purchase=0）がかなりいることがわかります．実際に，このような顧客がどれくらいいるか関数 table を用いて確かめます．

```
table(data_chap7$Purchase)

##   0   1
## 689 311
```

出力結果から，オンライン店舗を利用していない顧客は 689 人で，利用した顧客は 311 人いることがわかります．また，オンライン店舗での購買金額（Amount）

を見ると，前者の場合は 0 で，後者の場合は正の値になっていることが確認できます．さらに，オンライン店舗利用者の間でも購買金額にばらつきがあることが見て取れます．購買金額がどの程度ばらついているか，以下のように関数 hist を用いて購買金額のヒストグラムを作成してその分布を調べます．

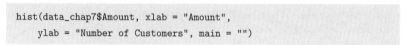

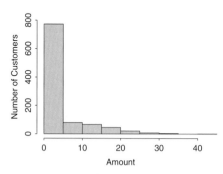

図 7.1 オンライン店舗における購買金額の分布

購買金額のヒストグラム（図 7.1）を見ると，データ区間 0〜5（購買金額が 5,000 円以下）に該当する顧客が非常に多いことがわかります．これは，オンライン店舗を利用してない 689 人の顧客の購買金額がこのデータ区間に入っているからです．また，分布の形状を見ると裾が右側に伸びている様子が見て取れます．これは，オンライン店舗を利用した顧客の中で，購買金額が平均値より低い人が多いことを示しています．実際，利用者の購買金額の平均値と中央値はそれぞれ 10.53 と 9.41 になっており，この分布の形状を裏付けます．

```
mean(data_chap7$Amount[data_chap7$Amount > 0])

## 10.53353

median(data_chap7$Amount[data_chap7$Amount > 0])

## 9.411
```

ここまで顧客の購買金額の分布がある程度明らかになりました．次に，販売担当者は購買金額のばらつきが顧客のデモグラフィック変数によってどの程度説明

できるかを調べます．まず初歩的な分析として，購買金額とデモグラフィック変数の散布図を作成し，これらの変数間の関係を確認します．散布図を作成するためのRコードを以下に示します．なお，ここでは複数の散布図を1つのグラフに表示するために，関数 layout を用いて画面を分割します．

```
opar <- par(no.readonly = TRUE)
layout(matrix(c(1:6), 2, 3 , byrow = "TRUE"))

plot(data_chap7$Sex, data_chap7$Amount,
     xlab = "Sex", ylab = "Amount")

plot(data_chap7$Age, data_chap7$Amount,
     xlab = "Age", ylab = "Amount")

plot(data_chap7$Fsize, data_chap7$Amount,
     xlab = "Fsize", ylab = "Amount")

plot(data_chap7$Income, data_chap7$Amount,
     xlab = "Income", ylab = "Amount")

plot(data_chap7$Ownhouse, data_chap7$Amount,
     xlab = "Ownhouse", ylab = "Amount")

par(opar)
```

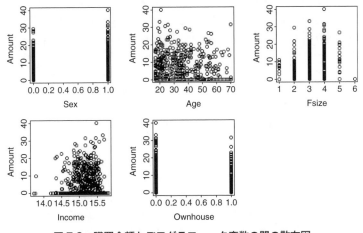

図7.2 購買金額とデモグラフィック変数の間の散布図

図7.2から，購買金額と何らかの関係があるように見えるものとして，性別，収入，と持ち家状況が挙げられます．性別に関しては，女性に比べて男性の購買金額が大きい傾向が見られます．同様に，持ち家がある顧客に比べて持ち家がない顧客の購買金額が大きく見えます．また，収入に関しては，収入が高い顧客ほど購買金額が大きくなる傾向があります．一方，年齢と家族人数については関係があるようには見えないことがわかります．

7.1.2　途中打ち切りデータを分析するうえでの問題

　以上述べた問題認識をもとに，購買金額に対してデモグラフィック変数の影響をどのように推定すればよいか検討します．1つの考え方として，**第3章**で説明した線形回帰モデルを用いる方法があります．購買金額を従属変数，デモグラフィック変数を独立変数とするモデルです．しかし，この方法には次のような問題があります．上述のように，オンライン店舗を利用していない顧客の購買金額が0であるのに対し，利用している顧客の購買金額は0より大きい値になっています（**図7.3**）．また，前者の場合は従属変数となる購買金額がこれらの顧客の間で共通の値になっています．仮に，顧客全体のデータを用いて線形回帰モデルを推定し，ある独立変数が正または負の効果を持つとわかっても，オンライン店舗を利用していない顧客についてはこの効果が成り立ちません．なぜなら，この独立変数の値にかかわらず，これらの顧客の購買金額は一定であるからです．

　では，オンライン店舗の利用者のみのデータに線形回帰モデルを当てはめればどうなるのでしょう．たしかに，オンライン店舗の利用者に分析対象を絞れば購

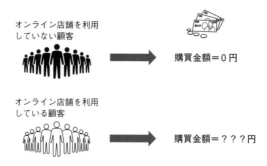

オンライン店舗を利用
していない顧客　　　　　　　　　　　購買金額＝0円

オンライン店舗を利用
している顧客　　　　　　　　　　　　購買金額＝？？？円

図7.3　オンライン店舗の利用状況と購買金額

買金額のデータは顧客によって異なる正の値になります．これで一見して上で述べた問題が解消できるように思うかもしれません．しかし，この方法にも別の問題があります．それは，オンライン店舗を利用した顧客と利用しなかった顧客の間の構造的な違いによるものです．たとえば，両者の間に収入や家族人数などのデモグラフィック特性の違いがあるとします．この場合，オンライン店舗を利用した顧客のデータだけを対象に分析を行えば，収入が高い顧客または家族人数が多い顧客だけを分析することになり，その結果は一部の顧客に偏ってしまう危険があります．この結果の偏りは，特殊な対象者を分析対象として選ぶことから発生するバイアスという意味で**標本選択バイアス**（sample selection bias）と呼ばれます．

このように，以上で述べた購買金額のデータの全部または一部に線形回帰モデルを当てはめても独立変数の効果が正しく推定されない可能性があります．この問題は，独立変数のばらつきが大きいほどまたはオンライン店舗を利用していない顧客の割合が大きいほど深刻になります．詳しくは次節で説明しますが，統計学の観点からこれらの問題はモデルのパラメータ推定量が不偏性と一致性を持たない原因になると考えられます．不偏性の問題とは，パラメータの推定量の期待値が推定したい真のパラメータの値と一致しないことです．たとえば，真のパラメータを β，その推定量を b とするとき，$E(b) \neq \beta$ となる場合 b は β 不偏推定量ではないといいます．ただし，標本サイズを大きくすれば不偏推定量ではなくてもその期待値が真のパラメータに確率的に収束する場合があります．このような推定量は不偏性がありませんが，一致性はあるといいます．したがって，一致性を持つ推定量については，仮に不偏性がなくても標本サイズを大きくすることでこの問題を解消することができます．一方，標本サイズをいくら大きくしても推定量の期待値が真のパラメータに収束しなければ，この推定量は一致性を持たないといいます．当然，不偏性も一致性も持たない推定量を用いてパラメータを評価しても，その結果は信頼できません．

7.2 途中打ち切りデータの分析 (タイプ I トービットモデル)

7.2.1 モデルの概要

　本節では，以上で述べた推定上の問題を解消するための（タイプ I）トービットモデルを解説します．まず，当該期間における顧客 $i(i = 1, 2, \cdots, n)$ のオンライン店舗での購買金額を y_i と定義します．当然，オンライン店舗の利用者の購買金額はある正の値を取り ($y_i > 0$)，そうでない顧客の購買金額は 0 になります ($y_i = 0$)．購買金額の変動を説明するために用いるデモグラフィック変数（切片を含む）のベクトルを $x_i = (x_{i1}, x_{i2}, \cdots, x_{ik})'$ と書きます．このデモグラフィック変数は，オンライン店舗の利用有無にかかわらず全顧客に関して観測されています．ここで，購買金額に対する顧客の効用を表す潜在変数 y_i^* を定義します．顧客の効用 y_i^* は実際に観測されませんが，効用が高い顧客ほど購買金額が大きくなると仮定します．トービットモデルでは，観測されるデータ（購買金額）と対応する潜在変数（効用）を次のように定式化します．

$$y_i = \begin{cases} y_i^*, & y_i^* > 0 \\ 0, & y_i^* \leq 0 \end{cases} \tag{7.1}$$

ここで，$y_i^* > 0$ の領域では，観測値 y_i と潜在効用 y_i^* が一致していることに注意してください．この領域においては，両者の間の関係に関する仮定が満たされています．一方，$y_i = 0$ に対して y_i^* は 0 または負の値を取り，さらに顧客によって異なる値になりうると仮定します．これは，オンライン店舗を利用していない顧客の間で購買から得られる効用が異質であることを意味し，自然な仮定であると考えられます．本来，仮定より $y_i^* \leq 0$ においても潜在効用が低い顧客ほど購買金額が小さくならなければなりませんが，y_i が 0 で打ち切られたため，観測上はどの顧客も同じ購買金額になります．仮に，y_i^* を観測することができれば，デモグラフィック変数の購買金額への影響を推定する際，y_i の代わりに y_i^* を従属変数とする以下の線形回帰モデルを用いるのは適切です．ただし，$\beta = (\beta_1, \beta_2, \cdots, \beta_k)'$ は回帰係数ベクトル，u_i は平均が 0 で分散が σ^2 の正規分布に従う独立な誤差項を表しています．

$$y_i^* = x_i'\beta + u_i, \quad u_i \sim N(0, \sigma^2) \tag{7.2}$$

モデル (7.2) は途中打ち切りデータによる推定上の問題を解消できると考えられます. 理由は次の 2 つあります. 1 つ目は, オンライン店舗を利用していない顧客についても y_i^* が異なる値になりうるので, デモグラフィック変数の違いによって y_i^* がどのように影響されるか検証することができることです. 2 つ目は, y_i^* が途中で打ち切られていないので全顧客のデータを用いることが可能になり, 標本選択バイスによる問題が解消されることです. ただし, 上述のように y_i^* は観測されないため, (7.2) をそのまま最小二乗法で推定することは不可能です. このモデルの推定方法については次節で説明しますが, その前にこのモデルの仮定が正しければ, y_i を従属変数とする回帰モデルの最小二乗推定量は不偏性も一致性も持たないことを示します.

7.2.2 データ分析における不偏性と一致性の問題

モデル (7.2) が正しいという仮定のもとで x_i が与えられたときの y_i^* の期待値は $E(y_i^*|x_i) = x_i'\beta$ となります. 証明は省略しますが, それに対応する y_i の期待値は以下のように求めることができます.

$$E(y_i|x_i) = x_i'\beta\Phi\left(\frac{x_i'\beta}{\sigma}\right) + \sigma\phi\left(\frac{x_i'\beta}{\sigma}\right) \neq x_i'\beta \tag{7.3}$$

ただし, $\Phi(\cdot)$ と $\phi(\cdot)$ はそれぞれ標準正規分布の分布関数と密度関数を表しています. 全データに対して y_i を従属変数とする回帰モデルを次式のように表します. ただし, v_i はこのモデルの誤差項です.

$$y_i = x_i'\beta + v_i \tag{7.4}$$

モデル (7.4) のパラメータ β の最小二乗推定量は次のように求められます.

$$\hat{\beta}_{OLS} = \beta + \left(\sum_{i=1}^{n} x_i x_i'\right)^{-1} \sum_{i=1}^{n} x_i v_i \tag{7.5}$$

この推定量の期待値は,

$$E(\hat{\beta}_{OLS}|x_i) = \beta + \left(\sum_{i=1}^{n} x_i x_i'\right)^{-1} \sum_{i=1}^{n} x_i E(v_i|x_i) \tag{7.6}$$

と表されますが，この期待値の右辺の第2項は必ずしも0になりません．なぜなら，(7.3) と (7.4) より，

$$E(v_i|x_i) = E(Y_i|x_i) - x_i'\beta \neq 0 \tag{7.7}$$

となるからです．したがって，$E(\hat{\beta}_{OLS}|x_i) \neq \beta$，全データを用いた $\hat{\beta}_{OLS}$ は β の不偏推定量ではないことが明らかです．

次に，$\hat{\beta}_{OLS}$ が一致性を持たないことを示します．標本サイズ n を限りなく増やすときの $\hat{\beta}_{OLS}$ の確率極限を以下のように与えます．

$$\plim_{n\to\infty} \hat{\beta}_{OLS} = \beta + \left(\frac{\sum_{i=1}^{n} x_i x_i'}{n}\right)^{-1} \plim_{n\to\infty} \sum_{i=1}^{n} \left(\frac{x_i v_i}{n}\right) \tag{7.8}$$

ところが，$E(x_i v_i) = x_i E(v_i) \neq 0$ であるから，(7.8) の右辺の第2項は0に確率収束しません．したがって，標本サイズを大きくしても $\hat{\beta}_{OLS}$ は真のパラメータに収束しないので，$\hat{\beta}_{OLS}$ が一致推定量ではないことが示されました．

次に，オンライン店舗を利用している顧客のデータのみを用いた場合の OLS 推定量の性質を見ていきます．ここで，$y_i > 0$ を満たす添え字 i の集合を J_1 と書けば，これらの顧客の購買金額に関する回帰モデルの最小二乗推定量は次のように表すことがきます．

$$\tilde{\beta}_{OLS} = \left(\sum_{i \in J_1} x_i x_i'\right)^{-1} \sum_{i \in J_1} x_i y_i \tag{7.9}$$

この推定量の期待値は，

$$E(\tilde{\beta}_{OLS}) = \left(\sum_{i \in J_1} x_i x_i'\right)^{-1} \sum_{i \in J_1} x_i E(y_i|y_i > 0) \tag{7.10}$$

となりますが，

$$E(y_i|y_i > 0) = x_i'\beta + \sigma \frac{\phi(x_i'\beta/\sigma)}{\Phi(x_i'\beta/\sigma)} \tag{7.11}$$

が成り立つことが知られています．(7.11) を (7.10) に代入して，

$$E(\tilde{\beta}_{OLS}) = \beta + \left(\sum_{i \in J_1} x_i x_i'\right)^{-1} \sum_{i \in J_1} x_i \left[\sigma \frac{\phi(x_i'\beta/\sigma)}{\Phi(x_i'\beta/\sigma)}\right] \tag{7.12}$$

が得られますが，(7.12) の右辺の第2項は0にならないので，$y_i > 0$ となるデータを用いても最小二乗推定量は不偏性を持たないことが示されました．最後に，$y_i > 0$ となるデータについても以下の関係が成り立つので，やはり $\tilde{\beta}_{OLS}$ は一致

性を持たないことがわかります.

$$\mathrm{plim}_{n \to \infty} \sum_{i \in J_1} \left(\frac{x_i v_i}{n} \right) \neq 0 \tag{7.13}$$

7.3 モデルの推定

トービットモデルのパラメータを推定するにはいくつかの方法があります. 本章では**最尤推定法とヘックマンの2ステップ推定法**について説明します. まず, 最尤推定を行うためにパラメータを所与としたときのデータ $\{y_i, x_i\}$ が観測される確率を定める必要があります. ここで, $y_i = 0$ と $y_i > 0$ の場合に分けて考えます. (7.2) の u_i に対して $\varepsilon_i = u_i/\sigma$ とおけば, ε_i は標準正規分布に従う確率変数であることがわかります ($\varepsilon_i \sim N(0,1)$). $y_i = 0$ を観測する確率は以下のように求めることができます.

$$\begin{aligned}
\mathrm{Pr}(y_i = 0) &= \mathrm{Pr}(y_i^* \leq 0) \\
&= \mathrm{Pr}\left(\frac{u_i}{\sigma} \leq -\frac{x_i'\beta}{\sigma} \right) \\
&= \mathrm{Pr}\left(\varepsilon_i \leq -\frac{x_i'\beta}{\sigma} \right) \\
&= 1 - \Phi(x_i'\beta/\sigma)
\end{aligned} \tag{7.14}$$

次に, $y_i > 0$ については, $y_i = y_i^*$ が成り立つので, y_i を観測する確率は y_i^* を観測する確率と一致します.

$$\begin{aligned}
\mathrm{Pr}(y_i) &= \mathrm{Pr}(y_i^*) \\
&= \mathrm{Pr}(x_i'\beta + \varepsilon_i\sigma) \\
&= \frac{1}{\sigma}\phi\left(\frac{y_i^* - x_i'\beta}{\sigma} \right)
\end{aligned} \tag{7.15}$$

いま, $\delta(y_i)$ を $y_i = 0$ のとき 1, それ以外の場合 0 の値を取る指示関数とおけば, 以下のようにモデル (7.2) の尤度関数を表すことができます.

$$L(\beta, \sigma^2 | \{y_i, x_i\}) = \prod_{i=1}^{n} \left[1 - \Phi\left(\frac{x_i'\beta}{\sigma} \right) \right]^{\delta(y_i)} \left[\frac{1}{\sigma}\phi\left(\frac{y_i - x_i'\beta}{\sigma} \right) \right]^{1-\delta(y_i)} \tag{7.16}$$

ここで, J_0 を $y_i = 0$ を満たす i の集合, J_1 を $y_i > 0$ を満たす i の集合であるとし,

それぞれ n_0, n_1 個とします．パラメータ β と σ^2 の最尤推定量は尤度関数 (7.16) の対数を微分して 0 に設定してからこれらのパラメータについて解くことで求めることができます．以下の (7.17) と (7.18) でトービットモデルのパラメータの最尤推定量を示します．

$$\hat{\beta}_{MLE} = \left(\sum_{i \in J_1} x_i x_i'\right)^{-1} \sum_{i \in J_1} x_i y_i - \hat{\sigma}_{MLE}^2 \left(\sum_{i \in J_1} x_i x_i'\right)^{-1} \sum_{i \in J_0} \left(\frac{\phi_i}{1 - \Phi_i}\right) x_i \tag{7.17}$$

$$\hat{\sigma}_{MLE}^2 = \frac{1}{n_1} \sum_{i \in J_1} (y_i - x_i'\hat{\beta}_{MLE}) y_i \tag{7.18}$$

ただし，

$$\begin{aligned} \Phi_i &= \Phi\left(\frac{x_i'\beta}{\sigma}\right) \\ \phi_i &= \frac{1}{\sigma}\phi\left(\frac{x_i'\beta}{\sigma}\right) \end{aligned} \tag{7.19}$$

とします．(7.17) の右辺にある $(\phi_i/1 - \Phi_i)$ は**逆ミルズ比**と呼ばれます．

　次に，ヘックマンの 2 ステップ推定法について説明します．この推定方法は文字どおり 2 段階でパラメータの推定が行われます．基本的な考え方は，$y_i > 0$ のデータのみでモデルを推定しますが，標本選択バイアスを除外するために，(7.11) の $E(y_i|y_i > 0)$ の条件付き期待値をもとに以下のモデルを想定します．

$$y_i = x_i'\beta + \sigma\frac{\phi(x_i'\psi)}{\Phi(x_i'\psi)} + v_i, \quad v_i \sim N(0, \xi^2), \quad i \in J_1 \tag{7.20}$$

ただし，$\psi = \beta/\sigma$ と定義します．(7.18) の右辺の第 2 項は標本選択バイアスを調整するための項です．この項の $\phi(x_i'\psi)/\Phi(x_i'\psi)$ は新たな説明変数のように見えますが，推定する前の段階ではその値は知られていません．パラメータ σ は本来誤差項 u_i の標準偏差ですが，(7.18) では $\phi(x_i'\psi)/\Phi(x_i'\psi)$ の係数になっています．ヘックマンの推定法の第 1 ステップでは，(7.20) が推定できるように先に ψ の推定を行います．ところで，(7.14) より $\Phi(x_i'\psi) = P(y_i^* > 0)$ であることがわかります．これは，顧客 i の潜在効用が正である確率を表しますが，顧客 i がオンライン店舗を利用する確率と見なすこともできます．したがって，$\Phi(x_i'\psi)$ はオンライン店舗を利用するかどうかという顧客の意思決定を反映するもので，**第 4 章**で説明した二項プロビットモデルの枠組みを適用して推定することができます．第 2 ス

テップでは，得られた ψ に関するプロビットモデルの推定値 $\hat{\psi}_{Probit}$ を (7.20) に代入して，最小二乗法を用いて β と σ を推定します．

以上説明したタイプ I トービットモデルを **7.1 節**で述べたデータに適用して，オンライン店舗における購買金額に対するデモグラフィック変数の影響の推定を示します．ここでは，タイプ I トービットモデルを推定するためにパッケージ `censReg` を用います．比較のために，全データとオンライン店舗の利用者のみのデータに関する通常の線形回帰モデルも推定し，その結果を以下に示します．

```
## 全データを用いた線形回帰モデル
result_reg1 <- lm(Amount ~ Sex + Age + Fsize + Income +
                  Ownhouse + Crossbuying,
                  data = data_chap7)
summary(result_reg1)
##
## Call:
## lm(formula = Amount ~ Sex + Age + Fsize + Income + Ownhouse +
##     Crossbuying, data = data_chap7)
##
## Residuals:
##     Min     1Q  Median     3Q     Max
## -11.351  -3.382  -1.127  1.790  28.634
##
## Coefficients:
##              Estimate Std. Error t value Pr(>|t|)
## (Intercept)  1.25968    8.93817   0.141    0.888
## Sex          3.08423    0.35452   8.700  < 2e-16 ***
## Age         -0.12010    0.01184 -10.145  < 2e-16 ***
## Fsize        1.45633    0.20003   7.280 6.76e-13 ***
## Income      -0.12541    0.58723  -0.214    0.831
## Ownhouse    -0.20807    0.37846  -0.550    0.583
## Crossbuying  0.29855    0.02345  12.731  < 2e-16 ***
## ---
## Signif. codes:  0 '***' 0.001 '**' 0.01 '*' 0.05 '.' 0.1 ' ' 1
##
## Residual standard error: 5.317 on 993 degrees of freedom
## Multiple R-squared:  0.3085, Adjusted R-squared:  0.3043
## F-statistic: 73.83 on 6 and 993 DF,  p-value: < 2.2e-16

## オンライン店舗の利用者のデータを用いた線形回帰モデル
```

```
result_reg2 <- lm(Amount ~ Sex + Age + Fsize + Income +
                  Ownhouse + Crossbuying,
                  data = subset(data_chap7, Amount > 0))
summary(result_reg2)
##
## Call:
## lm(formula = Amount ~ Sex + Age + Fsize + Income + Ownhouse +
##     Crossbuying, data = subset(data_chap7, Amount > 0))
##
## Residuals:
##      Min      1Q   Median      3Q      Max
## -13.1724  -5.0671  -0.3584   4.4057  25.0916
##
## Coefficients:
##               Estimate Std. Error t value Pr(>|t|)
## (Intercept) -8.44724   20.91553  -0.404  0.68659
## Sex          2.74823    0.83211   3.303  0.00107 **
## Age         -0.04225    0.03587  -1.178  0.23988
## Fsize        2.33352    0.49409   4.723 3.56e-06 ***
## Income       0.64411    1.37765   0.468  0.64045
## Ownhouse    -0.47584    1.04290  -0.456  0.64853
## Crossbuying  0.11517    0.07454   1.545  0.12340
## ---
## Signif. codes:  0 '***' 0.001 '**' 0.01 '*' 0.05 '.' 0.1 ' ' 1
##
## Residual standard error: 7.021 on 304 degrees of freedom
## Multiple R-squared:  0.1094, Adjusted R-squared:  0.09181
## F-statistic: 6.223 on 6 and 304 DF,  p-value: 3.532e-06

## タイプ I トービットモデル
install.packages("censReg")
library(censReg)

result_tobit1 <- censReg(Amount ~ Sex + Age + Fsize + Income +
                         Ownhouse + Crossbuying,
                         data = data_chap7)
summary(result_tobit1)
##
## Call:
## censReg(formula = Amount ~ Sex + Age + Fsize + Income + Ownhouse +
##         Crossbuying, data = data_chap7)
```

```
##
## Observations:
##          Total  Left-censored   Uncensored Right-censored
##           1000            689          311              0
##
## Coefficients:
##                 Estimate Std. error t value  Pr(> t)
## (Intercept) -21.01248    24.85757   -0.845     0.398
## Sex           8.88941     0.97833    9.086   < 2e-16 ***
## Age          -0.46155     0.03943  -11.705   < 2e-16 ***
## Fsize         4.20824     0.56364    7.466  8.26e-14 ***
## Income        0.11736     1.63300    0.072     0.943
## Ownhouse      0.99016     1.14626    0.864     0.388
## Crossbuying   1.15683     0.08207   14.096   < 2e-16 ***
## logSigma      2.36784     0.04394   53.887   < 2e-16 ***
## ---
## Signif. codes:  0 '***' 0.001 '**' 0.01 '*' 0.05 '.' 0.1 ' ' 1
##
## Newton-Raphson maximisation, 7 iterations
## Return code 8: successive function values within relative tolerance limit (reltol)
## Log-likelihood: -1377.252 on 8 Df
```

　推定結果を見ると，それぞれのモデルの推定値が異なっていることがわかります．p 値から，性別，年齢，と家族人数の効果が統計的に有意に出ています．ただし，$y_i > 0$ のみのデータの線形回帰モデルでは年齢の影響が有意になりませんでした．性別はすべてのモデルにおいて有意な正の影響を持っており，女性に比べて男性の方がオンライン店舗で多く購入していることが示されています．年齢に関しては負の影響が確認され，年齢が高い顧客ほど購買金額が低くなる結果になっています．また，家族人数の影響は正になっており，家族人数が多い顧客ほどオンライン店舗での支出額が大きくなります．一方，収入と持ち家の有無はオンライン店舗での購買金額に影響を与えるとはいえません．

　OLS とトービットモデルの推定結果がかなり異なっていると述べましたが，これらのモデルの推定結果をそのまま比較することはできません．というのは，OLS の回帰係数は説明変数の $E(y_i)$ への限界効果を表しているのに対して，トービットモデルのそれは $E(y_i^*)$ への限界効果であるからです．両モデルの推定結果を比較にするためには，トービットモデルにおける説明変数の期待値 $E(y_i)$

への限界効果を求める必要があり，次式で与えます．

$$\frac{\partial E(y_i)}{\partial x_{ji}} = \beta_j \Phi\left(\frac{x_i'\beta}{\sigma}\right) \tag{7.21}$$

(7.21) の限界効果は x_i に依存しますので，i のによってその値は異なります．し
たがって，ここでは i について (7.21) の平均を求め，平均限界効果を示すことに
します．平均限界効果を計算するためにパッケージ censReg 内にある関数
margEff を用いることができます．

```
margEff(result_tobit1)
##        Sex        Age       Fsize     Income   Ownhouse Crossbuying
## 1.89474006 -0.09837827 0.89696763 0.02501544 0.21104785  0.24657241
```

デモグラフィック変数ごとの限界効果を見ると，最小二乗法の結果との差を確認
することができます．たとえば，年齢と家族人数に関して全データを用いた最小
二乗推定値の絶対値がそれぞれ 0.120 と 1.456 となっており（p.129），対応する
トービットモデルの 0.098 と 0.897 を上回っています．これは，通常の線形回帰
モデルが年齢と家族人数の影響を過大に推定してしまう可能性があることを示唆
しています．同様に，$y_i > 0$ のデータのみの線形回帰モデルの限界効果と比べる
と，性別に関する過大評価は小さくなっていますが，家族人数の影響に関するバ
イアスはさらに大きくなっていることが確認できます．

7.4　選択構造を考慮したモデル （タイプ Ⅱ トービットモデル）

7.4.1　オンライン店舗の利用に関する顧客の選択

　前節では，オンライン店舗での購買金額がどの程度顧客のデモグラフィック変
数によって説明できるかを調べました．そこでは，顧客がオンライン店舗を利用
するかどうかの判断は考慮されませんでした．しかし，オンライン店舗の利用に
関する意思決定は何らかの要因によって影響され，その影響が最終的に購買金額
に及ぶ場合があります．たとえば，顧客の年齢がオンライン店舗の利用に対して
負の影響を持つとします．そうすると，若い顧客ほどオンライン店舗を利用する
可能性が高くなります．実際に，オンライン店舗利用者の購買金額は非利用者の

購買金額より大きいので，年齢は購買金額に対して負の影響を与えることになります．したがって，購買金額に対する年齢の影響を分析する際，オンライン店舗の利用に対する年齢の影響を無視することはできません．もう1つは，オンライン店舗の利用と購買金額の相関関係の役割です．仮に，両者の間に有意な負の相関があるとすれば，オンライン店舗を利用する傾向が高い顧客ほど購買金額が小さくなります．この場合，年齢から購買金額への直接な影響がなくても，年齢はこの相関を通じて間接的に購買金額に影響することがあります．

　本節で説明する**タイプ II トービットモデル**は，オンライン店舗の利用に関する顧客の選択を考慮しながら購買金額の影響要因を分析するための枠組みを提供します．このモデルは2つの構造に構成されています．1つ目は，オンライン店舗を利用するかどうかに関するモデルで，**第4章**で取り上げた二項プロビットモデルの構造と似ています．顧客がオンライン店舗を利用するかどうかに対して影響を与える独立変数を $z_i = (z_{i1}, z_{i2}, \cdots, z_{iJ})'$ とします．ここで，z_i は購買金額を決定する x_i の要素を含む場合があれば，x_i に属さない別の要因によって構成される場合もあります．オンライン店舗の利用に対する z_i の影響の大きさをパラメータ $\theta = (\theta_1, \theta_2, \cdots, \theta_J)$ で表します．オンライン店舗を利用する潜在効用を y_{1i}^* とすれば，オンライン店舗の利用に関する意思決定を以下のようにモデル化することができます．

$$y_{1i}^* = z_i'\theta + u_{1i} \tag{7.22}$$

ここで，u_{1i} は独立で同一の分布に従う誤差項です．また，y_{1i}^* は実際に観測されませんが，y_{1i}^* が大きい人ほどオンライン店舗を利用する傾向が強くなると仮定します．一方，消費者がオンライン店舗を利用したかどうかはデータから観測することができます．ここで，消費者 i がオンライン店舗を利用した場合 $y_{1i} = 1$，利用しなかった場合 $y_{1i} = 0$ という指示関数 y_1 を定義します．ところで，潜在効用 y_{1i}^* がどの程度大きくなれば消費者がオンライン店舗を利用するかについてはいくつかの考え方がありますが，一般的に $y_{1i}^* \leq 0$ のとき利用しない，$y_{1i}^* > 0$ のとき利用すると仮定されることが多いです．したがって，潜在効用 y_{1i}^* と実際の行動データ y_{1i} の関係を以下のように表すことができます．

$$y_{1i} = \begin{cases} 1, & y_{1i}^* > 0 \\ 0, & y_{1i}^* \leq 0 \end{cases} \tag{7.23}$$

7.4.2　購買金額モデル

　次に，2 つ目のモデルは購買金額に関するものですが，オンライン店舗での購買金額は当該店舗を利用するかどうかに依存します．具体的に，顧客 i の購買金額を y_{2i} と書けば，$y_{1i}^* > 0$ のとき $y_{2i} > 0$ で，$y_{1i}^* \leq 0$ のとき $y_{2i} = 0$ になることはすぐに確認できます．オンライン店舗の利用と同様に，購買金額についても消費者の潜在効用 y_{2i}^* を定義します．ここで，購買金額の効用が高い人ほど購買に使う金額が高くなると仮定します．したがって，店舗利用行動と購買金額の関係を次式のように表すことができます．

$$y_{2i} = \begin{cases} y_{2i}^*, & y_{1i}^* > 0 \\ 0, & y_{1i}^* \leq 0 \end{cases} \tag{7.24}$$

ここで注意してほしい点として，オンライン店舗を利用している顧客 ($y_{1i}^* > 0$) の場合，購買金額の潜在効用 y_{2i}^* と観測値 y_{2i} は一致しています．一方，オンライン店舗を利用しなかった顧客 ($y_{1i}^* \leq 0$) については，$y_{2i} = 0$ であるのに対し，y_{2i}^* は 0 またはそれより小さい値を取り，しかも顧客によって異なると考えられます．この部分はタイプ I トービットモデルの構造と似ています．前節と同様に購買金額に影響を与える独立変数を x_i とすれば，購買金額のモデルを以下のように表すことがきます．

$$y_{2i}^* = x_i'\beta + u_{2i} \tag{7.25}$$

ここで，u_{2i} は独立で同一の分布に従う誤差項です．オンライン店舗の利用と購買金額の関係は (7.22) と (7.25) の誤差項 (u_{1i}, u_{2i}) の間の相関に依存します．ここでは，(u_{1i}, u_{2i}) が以下のように 2 変量正規分布に従うと仮定します．

$$\begin{pmatrix} u_{1i} \\ u_{2i} \end{pmatrix} \sim N\left(\begin{pmatrix} 0 \\ 0 \end{pmatrix}, \Sigma = \begin{pmatrix} \sigma_1^2 & \sigma_{12} \\ \sigma_{12} & \sigma_2^2 \end{pmatrix} \right) \tag{7.26}$$

ただし，σ_1^2 と σ_2^2 はそれぞれ u_{1i} と u_{2i} の分散で，σ_{12} は両者の間の共分散を表しています．また，y_{1i}^* がすべての顧客について観測されないため $\sigma_1^2 = 1$ と基準化します．よって，(u_{1i}, u_{2i}) の相関係数を $\rho = \sigma_{12}/\sigma_2$ と表すことができます．たとえば，ρ が正の値を取れば，オンライン店舗を利用する傾向が強い顧客ほど，購

買金額が大きくなります．反対に，ρ が負の値を取れば，オンライン店舗を利用する傾向が強い顧客ほど，購買金額が小さくなります．また，$\rho = 0$ の場合，オンライン店舗の利用行動と購買金額が無関係であるといえます．

7.5　モデルの推定

　タイプ II トービットモデルのパラメータを推定するには最尤推定法とヘックマンの 2 ステップ推定法を用いることができます．まず，前者について説明します．従属変数として観測されるのはオンライン店舗を利用するかどうかの指示関数 y_{1i}（変数 Purchase）と購買金額 y_{2i} になります．よって，従属変数の取りうる値は y_{1i} と y_{2i} の組み合わせになりますが，$(y_{1i} = 0, y_{2i} = 0)$ と $(y_{1i} = 1, y_{2i} > 0)$ の場合に分けられます．したがって，尤度関数はこの 2 つの場合のどちらかを観測する確率によって構成されることになります．$(y_{1i} = 0, y_{2i} = 0)$ を観測する確率は $\Pr(y_{1i}^* \leq 0)$ であり，$(y_{1i} = 1, y_{2i} > 0)$ を観測する確率は $\Pr(y_{1i}^* > 0, y_{2i}) = \Pr(y_{1i}^* > 0)\Pr(y_{2i}|y_{1i}^* > 0)$ になります．したがって，観測値ごとに対応する尤度は $\Pr(y_{1i}^* \leq 0)^{1-y_{1i}}[\Pr(y_{1i}^* > 0)\Pr(y_{2i}|y_{1i}^* > 0)]^{y_{1i}}$ によって構成され，データ全体の尤度を以下のように表すことができます．

$$
L(\beta, \theta, \Sigma | \{y_{1i}, y_{2i}, x_i, z_i\}) = \prod_{i=1}^{n} \left[1 - \Phi\left(\frac{z_i'\theta}{\sigma_1}\right) \right]^{1-y_{1i}}
$$
$$
\left[\Phi\left(\frac{1}{\sqrt{1-\rho^2}} \left[z_i'\theta + \frac{\rho}{\sigma_2}(y_{2i} - x_i'\beta) \right] \right) \frac{1}{\sigma_2} \phi\left(\frac{y_{2i} - x_i'\beta}{\sigma_2} \right) \right]^{y_{1i}} \tag{7.27}
$$

モデルのパラメータ β, θ, Σ の推定値は，(7.27) を最大化するこれらのパラメータの値を求めることによって得られます．

　次に，ヘックマンの 2 ステップ推定法について説明します．この方法では，顧客がオンライン店舗を利用しているという条件のもとでの購買金額の期待値 $E(y_{2i}^* | y_{1i}^* > 0)$ に基づいたモデルを推定することになります．

$$
E(y_{2i}^* | y_{1i}^* > 0) = x_{2i}'\beta + \rho\sigma_2 \frac{\phi(z_i'\beta)}{\Phi(z_i'\beta)} \tag{7.28}
$$

具体的には以下の回帰モデルの推定を検討します．

$$y_{2i}^* = x_i'\beta + \eta \frac{\phi(z_i'\theta)}{\Phi(z_i'\theta)} + e_i, \quad e_i \sim N(0, \xi^2), \quad i \in J_1 \tag{7.29}$$

(7.29) は，x_i に加え $\phi(z_i'\theta)/\Phi(z_i'\theta)$ を説明変数としてもって，それに対応する回帰係数が $\eta = \rho\sigma_2$ である回帰モデルになっています．このモデルを推定するには先に $\phi(z_i'\theta)/\Phi(z_i'\theta)$ の値をすべての i について推定する必要があります．この項の推定は，ヘックマンの2ステップ推定法の1つ目のステップにあたります．基本的な考え方はタイプ I トービットモデルの場合と似ています．ここでは，$\Phi(z_i'\theta) = \Pr(y_{1i}^* > 0)$ は顧客 i がオンライン店舗を利用する確率を表しているので，プロビットモデルを使ってパラメータ θ を推定します．次に，得られた推定値 $\hat{\theta}$ を用いて $\phi(z_i'\hat{\theta})/\Phi(z_i'\hat{\theta})$ を計算します．第2ステップでは，$\phi(z_i'\hat{\theta})/\Phi(z_i'\hat{\theta})$ を (7.29) に代入して最小二乗法を用いてこのモデルを推定します．この第2ステップで $\hat{\beta}_{OLS}$ と $\hat{\eta}_{OLS}$ を得ることになりますが，σ_2 と ρ はすぐに得られません．これらの値を求めるには以下の関係を使います．

$$Var(y_{2i}^*|y_{1i}^* > 0) = \sigma_2^2 - \eta^2\{z_i'\theta\lambda(z_i'\theta) + [\lambda(z_i'\theta)]^2\} \tag{7.30}$$

ただし，$\lambda(z_i'\theta) = \phi(z_i'\theta)/\Phi(z_i'\theta)$ は逆ミルズ比で，ステップ1で求めた $\hat{\theta}$ を用いて計算できます．(7.30) の左辺は (7.29) の残差平方和 $\sum_{i\in J_1} \hat{e}_i^2/n_1$ で推定することができるので，σ_2^2 を以下のように求めることができます．

$$\hat{\sigma}_2^2 = 1/n_1 \sum_{i\in J_1} (\hat{e}_i^2 + \hat{\eta}_{OLS}^2\{z_i'\hat{\theta}\lambda(z_i'\hat{\theta}) + [\lambda(z_i'\hat{\theta})]^2\}) \tag{7.31}$$

次に，ρ の推定値を以下のように求めます．

$$\hat{\rho} = \hat{\eta}_{OLS}/\hat{\sigma}_2 \tag{7.32}$$

最後に，z_i の j 番目の要素 z_{ij} が購買金額の期待値 $E(y_{2i}|y_{1i}^* > 0)$ に及ぼす限界効果について説明します．この限界効果は z_{ij} が x_i に含まれるかどうかで求め方が異なります．z_{ij} が x_i に含まれる場合，z_{ij} の限界効果はオンライン店舗の利用を介した間接効果と購買金額に対する直接効果の合計になり，以下のように求めることができます．

$$\frac{\partial E(y_{2i}|y_{1i}^* > 0)}{\partial z_{ij}} = \beta_j - \rho\sigma_2\theta_j\lambda(z_i'\theta)[z_i'\theta + \lambda(z_i'\theta)] \tag{7.33}$$

z_{ij} が x_i に含まれない場合，z_{ij} の限界効果は間接効果のみによるもので (7.33) の

β_j を 0 とすればよいです．一方，x_i にのみ含まれる変数の限界効果は β_j になります．

7.1 節で紹介したデータを用いてタイプ II トービットモデルの分析事例を示します．購買金額モデルの説明変数 x_i は以前と同じです．オンライン店舗の利用有無を説明する変数 z_i として性別，年齢，関連購買，購買頻度，と入会期間とします．このうち，性別と年齢は購買金額の説明変数に含まれているので，購買金額に対して直接と間接効果を持つと想定されています．一方，関連購買，購買頻度，と入会期間は z_i にのみ含まれているので，オンライン店舗の利用と購買金額の間に有意な相関関係があれば，これらの変数は購買金額に対して間接的に影響を与えることになります．

タイプ II トービットモデルを推定にはパッケージ sampleSelection を用いることができます．このパッケージにある関数 heckit がモデルを推定するための関数です．関数 heckit の引数には（selection, outcome, data, method）があります．selection と outcome はそれぞれ選択モデルと効果量モデルの回帰式を指定する部分で，この例ではオンライン店舗の利用有無と購買金額の回帰式にあたります．data は分析に用いるデータフレームを指定するための引数です．method は推定方法を指定する引数で，最尤法の場合 "ml"，ヘックマン 2 ステップ法の場合 "2step" を入力します．以下にオンライン店舗での購買データの分析に使うコードを示します．

```
install.packages("sampleSelection")
library(sampleSelection)

result_tobit2 <- heckit(
  selection = Purchase ~ Sex + Age + Crossbuying + Pfreq + Rduration,
  outcome = Amount ~ Sex + Age + Fsize + Income + Ownhouse,
  data = data_chap7, method = "ml")

summary(result_tobit2)
## ---------------------------------------------
## Tobit 2 model (sample selection model)
## Maximum Likelihood estimation
## Newton-Raphson maximisation, 3 iterations
## Return code 1: gradient close to zero (gradtol)
## Log-Likelihood: -1363.026
```

```
## 1000 observations (689 censored and 311 observed)
## 14 free parameters (df = 986)
## Probit selection equation:
##               Estimate Std. Error t value Pr(>|t|)
## (Intercept) -2.758222    0.320506  -8.606   <2e-16 ***
## Sex          1.065265    0.120266   8.858   <2e-16 ***
## Age         -0.058707    0.004555 -12.888   <2e-16 ***
## Crossbuying  0.150330    0.010168  14.785   <2e-16 ***
## Pfreq        0.077782    0.008584   9.062   <2e-16 ***
## Rduration    0.002072    0.003154   0.657    0.511
## Outcome equation:
##               Estimate Std. Error t value Pr(>|t|)
## (Intercept) -4.929433   20.553432  -0.240   0.8105
## Sex          1.890462    0.836964   2.259   0.0241 *
## Age          0.009026    0.036175   0.250   0.8030
## Fsize        2.320965    0.482770   4.808 1.77e-06 ***
## Income       0.564342    1.353920   0.417   0.6769
## Ownhouse    -0.564096    1.014389  -0.556   0.5783
##    Error terms:
##         Estimate Std. Error t value Pr(>|t|)
## sigma    7.1437     0.3244  22.023  < 2e-16 ***
## rho     -0.3721     0.1270  -2.931  0.00346 **
## ---
## Signif. codes:  0 '***' 0.001 '**' 0.01 '*' 0.05 '.' 0.1 ' ' 1
## -------------------------------------------
```

　分析結果は上段（Probit selection equation）と下段（Outcome equation）
に分けて表示されており，それぞれオンライン店舗の利用と購買金額モデルの推
定結果に対応しています．まず，選択モデルの結果から見ていくと，入会期間以
外の変数はすべて有意な結果になっています．性別 Sex の係数は正に出ており，
男性は女性よりもオンライン店舗を利用する傾向があることを意味します．また，
年齢 Age の影響が負になっており，年齢が上がるにつれてオンライン店舗を利用
する確率が低くなります．関連購買と購買頻度はいずれも正の影響を持っており，
購入する製品カテゴリー数が多いまたは購買頻度が高い顧客ほどオンライン店舗
を利用する傾向が高くなります．

　次に，購買金額モデルの推定結果を見ると，性別 sex と家族人数に関してはタ
イプ I トービットモデルの結果と同様に有意な正の効果が確認されました．ま

た，収入と持ち家の効果は今回も有意ではなかったことがわかります．ところが，年齢の効果は有意ではなくなりました．また，オンライン店舗の利用有無と購買金額の間の相関を見ると，$\hat{\rho} = -0.372$ で統計的に有意な結果になっています．これは，オンライン店舗を利用する確率が高い人ほど購買するときの金額が少なくなる傾向があることを意味します．この結果の解釈として，年齢が高い顧客は購買金額が小さくなりますが，これは年齢が高い顧客がオンライン店舗を利用する傾向が低いことが原因であると考えらえます．しかし，年齢の高い人でもオンライン店舗を利用すれば，購買金額は年齢の若い顧客のそれとそれほど変わりません．

それでは，年齢が上がると購買金額がどの程度変化するか (7.33) を用いてこの変数の限界効果を計算しましょう．パッケージ sampleSelection には直接限界効果を計算するための関数がありませんので，以下に R コードを与えます．計算の結果，年齢の限界効果が -0.103 であることが確認できます．つまり，年齢が 1 つ上がるとオンライン店舗での購買金額がおよそ 103 円小さくなることを意味します．

```
# トービットモデルの推定値
res_coeff <- coef(result_tobit2)

# 選択モデルの推定値
res_theta <- as.vector(res_coeff[1:6])

z_data <- as.matrix(
  cbind(Intercept = 1,
        subset(data_chap7,
               select = c(Sex, Age, Crossbuying, Pfreq, Rduration)
               )
        )
  )

z_theta <- crossprod(t(z_data), res_theta)

# 逆ミルズ比
inv_mills_r <- dnorm(z_theta) / pnorm(z_theta)

# 選択モデルでの年齢の係数
```

```
theta_age <- res_coeff[3]
# 購買金額モデルでの年齢の係数
beta_age <- res_coeff[9]

res_sigma <- res_coeff[13]
res_rho <- res_coeff[14]

# 年齢の限界効果
marg_effect <- beta_age - res_rho * res_sigma * theta_age *
  inv_mills_r * (z_theta+inv_mills_r)
mean(marg_effect)
## [1] -0.1026597
```

——————————————— 章末問題 ———————————————

1. マーケティングにおける左側と右側打ち切りデータの他の例をいくつか考えてください.

2. タイプⅠとタイプⅡトービットモデルにおいて，購買金額に対する性別の影響が異なっているが，その原因を説明してみてください.

3. 本書のサポートサイトにあるロイヤルティ・プログラムに関するデータ（chapter_07_loyalty.csv）を用いて，タイプⅠとタイプⅡトービットモデルを推定してください. ただし，タイプⅡトービットモデルにおける独立変数の集合が同じとします.

第8章
カウントデータの分析

　マーケティングで扱うデータの中には，顧客個人の来店回数や購買点数など，0以上の整数を取るデータも多くあります．最近注目されているオンラインのデータの中では，たとえば1週間あるいは1か月のある製品に対するSNSの投稿数や，投稿に対する「いいね！」や「参考になった」の数も，0以上の整数になります．このような0以上の整数を取るような数え上げデータを「カウントデータ」といいます．カウントデータはマーケティングだけでなくいろいろな分野で出てきます．とくにマーケティング成果として来店人数や投票数の要因を検討したいというときには，線形回帰モデルではなく，カウントデータを目的変数とするモデル使う必要があります．カウントデータは，一見するとあまり大きな数値や小数を含めた数値が出でこないため，シンプルで考察が容易に見えるかもしれませんが，観測できる非負整数値のデータの裏にどのような構造が横たわっているのかを推測するのは意外と難しい作業になります．また，とくに0が多いデータについては，データが観測された背景を複数の段階に分けて検討する必要があるかもしれません．そこで本章では，カウントデータの要因を検討するモデルとしてポアソンモデルと負の二項分布モデル，そして0の多いデータを分析するためのモデルとしてゼロ過剰モデルについて解説します．

[本書サポートサイト掲載の chapter_08.csv のデータを使用します.]

8.1　カウントデータの例

　まずは実際のデータを見てみましょう．前章までと同じく，chapter_08.csv はカンマで区切られたデータですので，関数 read.csv で読み込みます．

```
data_chap8 <- read.csv("chapter_08.csv", header = TRUE)

head(data_chap8)
##        Date Contracts Discount Advertising Holiday RainTotal TempAve
## 1 2018/1/1         0        0           0       1         0     6.2
## 2 2018/1/2         0        0           0       1         0     6.1
## 3 2018/1/3         0        0           0       1         0     4.9
## 4 2018/1/4         0        0           1       0         0     4.7
## 5 2018/1/5         1        0           0       0         0     3.7
## 6 2018/1/6         0        0           0       1         0     4.6
```

具体的なデータは以下のとおりです．このデータは，ある街にある不動産屋の契約データです．2018 年 1 月 1 日から 2019 年 12 月 31 日までの 2 年間の日次のデータになっています．Contracts が成約件数ですが，Contracts に影響を与えると考えられる他のデータも含まれています．たとえば Advertising はチラシ広告であり，駅などにチラシを配布した日は 1，配布していない日は 0 となっています．また，店内での値引きも行っており，Discount は店内での値引きキャンペーンを行った日になります．他にも休日か平日か，あるいは店舗への訪問に影響を与えそうな降水量や気温などの情報も含まれています．

項　目	概　要
Date	年月日
Contracts	成約件数
Discount	店内での値引き（0：値引きをしていない，1：値引きをしている）
Advertising	チラシ広告（0：チラシ広告を配布していない，1：チラシ広告を配布している）
Holiday	休日（0：平日，1：休日）
RainTotal	周辺の降水量（mm）
TempAve	その日の平均気温（℃）

まずは成約件数のヒストグラムを見てみましょう．ヒストグラムからわかるように，ほとんどの日は成約数が 1 件あるかないかですが，たまに成約数が 20 件以上になる日もあるようです．

```
hist(data_chap8$Contracts, 20)
```

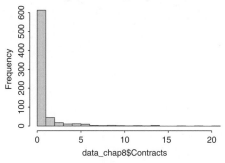

図 8.1 成約数のヒストグラム

また,値引き (Discount) をしていると成約数が増える傾向も見て取れます.店舗内で値引きしている日は成約数が多くなり,平均 2.63 件程度あり,値引きされない日は平均 0.35 件程度になるようです.これについては,平均値の差の検定を行うと,有意な差があることがわかります ($t = 7.633, p < 0.01$).値引きに効果があることがわかります.

```
y <- data_chap8$Contracts
x2 <- data_chap8$Discount > 0
t.test(y[x2], y[!x2])
##
##   Welch Two Sample t-test
##
## data:  y[x2] and y[!x2]
## t = 7.6332, df = 179.61, p-value = 1.302e-12
## alternative hypothesis: true difference in means is not equal to 0
## 95 percent confidence interval:
##   1.688292 2.865491
## sample estimates:
## mean of x mean of y
## 2.6306818 0.3537906
```

加えて,この成約数については,チラシ広告を配布 (Advertising) しているときと配布していないときには差が出ていることも確認できます.チラシ広告を配布をした日は平均的な成約数が 1.27 回,広告を配布していない日は 0.66 回と,値引きほどの差はありませんが,有意な差があることがわかります ($t = 3.257,$

$p < 0.01$).

```
y <- data_chap8$Contracts
x1 <- data_chap8$Advertising > 0
t.test(y[x1], y[!x1])
##
##  Welch Two Sample t-test
##
## data:  y[x1] and y[!x1]
## t = 3.2565, df = 436.25, p-value = 0.001216
## alternative hypothesis: true difference in means is not equal to 0
## 95 percent confidence interval:
##  0.2411733 0.9754524
## sample estimates:
## mean of x mean of y
## 1.2727273 0.6644144
```

8.2 ポアソンモデル

　この不動産屋の物件成約数と関係がありそうな変数は複数ありそうです．しかしながら，成約数を見ると多くが 0 です．データを少し変えて 0 と 1 で考えればロジットモデルやプロビットモデルなどの二項選択モデルを考えることができますが，2 回や 3 回というデータも観測されていますので，目的変数が 0 以上の整数である場合のモデルを活用します．0 以上の整数で観測されるデータが従う分布として，最も簡易なケースでは**ポアソン分布**がよく用いられます．ポアソン分布は 1 つのパラメータ λ を持ちます．パラメータ λ のポアソン分布について，$y = k$ が観測される確率は以下のようになります．

$$\pi_{Poi}(y = k|\lambda) = \frac{\lambda^k \exp(-\lambda)}{k!} \tag{8.1}$$

　ポアソン分布は期待値も分散もパラメータ λ と等しくなります．したがって，パラメータ λ が大きくなれば大きな k が観測される確率が上がっていくことになります．そこで，λ の大きさを説明する要因を検討するためのモデルを考えることができます．たとえば第 t 日目の来客数 y_t を説明するための説明変数のベクト

ルを x_t とおくと，パラメータ β を導入して線形結合 $x_t'\beta$ を作ることができますが，$\lambda > 0$ という制約があるため，説明変数の線形結合 $x_t'\beta \in (-\infty, +\infty)$ をそのまま λ に仮定することはできません．そこで，パラメータの対数が線形結合であるとして，正の値に変換することでポアソン分布のパラメータに仮定することができます．

$$\log(\lambda_t) = x_t'\beta \tag{8.2}$$

上記の変換は $\lambda_t = \exp(x_t'\beta)$ と表現することもできますので，ポアソン分布にはこちらを使います．パラメータ λ に上記の構造を仮定したのが一般的な**ポアソンモデル**です．y_t と x_t の関係は以下のようになります．

$$\pi_{Poi}(y = k|\lambda) = \frac{\{\exp(x_t'\beta)\}^{y_t} \exp\{-\exp(x_t'\beta)\}}{y_t!} \tag{8.3}$$

したがって，ポアソンモデルの尤度関数は，上で示した確率の同時分布として定義することができます．

$$L_{Poi}(\beta) = \prod_{t=1}^{T} \pi_{Poi}(y_t|\beta) = \prod_{t=1}^{T} \frac{\exp(y_t \cdot x_t'\beta - \exp(x_t'\beta))}{y_t!} \tag{8.4}$$

対数尤度関数はより単純な形になりますので，実用上は対数尤度関数を最大化してパラメータを推定することになります．

$$\ell_{Poi}(\beta) = \sum_{t=1}^{T} \{y_t \cdot x_t'\beta - \exp(x_t'\beta) - \log(y_t!)\} \tag{8.5}$$

R にも optim という汎用最適化関数があるので，上記の尤度関数を最適化することはできますが，ロジットモデルやプロビットモデルのパラメータを推定するための関数 glm() を使ってポアソンモデルのパラメータを推定することができます．リンク関数の指定について，link=log としているので，ポアソン分布のパラメータの対数が説明変数と係数の線形結合であるという指定になっています．

```
result_poi0 <- glm(Contracts ~ Advertising + Discount +
                   Holiday + RainTotal + TempAve,
                   family = poisson(link = log),
                   data = data_chap8)
```

推定結果は以下のようになります．得られた係数について，正で有意であれば，その変数が大きいほど成約数が増える傾向が強いと解釈することができます．

```
summary(result_poi0)
##
## Call:
## glm(formula = Contracts ~ Advertising + Discount + Holiday +
##     RainTotal + TempAve, family = poisson(link = log), data =
##     data_chap8)
##
## Deviance Residuals:
##     Min      1Q  Median      3Q     Max
## -3.2703 -0.9343 -0.7069  0.1284  5.7450
##
## Coefficients:
##              Estimate Std. Error z value Pr(>|z|)
## (Intercept) -0.954049   0.115108  -8.288  < 2e-16 ***
## Advertising  0.653218   0.078437   8.328  < 2e-16 ***
## Discount     2.005258   0.085231  23.527  < 2e-16 ***
## Holiday     -0.390658   0.088316  -4.423 9.72e-06 ***
## RainTotal   -0.120291   0.016079  -7.481 7.36e-14 ***
## TempAve     -0.005911   0.004650  -1.271    0.204
## ---
## Signif. codes:  0 '***' 0.001 '**' 0.01 '*' 0.05 '.' 0.1 ' ' 1
##
## (Dispersion parameter for poisson family taken to be 1)
##
##     Null deviance: 2103.5  on 729  degrees of freedom
## Residual deviance: 1255.2  on 724  degrees of freedom
## AIC: 1864
##
## Number of Fisher Scoring iterations: 6
```

　この結果を見ると，やはり広告の出稿によって成約件数が増加していることが
わかります．店舗の広告出稿は消費者に対して，忘れかけている問題を再度認知
させるきっかけとなることもあります．この店舗が広告を出稿することで，家を
住み替えたいなどの問題を消費者が再度認識し，物件を見に来たという可能性が
あります．店舗内での値引きについても成約数に対して正で有意な関係にあり，
値引きが店舗に訪問した消費者の背中を後押ししていることがわかります．ほか
にも，立地の関係もあるのかもしれませんが，休日には成約数は少なくなるよう
です．気温については有意な関係が得られておらず，外気温の影響はなさそうで

す.

しかしながら,この不動産屋に話を聞くと,「とても暑い日ととても寒い日は客足が鈍る」ということでした.データセットには「その日の平均気温」がありますが,この気温をそのまま入れてもあまり有効ではなさそうです.気温をそのまま入れているので,この説明変数に係るパラメータが正なら「暑い日に客足が伸び寒い日に鈍る」ということになりますし,負ならその逆で「寒い日に客足が伸び暑い日に鈍る」ということになります.暑い日と寒い日をどのように入れ込めばよいのでしょうか.1つの方法は,平均値からの絶対差を取ることです.平均値からの正の乖離も負の乖離も同様の影響があると仮定するなら,絶対差の変数をモデルに入れ込めば,もし変数が正のときは「年間平均気温との乖離が大きい日は成約数が少なくなる」ということになります.

```
HLTemp <- abs(data_chap8$TempAve - mean(data_chap8$TempAve))
data_chap8["HLTemp"] <- HLTemp
```

ここで,TempAve の代わりに,定義した HLTemp を入れてモデルを推定してみます.

```
result_poi1 <- glm(Contracts ~ Advertising + Discount +
                    Holiday + RainTotal + HLTemp,
                    family = poisson(link = log),
                    data = data_chap8)
```

まずはモデルの全体的な適合度を比較するために AIC を計算してみます.推定結果を格納したオブジェクトから関数 AIC で AIC を呼び出すことができます.

```
AIC(result_poi0, result_poi1)
##             df      AIC
## result_poi0  6 1863.962
## result_poi1  6 1765.477
```

AIC を見ると,TempAve を説明変数に入れている result_poi0 と比較して HLTemp を入れた result_poi1 の方が適合度が高いことがわかります.したがって,TempAve よりも HLTemp を入れたモデルの方が望ましいということになります.得られた推定結果を見ると,HLTemp は負で有意となっており,ここからも夏の暑いときと冬の寒いときには成約数が落ち込んでいることが示唆され

ます.

```
summary(result_poi1)
##
## Call:
## glm(formula = Contracts ~ Advertising + Discount + Holiday +
##     RainTotal + HLTemp, family = poisson(link = log), data =
##     data_chap8)
##
## Deviance Residuals:
##     Min      1Q    Median      3Q      Max
## -3.7147  -0.9148  -0.6170  -0.0024   5.5707
##
## Coefficients:
##               Estimate Std. Error z value Pr(>|z|)
## (Intercept) -0.44647    0.10310  -4.331 1.49e-05 ***
## Advertising  0.74609    0.07891   9.454  < 2e-16 ***
## Discount     1.98823    0.08532  23.304  < 2e-16 ***
## Holiday     -0.39822    0.08818  -4.516 6.30e-06 ***
## RainTotal   -0.12646    0.01592  -7.941 2.00e-15 ***
## HLTemp      -0.09730    0.00991  -9.819  < 2e-16 ***
## ---
## Signif. codes:  0 '***' 0.001 '**' 0.01 '*' 0.05 '.' 0.1 ' ' 1
##
## (Dispersion parameter for poisson family taken to be 1)
##
##     Null deviance: 2103.5  on 729  degrees of freedom
## Residual deviance: 1156.7  on 724  degrees of freedom
## AIC: 1765.5
##
## Number of Fisher Scoring iterations: 6
```

8.3　負の二項分布モデル

　ポアソンモデルはカウントデータであればパラメータの推定値を得ることはで
きますが, 目的変数がポアソン分布に従っているのか疑わしい場合もあります.
実際の事例でよくあるのは, 分散が平均よりもはるかに大きい場合です (過分

散）．ポアソン分布は，期待値と分散とパラメータが等しくなりますので，データの平均と分散を計算してみるとポアソン分布に従っていると仮定することが適切なのか容易に調べることができます．ここで，平均と分散が大きく異なる場合は，別のモデルを考える必要があります．ポアソン分布と同様に 0 以上の整数値を台に持つ分布で，平均と分散が必ずしも等しくなくてもよい分布に，**負の二項分布**があります．平均＜分散となる場合は，負の二項分布（negative binomial distribution）に従うと仮定する，「**負の二項分布（NBD）モデル**」があります．

負の二項分布モデルは，ポアソン分布にばらつきを仮定するところから始まります．ポアソン分布に従うパラメータ λ について，以下のガンマ分布に従っていると仮定します．

$$\lambda \sim Gamma(\theta, \mu) \tag{8.6}$$

ポアソン分布のパラメータそのものが何らかの要因で変動していると仮定し，合成した分布を周辺化する（λ を積分消去する）と，負の二項分布を得ることができます．

$$
\begin{aligned}
\pi_{NB}(y|\mu, \theta) &= \int \pi_{Poi}(y|\lambda)\pi_{Gamma}(\lambda|\theta, \mu)d\lambda \\
&= \frac{\Gamma(y+\theta)}{\Gamma(\theta)y!}\left(\frac{\mu}{\mu+\theta}\right)^y\left(\frac{\theta}{\mu+\theta}\right)^\theta
\end{aligned} \tag{8.7}
$$

ただし，$\Gamma(\cdot)$ はガンマ関数です．上記の負の二項分布では，パラメータは μ, θ が含まれており，$\mu > 0, \theta > 0$ です．したがって，負の二項分布を NB と表現すると，y の従っている分布は以下のように表現することができます．

$$y \sim NB(\mu, \theta) \tag{8.8}$$

負の二項分布は，ベルヌーイ分布を拡張した分布の 1 つで，たとえば「一定回数の失敗をするまでに成功した試行回数の分布」と解釈することができます．失敗回数と成功率でいえば，失敗回数は θ，成功率は $\mu/(\mu+\theta)$ となっています．また，上記の負の二項分布の期待値は μ，分散は $(\mu+\mu^2)/\theta$ になりますので，分散が平均をよりも大きいデータに対応できるといえます．負の二項分布モデルでは，期待値が μ ですので，この期待値を説明するために，ポアソンモデルと同様に，μ に以下のような構造を仮定することができます．

$$\log(\mu) = x_t'\beta \tag{8.9}$$

また，θ が大きくなれば分散と平均の差が小さくなっていき，$\theta = \infty$ のときにポアソンモデルと等しくなります．したがって，θ が非常に大きく推定されたときはポアソンモデルの方がよいということができます．また，$\theta = 1$ のときは，負の二項分布は幾何分布になります．推定された θ が1に近ければ，幾何分布に従っているともいえます．

$$
\begin{aligned}
\pi_{NB}(y|\mu, \theta = 1) &= \frac{\Gamma(y + \theta)}{\Gamma(\theta)y!} \left(\frac{\mu}{\mu + \theta}\right)^y \left(\frac{\theta}{\mu + \theta}\right)^\theta \\
&= \left(\frac{\mu}{\mu + 1}\right)^y \left(\frac{1}{\mu + 1}\right) \\
&= (1 - \rho)^y(\rho) = \pi_{Geometric}(y|\rho)
\end{aligned}
\tag{8.10}
$$

尤度関数は以下のようになります．θ は β から構成されますが，β については未知パラメータですので，ベクトルのパラメータ β と，正の値を取るスカラーのパラメータ θ を推定する必要があります．

$$L_{NB}(\beta, \theta) = \prod_{t=1}^{T} \pi_{NB}(y_t|\beta, \theta) \tag{8.11}$$

上記の尤度関数もポアソンモデルと同様に最適化関数でパラメータを推定することもできますが，R では MASS パッケージの中に負の二項分布モデルを推定する関数 glm.nb がありますので，これを使うことで容易に推定結果を得ることができます．MASS パッケージは R のインストール時に同時にダウンロードされていますので，関数 install.packages でダウンロードする必要はなく，library(MASS) と入力すればすぐに使えるようになります．

```
library(MASS)
result_nb <- glm.nb(Contracts ~ Advertising + Discount +
                    Holiday + RainTotal + HLTemp,
                    link = log,
                    data = data_chap8)
```

負の二項分布モデルを推定する関数 glm.nb の使い方は，関数 lm および関数 glm とほぼ同じです．上記の例では link=log を明記していますが，デフォルトは log なので，指定しなくても同じ結果を得ることができます．

MASS パッケージの関数 glm.nb は，出力もほぼ同じですので，lm と同様に解釈することができます．ただし，回帰係数に加えて θ が出力されますので，この θ の値も確認しておいた方がよいでしょう．

```
summary(result_nb)
##
## Call:
## glm.nb(formula = Contracts ~ Advertising + Discount + Holiday +
##     RainTotal + HLTemp, data = data_chap8, link = log, init.theta = 0.7279444296)
##
## Deviance Residuals:
##     Min       1Q    Median        3Q       Max
## -1.83487  -0.79824  -0.57382   0.03941   2.92863
##
## Coefficients:
##             Estimate Std. Error z value Pr(>|z|)
## (Intercept) -0.22046    0.15904  -1.386 0.165705
## Advertising  0.50968    0.14125   3.608 0.000308 ***
## Discount     2.01722    0.14124  14.283  < 2e-16 ***
## Holiday     -0.45537    0.15259  -2.984 0.002842 **
## RainTotal   -0.13275    0.02126  -6.243 4.29e-10 ***
## HLTemp      -0.11350    0.01728  -6.570 5.03e-11 ***
## ---
## Signif. codes:  0 '***' 0.001 '**' 0.01 '*' 0.05 '.' 0.1 ' ' 1
##
## (Dispersion parameter for Negative Binomial(0.7279) family taken to be 1)
##
##     Null deviance: 909.37  on 729  degrees of freedom
## Residual deviance: 519.97  on 724  degrees of freedom
## AIC: 1475.6
##
## Number of Fisher Scoring iterations: 1
##
##
##              Theta:  0.728
##          Std. Err.:  0.102
##
##  2 x log-likelihood:  -1461.619
```

結果を見ると，変数はすべてポアソンモデルと同様の結果が得られているようです．ただし，値引き（Discount）と休日（Holiday）については，ポアソンモデルでは 0.1％ 水準で統計的に有意であったものが，負の二項分布モデルでは，

1%水準で有意という結果になっています．また θ については 1 よりもかなり小さく，0.602 となっていますので，幾何分布に従っているというわけでもないようです．

　得られる結果は大きく変わりませんが，望ましいモデルを選択するためには，AIC などを確認する必要があります．ポアソンモデルの結果はオブジェクト `result_poi1`，負の二項分布モデルモデルの結果は `result_nb1` ですので，関数 AIC から両者の比較をすることができます．

```
AIC(result_poi1, result_nb)
##              df      AIC
## result_poi1   6 1765.477
## result_nb     7 1475.619
```

　この結果を見ると，負の二項分布モデルの方が AIC が小さくなっていますので，このデータについては負の二項分布モデルの方が望ましいという結果が得られています．

8.4　0 の多いカウントデータ

　これまでの分析から，分析対象となっている不動産屋の成約数のモデルには，ポアソンモデルよりも負の二項分布モデルがよいのではないかという流れになっていますが，もう少し最良のモデルを探してみましょう．

　改めて検討してみると，このカウントデータは，実際はかなり 0 が多いデータになります．実は 2 年間のデータで 1 件以上の成約があったのはわずか 31%ほどでした．このようなデータは，カウントデータであっても，そのままポアソンモデルあるいは負の二項分布モデルを適用することは難しいかもしれません．

```
table(data_chap8$Contracts > 0)
##
## FALSE  TRUE
##   502   228
mean(data_chap8$Contracts > 0)
## [1] 0.3123288
```

そこで，以下のような構造を考えてみます．まず，この店舗は「そもそも訪問
されるかされないか」という1つ目の判定があり，そこで「訪問される」と判定
されれば，あとは「どれくらいの成約があるか」という2つの段階があるために，
0だけが非常に多くなっていると考えます．別の言葉で説明すると，第t日目の
「成約」数をy_tとしたとき，確率p_tで$y_t = 0$となり，確率$1 - p_t$で$y_t \sim Poi(\lambda_t)$
あるいは$y_t \sim NB(\mu_t, \theta)$と仮定するモデルです．これは「ゼロ過剰モデル（zero-
inflated model)」といって，とくにポアソン分布を仮定したモデルは「ゼロ過剰
ポアソンモデル（zero-inflated Poisson model; ZIP)」，負の二項分布を仮定したモ
デルは「ゼロ過剰負の二項分布モデル（zero-inflated negative binomial model;
ZIMB)」と呼ばれています．ゼロ過剰モデルでは，$y_t = k$となる確率は，以下の
ように定義されます．ここで，$I(\cdot)$は指示関数といって，カッコの中が真なら
1，偽なら0を取る関数になります．

$$\pi_{ZIP}(y_t = k | p_t, \lambda_t) = p_t^{I(y_t=0)} + (1 - p_t)\pi_{Poi}(y_t | \lambda_t) \tag{8.12}$$

$$\pi_{ZINB}(y_t = k | p_t, \mu_t, \theta) = p_t^{I(y_t=0)} + (1 - p_t)\pi_{NB}(y_t | \mu_t, \theta) \tag{8.13}$$

上の式から求めることができますが，とくに，0を取る確率と0より大きい値
を取る確率が別の形になっていることがわかります．たとえばゼロ過剰ポアソン
モデルでは，以下のようになります．

$$\pi_{ZIP}(y_t = k | p_t, \lambda_t) = \begin{cases} p_t + (1 - p_t)\exp(-\lambda_t), & \text{if } k = 0 \\ (1 - p_t)\dfrac{\lambda_t^k \exp(-\lambda_t)}{k!} & \text{if } k > 0 \end{cases} \tag{8.14}$$

ここで注意してほしいのはp_tは「$y_t = 0$となる確率」とは等しくないというとこ
ろです．確率$1 - p_t$でパラメータλ_tのポアソン分布に従うという場合にも，そ
のポアソン分布にも0を取る確率がありますので，その和が「$y_t = 0$となる確率」
となります．これは負の二項分布を仮定した場合も同様です．さて，確率は定義
できましたが，ここで重要なのは，「成約数」を獲得できる要因を検討すること
なので，p_tとλ_tには説明変数とパラメータの線形結合を仮定することを考えま
す．まず，p_tについては，$p_t \in (0, 1)$なので，**第4章**の二項選択問題で扱った二
項ロジットモデルと同様に，ロジスティック関数によって変換して仮定します．

$$p_t = \frac{\exp(w_t'\gamma)}{1 + \exp(w_t'\gamma)} \tag{8.15}$$

ここで，w_t は $y_t = 0$ となる確率を説明する変数です．また，γ はその係数になりますので，w_t を構成する説明変数に対応する係数が正であれば，その変数の値が大きいと訪問されにくくなる（ひいては成約されにくくなる）ということを示しています．また，λ_t については，$\lambda_t > 0$ という制約があるため，前項のポアソンモデルと同様に指数変換をしてモデルに組み込みます．

$$\lambda_t = \exp(x_t'\beta) \tag{8.16}$$

負の二項分布の場合にも，μ_t を以下のように仮定します．

$$\mu_t = \exp(x_t'\beta) \tag{8.17}$$

ここで，ポアソンモデルと負の二項分布モデルを構成する x_t は前節までと同様に説明変数になります．p_t を構成する説明変数の w_t と λ_t, μ_t を構成する説明変数 x_t は全く同じでも全く異なっていても構いません．ただし，γ と β はそれぞれ推定値が得られます．したがって，ゼロ過剰モデルには，回帰係数が 2 つ含まれていることが分かりますので，「来店されるかされないか」と「何件の成約があるか」という 2 つの要因を別の観点から検討することができます．尤度関数は以下のようになります．

$$L_{ZIP}(\beta, \gamma) = \prod_{t=1}^{T} \pi_{ZIP}(y_t|\gamma, \beta) \tag{8.18}$$

$$L_{ZINB}(\beta, \gamma, \theta) = \prod_{t=1}^{T} \pi_{ZINB}(y_t|\gamma, \beta, \theta) \tag{8.19}$$

この尤度関数の最大化には **E-M** アルゴリズムが用いられます．

　ゼロ過剰モデルは，関数 glm や関数 glm.nb で推定することができませんので，パッケージをインストールする必要があります．ここではパッケージ pscl を使います．

```
install.packages("pscl")
library(pscl)
```

　ゼロ過剰モデルは，ZIP でも ZINB でも同じように記述することができます．関数 zeroinfl を使って，目的変数~説明変数とする書式は lm や glm と同様ですが，ゼロ過剰モデルでは $x_t'\beta$ に加えて $z_t'\gamma$ も推定する必要があるので，こちらの

式も同時に定義します.「目的変数~」の後に「カウントモデルの目的変数 (x_t)」を定義し,「|」で区切って「二項モデルの目的変数 (w_t)」を定義します.また,カウントモデルが従う分布を指定します.下記のコードでは ZIP を推定するため,dist="poisson" と指定しています.

```
result_zip <- zeroinfl(Contracts ~
        Advertising + Discount + Holiday + RainTotal + HLTemp |
        Advertising + Discount + Holiday + RainTotal + HLTemp,
        dist = "poisson", data = data_chap8)
```

同様に,負の二項分布モデルにおいては,dist="negbin" と指定します.

```
result_zinb <- zeroinfl(Contracts ~
        Advertising + Discount + Holiday + RainTotal + HLTemp |
        Advertising + Discount + Holiday + RainTotal + HLTemp,
        dist = "negbin", data = data_chap8)
```

さて,まずは AIC を確認してみると,どちらのモデルもゼロ過剰でないモデルと比較してもかなり値が向上していることがわかります.ZIP と ZIMB は定義を見ればわかるように,ゼロ過剰でないモデルと比較すると多くのパラメータを要求しますので,AIC はパラメータが多いモデルにはペナルティが付きますが,パラメータの数を考慮しても,やはり2つの要因を考慮したモデルの方がよいということがわかります.また,ZIP よりも ZINB の方がよい結果を示していますので,モデルとしては ZINB が最もよいといえます.

```
AIC(result_zip, result_zinb)
##             df      AIC
## result_zip  12 1499.234
## result_zinb 13 1426.094
```

結果を見てみましょう.ZINB の結果には,Count model coefficients と Zero-inflation model coefficients の両方が出力されています.ここで,Count model coefficients が負の二項分布モデルのパラメータですので,上の定義における μ_t を構成する β になります.係数が正であれば,その要因が大きいほど(あるいはダミー変数ではその要因があれば)成約数が多くなる傾向にあるということを示しています.この結果を見ると,店内での割引(Discount)があれば成約数は

多くなることがわかります．しかしながら，ゼロ過剰でないモデルでは広告
（Advertisement）が成約数に正の影響を与えるという結果が得られていました
が，このゼロ過剰モデルでは広告出稿による成約数への影響は有意ではありませ
ん．では，広告出稿は意味がないのかというと，Zero-inflation model の方を見て
みると，負で有意になっていることがわかります．注意してほしいのは，この係
数が正であれば $y_t = 0$ となる確率が高くなるということになるので，負で有意と
いうことは，広告出稿があれば $y_t = 0$ となる確率が下がるということになります．
データからは観測できませんが，この結果から，広告は来店を促す効果があると
見てよいでしょう．一方，値引きそのものに来店を促す効果はないようです
（10% 水準で正の影響がありますが，有意な関係にあると強く主張することは少
し難しい水準です）．つまり，この結果から成約数については「広告で集客し，
値引きで成約に持っていく」という，マーケティング施策の棲み分けがなされて
いることが示唆されます．Count model と Zero-inflation model に分けることで，
要因を分解することも可能になります．

```
summary(result_zinb)
##
## Call:
## zeroinfl(formula = Contracts ~ Advertising + Discount + Holiday +
##          RainTotal +
##      HLTemp | Advertising + Discount + Holiday + RainTotal +
##      HLTemp, data = data_chap8,
##      dist = "negbin")
##
## Pearson residuals:
##       Min        1Q    Median        3Q       Max
## -1.239974 -0.536511 -0.397805 -0.003876  7.600233
##
## Count model coefficients (negbin with log link):
##             Estimate Std. Error z value Pr(>|z|)
## (Intercept)  0.27744    0.16379   1.694  0.09029 .
## Advertising  0.01864    0.14136   0.132  0.89509
## Discount     2.28547    0.13426  17.023  < 2e-16 ***
## Holiday     -0.75502    0.14057  -5.371 7.83e-08 ***
## RainTotal   -0.13866    0.02648  -5.236 1.64e-07 ***
## HLTemp      -0.11211    0.01609  -6.969 3.19e-12 ***
## Log(theta)   0.81319    0.25265   3.219  0.00129 **
```

```
##
## Zero-inflation model coefficients (binomial with logit link):
##              Estimate Std. Error z value Pr(>|z|)
## (Intercept) -0.55389    0.51051  -1.085  0.27793
## Advertising -3.35844    1.06728  -3.147  0.00165 **
## Discount     1.05577    0.54240   1.946  0.05160 .
## Holiday     -1.55528    0.55082  -2.824  0.00475 **
## RainTotal   -0.01795    0.13611  -0.132  0.89510
## HLTemp       0.01010    0.05390   0.187  0.85142
## ---
## Signif. codes:  0 '***' 0.001 '**' 0.01 '*' 0.05 '.' 0.1 ' ' 1
##
## Theta = 2.2551
## Number of iterations in BFGS optimization: 44
## Log-likelihood:  -700 on 13 Df
```

章末問題

1. 本章で扱ったカウントデータのモデル，線形回帰モデル（**第3章**），二項選択モデル（**第4章**）の共通点，相違点を考えてみましょう．

2. カウントデータの目的変数について，ゼロ過剰モデルが適合的であると考えられる事例はどのようなものがあるか考えてみてください．

第 9 章
販売期間に関する分析

　本章では，ある事象が発生するまでの存続時間（duration）に関する問題を考えます．マーケティングでは，新製品の採用や顧客の離脱など，存続時間に関する問題が数多くあります．新製品採用の問題において，消費者がどのタイミングで新製品の採用に踏み切るか，またその意思決定がどのような要因によって影響されるかを明確にすることは重要な意味を持っています．存続時間の分析において，観測されるデータの一部が右側に途中打ち切られる場合が少なくありません．これは，主に分析期間中に事象が発生していない対象があることに起因します．たとえば，分析期間中にある消費者が新製品を購入しなかった場合，当該消費者の購入タイミングは観測されませんが，データ上では分析期間の長さとして記録されるのが一般的です．ここでは，右側に途中打ち切られた存続時間を含むデータに関する分析手法について説明します．

[本書サポートサイト掲載の chapter_09.csv のデータを使用します.]

9.1　販売期間データ

9.1.1　中古車の販売期間

　企業にとって，自社製品がいつ売れるか，またその販売期間はどのような要因によって影響されるかを把握することがマーケティング施策を立案するうえで非常に重要です．とくに，複数の製品を販売する企業においては，製品によって販売に要する期間が異なることは珍しくありません．マーケターは，製品間の販売期間の違いとなる原因を明らかにすることで効率的に製品を販売するための手がかりを得ることができます．たとえば，広告やプロモーションといった施策に

表9.1 中古車の販売データの概要

変数名	概 要
Duration	中古車の販売期間
Event	販売の有無を表すダミー変数
Ads	リスティング広告の利用有無
Price	中古車の価格の対数
Carage	初回登録時からの経過月数
Origin	原産国（日本＝1，その他＝0）
Trans	トランスミッションのタイプ（マニュアル＝1，オートマチック＝0）
Mileage	走行距離

よって販売期間を短縮することができるとわかれば，マーケターはこれらの手段を利用することによって一定期間によりたくさんの製品を販売することができると期待できます．また，販売期間の違いが製品属性の違いによるものであるとすれば，製品ごとの販売期間の予測が可能になり，効率的に生産や流通の管理を行うことができると考えられます．

　本章では，オンライン販売サイトにおける中古車の販売期間を例に存続時間の分析手法を解説します．まず，表9.1 に示すデータの概要を説明します．このデータは一か月間に収集された 1,000 台の中古車に関する販売期間，広告，と商品属性を含む仮想データです．分析対象となる中古車は調査開始日に出品されたもので，Duration はこの時点からそれぞれが何日後に販売されたかを表す項目です．ただし，調査期間の最終日にまだ売れていなかった中古車もデータに含まれており，これらの商品の販売期間は分析期間の長さである 30 日として記録されています．項目 Event は分析期間中に販売があったかどうかの指示関数で，販売があった場合 1，なかった場合 0 と表します．当該販売サイトにおいて，出品者は検索連動型広告あるいはリスティング広告を利用できるようになっています．ここで，リスティング広告とは，中古車の購入を検討している個人が当該サイトにおいてある条件またはキーワードで中古車を検索する際に，広告されている商品の情報が検索結果の上位に表示される仕組みです．リスティング広告を利用するには広告料を支払う必要がありますが，出品中の中古車が検索結果の上位に出現する頻度が高くなるので，潜在購入者に認知されやすくなり，販売期間が早まると予想されます．項目 Ads はリスティング広告の利用の有無を示しており，利用のあった中古車の場合 1，それ以外の中古車の場合 0 と表します．また，商品

属性としては，価格の対数（`Price`），使用月数（`Carage`），現産国（`Origin`；日本の場合 1，その他の場合 0），トランスミッション（`Trans`；マニュアル車の場合 1，オートマチック車の場合 0），と走行距離（`Mileage`；中央値より大きい場合 1，小さい場合 0）の項目が含まれています．

以上説明したデータは `chapter_09.csv` のファイルに保存されているので，まずデータを読み込んで以下のようにその一部を表示します．

```
data_chap9 <- read.csv("chapter_09.csv", header = TRUE)
head(data_chap9)
##   Duration Event Ads    Price Carage Origin Trans Mileage
## 1        2     1   0 14.08744      9      1     0       1
## 2        3     1   0 14.54948      3      1     1       1
## 3       18     1   0 14.44412      3      1     0       1
## 4        9     1   0 13.68198     11      1     0       1
## 5       10     1   0 13.07107     16      1     0       0
## 6        2     1   1 14.72511      4      1     0       1
```

データからわかるように販売期間は中古車によって異なります．分析期間中に売れなかった中古車については，分析期間終了後のどこかの時点で売れたかもしれませんが，その事実は分析期間中に観測できないためデータには反映されません．データにおいて，売れなかった中古車の `Duration` を分析期間の長さである 30 日間としていますが，これはこれらの中古車が 30 日目にまだ出品中であることを意味します．このように，上述のデータにおける `Duration` は右側に途中打ち切られたデータであり，図 9.1 でその仕組みを示します．ここで，どの中古車

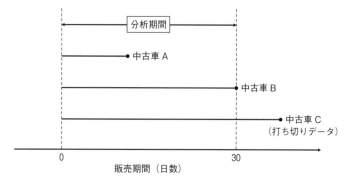

図 9.1　販売期間における打ち切りデータ

も同じ日に出品されたので販売期間の開始時点は同じです．中古車 A と中古車 B は分析期間中に販売され，それぞれの販売期間が観測されます．中古車 B はちょうど 30 日目に販売されたことに注意してください．これに対し，中古車 C は最終日にまだ出品されており，この中古車の販売期間がこの時点で打ち切られています．その結果，中古車 B と中古車 C の Duration が同じ値になってしまいますが，その意味が異なるので分析を行う際にはこれらのデータの取り扱いが異なります．

　では，上述のデータの中に分析期間中に売れなかった中古車は何台含まれているかを調べます．以下の出力結果から，該当する中古車は分析対象の 1,000 台のうち 96 台であることがわかります．

```
nrow(subset(data_chap9,Event == 0))
## [1] 96
```

　次に，販売期間のデータについて詳しく見ていきます．以下のように，関数 summary を用いて打ち切られたデータを除いた販売期間の基本統計量をまとめます．販売期間の最小値と最大値はそれぞれ 1 日と 29 日になっていることがわかります．販売期間が最小値となっている中古車は出品された初日に売れたことになります．また，分析期間に売れた中古車は遅くても 29 日間には販売されたことが示されています．さらに，平均販売日数はおよそ 9.5 日で，中央値は 7 日になっていることがわかります．

```
summary(data_chap9[data_chap9$Event == 1,]$Duration)
##    Min. 1st Qu.  Median    Mean 3rd Qu.    Max.
##   1.000   3.000   7.000   9.488  15.000  29.000
```

　最後に，販売期間が中古車の間にどのようにばらついているかその分布を調べます．関数 hist を用いて販売期間のヒストグラムを作成します．出力結果は**図 9.2** に示されています．図からわかるように，中古車の大半は 10 日以内に売れ，非対称な分布になっています．とくに，2 日以内に売れた件数が顕著であることが分かります．なお，販売期間が 30 日となる件数は 96 件ありますが，これはすべて途中打ち切られたデータに該当する部分です．

```
hist(data_chap9$Duration, main = "",
     xlab = "Duration", ylab = "Number of Cars")
```

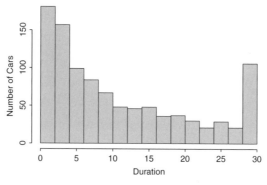

図 9.2　中古車の販売期間分布

9.1.2　広告の効果

　本データを分析する目的は中古車の販売期間を予測することに加え，マーケティング施策であるリスティング広告の利用が中古車の販売期間にどのような影響を与えるかを調べることです．モデルによる分析を行う前に，まず簡単な集計を行い広告利用の有無によって販売期間の違いがあるかどうかを確かめます．そのために，関数 boxplot を用いてそれぞれのケースについての箱ひげ図を作成します．図 9.3 に示す販売期間の中央値（箱内の太線の高さ），広告を利用しなかった場合（No Ads）に比べて，広告を利用した場合（Ads）の販売期間が短くなる傾向があることがわかります．したがって，リスティング広告の利用によって販売が早まる可能性があるといえます．ただし，これはあくまでも単純な比較で，中古車の属性などの影響が考慮されていないため，実際に広告によって販売期間が短縮されるという因果関係までは確認できません．これを確認するためには次節で解説するハザードモデルを用いる必要があります．

```
dur_ads <- data_chap9[data_chap9$Ads == 1,1]
dur_no_ads <- data_chap9[data_chap9$Ads == 0,1]
boxplot(dur_ads, dur_no_ads,
        names = c("Ads", "No Ads"), ylab = "Duration")
```

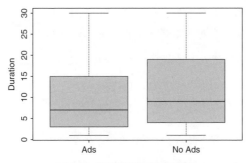

図9.3 販売期間の箱ひげ図

9.2 ハザードモデル

9.2.1 モデルの概要

　前節で示したデータは打ち切られた観測値を含んでいるため，販売期間に対するリスティング広告の効果を検証する際に**第3章**で説明した線形回帰モデルを利用することができません．なぜなら，途中打ち切りデータの部分は実際の販売期間ではないからです．通常の線形回帰モデルでは，途中打ち切りデータとそうでないデータの取り扱いが同じであるため，リスティング広告の効果を過剰に推定してしまう可能性があります．販売期間に対する説明変数の影響を正確に推定するためには，打ち切りの情報をモデルに取り込まないといけませんが，**ハザードモデル**はこのような特徴を持つデータを分析するための手法です．

　ここから，中古車データの例を用いてハザードモデルについて説明します．まず，中古車 i $(i = 1, 2, \cdots, n)$ の販売が生起するまでの期間を表す確率変数を T_i と定義します．T_i は正の値をとる確率変数ですが，この例で実現値として観測されるのは区間 $0 < T_i \leq 30$ にある値になります．$T_i = 30$ のとき，データは30日目に売れた中古車または出品中の中古車のデータを表します．中古車 i がある時点 t 以降に売れる確率を生存関数と呼び，次式のように表されます．

$$S(t) = \Pr(T_i > t), \quad 0 < t < \infty \tag{9.1}$$

ここで，$t \to 0$ のとき $S(t) = 1$，$t \to \infty$ のとき $S(t) = 0$ になるのは明らかです．一方，販売が t より前に起きる確率は T_i の分布関数 $F(t)$ になりますが，分布関数と生存関数の関係を以下のように表すことができます．

$$\begin{aligned} F(t) &= \Pr(T_i \leq t) \\ &= 1 - S(t) \end{aligned} \tag{9.2}$$

また，中古車 i がちょうど時点 t に売れる確率は T_i の密度関数になり，$f(t)$ と表します．密度関数は分布関数の導関数 $f(t) = dF(t)/dt$ として求められるので，密度関数と生存関数の間に以下の関係が成り立ちます．

$$f(t) = -\frac{dS(t)}{dt} \tag{9.3}$$

存続時間分析において**ハザード関数**と呼ばれるもう1つ重要な概念がありますが，以下のように与えられます．

$$\lambda(t) = \lim_{h \to 0} \frac{P(t \leq T_i < t + h | T \geq t)}{h} \tag{9.4}$$

中古車の販売期間の例では，このハザード関数は時点 t の直前までにある中古車がまだ売れていないという条件のもとでちょうど時点 t に売れる確率と解釈することができます．ただし，一般的に $\int_0^\infty \lambda(t)dt = 1$ とならないのでハザード関数は T_i の密度関数ではありません．(9.4) の定義から，ハザード関数は密度関数と生存関数で表すことができます．

$$\begin{aligned} \lambda(t) &= \frac{f(t)}{S(t)} \\ &= -\frac{d\log[S(t)]}{dt} \end{aligned} \tag{9.5}$$

$S(0) = 1$ であることを用いて，(9.5) を t に関して積分すれば以下の関係を得ることができます．

$$\begin{aligned} S(t) &= \exp\left[-\int_0^t \lambda(s)ds\right] \\ &= \exp[-\Lambda(t)] \end{aligned} \tag{9.6}$$

ここで，$\Lambda(t)$ は**累積ハザード関数**と呼ばれるもので，モデルを推定する際に役に立つ関数です．

9.2.2 モデルの推定

ところで,生存関数は任意の中古車が売れるまでの期間に関する情報を含んでいるので,生存関数を推定することができれば販売期間 T_i の確率的な性質を見ることができます.生存関数を推定するにはいくつかの方法がありますが,ここではノンパラメトリックの **Kaplan-Meier 推定法**について説明します.ここで,サンプルサイズ n の中古車の販売期間データを $t_1 < t_2 < \cdots < t_k (k \le n)$ とします.また,各期間 t_j に販売が成立する件数を d_j,区間 $[t_j, t_{j+1})$ 内に含まれる打ち切りデータの件数を m_j と書きます.ただし,m_k については区間 $[t_k, \infty)$ 内に含まれる打ち切りデータの件数になります.なお,今回のデータでは途中打ち切りデータは $t_k = 30$ においてのみ該当するので,$j < k$ に対して $m_j = 0$,$m_k = 96$ であることに注意してください.このように定義すれば,$n_j = \sum_{s=j}^{k}(d_s + m_s)$ は時点 t_j の直前に売れる可能性のある中古車の台数を表し,リスクのあるサンプルサイズと呼ばれます.説明は省略しますが,ハザード関数と生存関数の Kaplan-Meier 推定量は次式のように表すことができます.

$$\forall t \in [t_j, t_{j+1})$$
$$\hat{\lambda}(t) = d_j/n_j$$
$$\hat{S}(t) = \prod_{j|t_j \le t} \frac{n_j - d_j}{n_j} \tag{9.7}$$

それでは,中古車の販売データを用いてハザードモデルの推定を以下に示します.ハザードモデルを実行するためにはパッケージ survival 内にある関数 survfit を使います.以下では,リスティング広告の有無によってデータ分割して,それぞれに関してモデルの推定を行います.

```
library(survival)
result_haz <- survfit(Surv(Duration, Event) ~ Ads, data = data_chap9)
result_haz
## Call: survfit(formula = Surv(Duration, Event) ~ Ads, data = data_chap9)
##
##           n events median 0.95LCL 0.95UCL
## Ads=0 656    582      9       8      10
## Ads=1 354    332      7       5       8
```

まず,リスティング広告の利用有無による販売期間の違いを調べましょう.広告

の利用がなかった場合のサンプルサイズは 656 件で，このうち販売が生起した件数は 582 件（88.72％）です．これに対し，広告の利用があった件数は 354 件で，このうち販売が生起した件数は 332 件（93.79％）になります．また，広告の利用がなかった場合とあった場合の販売期間の中央値はそれぞれ 9 と 7 になっており，後者の方が販売期間が短くなる傾向が見えます．

Kaplan-Meier 法の推定結果は関数 summary を用いて表示することができます．以下の出力結果から各販売時点におけるリスクを持つ中古車（n.risk），販売が成立した台数（n.event），と生存関数（survival）を確認できます．たとえば，広告の利用がなかった場合，分析期間の初日において 656 台の中古車のうち 32 台が同日に売られました．この時点における生存関数は 0.95 になっています．広告の利用があった場合，これに対応する生存関数が 0.96 になっていることが確認できます．

```
summary(result_haz)
## Call: survfit(formula = Surv(Duration, Event) ~ Ads, data =
##             data_chap9)
##
##              Ads=0
##  time n.risk n.event survival std.err lower 95% CI upper 95% CI
##    1    656     32     0.951 0.00841      0.9349       0.968
##    2    624     69     0.846 0.01409      0.8189       0.874
##    3    555     50     0.770 0.01644      0.7383       0.803
##    4    505     41     0.707 0.01776      0.6733       0.743
##    5    464     41     0.645 0.01868      0.6092       0.682
##    6    423     28     0.602 0.01911      0.5658       0.641
##    7    395     25     0.564 0.01936      0.5273       0.603
##    8    370     26     0.524 0.01950      0.4875       0.564
##    9    344     29     0.480 0.01951      0.4434       0.520
##   10    315     19     0.451 0.01943      0.4147       0.491
   (略)
##
##              Ads=1
##  time n.risk n.event survival std.err lower 95% CI upper 95% CI
##    1    354     13    0.9633  0.0100      0.9439      0.9831
##    2    341     67    0.7740  0.0222      0.7316      0.8188
##    3    274     38    0.6667  0.0251      0.6193      0.7176
##    4    236     28    0.5876  0.0262      0.5385      0.6412
```

##	5	208	16	0.5424	0.0265	0.4929	0.5968
##	6	192	14	0.5028	0.0266	0.4533	0.5577
##	7	178	17	0.4548	0.0265	0.4058	0.5097
##	8	161	16	0.4096	0.0261	0.3615	0.4642
##	9	145	6	0.3927	0.0260	0.3449	0.4470
##	10	139	13	0.3559	0.0254	0.3094	0.4095
(略)							

販売期間に対するリスティング広告の効果を評価するには，広告利用の有無の両
ケースで生存関数を比べればよいのです．各時点において広告の利用があった場
合の生存関数がなかった場合の生存関数よりも小さければ，前者の場合における
販売期間が短くなるので，リスティング広告が販売期間を短縮する効果があると
考えることができます．以上の出力結果からこの比較を行うことができますが，
やや見にくい部分があります．そこで，比較がしやすくするように，両方の場合
における生存関数のグラフを作成します．グラフの作図は以下のように関数
plot を用います（**図 9.4**）．また，それぞれのケースでの生存関数を区別しやす
くするために関数 legend を用いて凡例を付けます．

```
plot(result_haz, lty = c(1, 2),
    xlab = "Duration", ylab = "Survival Function")
legend("topright", c("No Ads", "Ads"), lty = c(1, 2))
```

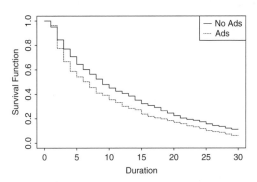

図 9.4　広告利用の有無による生存関数のグラフ

図 9.4 からわかるように，リスティング広告を利用した場合の生存関数は広告を
利用しなかった場合の生存関数よりも下側にあります．これは，後者の場合より
も前者の場合の方が時間の経過とともに生存関数が小さくなる傾向を示していま

す．つまり，各販売時点において，広告された中古車は広告されなかった中古車に比べて，売れる確率が高いことを意味します．しかし，これはあくまでも目視による違いにすぎず，厳密に2つの生存関数に統計的に有意な差が確認されたわけではありません．これらの生存関数の間に差があるかどうかを確認するためには統計的な検定が必要です．検定を行う方法の1つに，**ログ・ランク（log-rank）検定法**があります．この検定法は，各時点における広告の利用有無と分析期間中の販売有無に関するクロス表に基づいて，販売の有無と広告の利用が独立であるかどうかに関するカイ二乗の独立性検定です．両者が独立であれば，中古車の販売期間は広告の利用有無に関係なく決定されることになります．関数 survdiff を用いたログ・ランク検定の結果を以下に示します．検定統計量の p 値は 0.01 よりも小さいので，有意水準 0.01 で販売期間と広告の利用有無が独立であるという帰無仮説は棄却されることになります．したがって，リスティング広告の利用は中古車の販売期間を短縮すると結論づけることができます．

```
survdiff(Surv(Duration, Event) ~ Ads, data = data_chap9)
## Call:
## survdiff(formula = Surv(Duration, Event) ~ Ads, data = data_chap9)
##
##          N Observed Expected (O-E)^2/E (O-E)^2/V
## Ads=0 656      582      630      3.69        13
## Ads=1 354      332      284      8.19        13
##
##  Chisq= 13  on 1 degrees of freedom, p= 3e-04
```

9.3　比例ハザードモデル

前節で述べたハザードモデルでは広告の効果を調べるために標本を広告の有無によって分割して，サブサンプルごとの生存関数またはハザード関数を推定する必要があります．データに含まれる広告の水準は“あり”と“なし”だけなので，標本を2つに分割すれば分析を行うことができます．しかし，複数の料金設定により広告の利用条件が2つ以上ある場合はサンプルをより細かく分割する必要があります．この場合，分割後の標本サイズが小さくなり有意な差が出にくいとい

う問題が発生する可能性があります．また，広告だけではなく中古車の属性など
の変数の影響を同時に調べたいとき，標本をさらに細かく分割する必要があるの
でこの問題がより深刻になります．この問題を解決するための分析手法として**比
例ハザードモデル**があります．このモデルでは，ハザード関数をいくつかの共変
量または独立変数の水準に比例すると仮定し，以下のように表します．

$$\lambda(t_i|x_i) = \lambda_0(t_i) \cdot \exp(x_i'\beta) \tag{9.8}$$

ここで，$\lambda_0(t_i)$ はベースラインハザードと呼ばれ，時間の経過によるハザード関
数の変化を捉えています．中古車の例で考えると，時間が経つにつれて売れる確
率が高くなる場合もあれば低くなる場合もあります．共変量の影響は $\exp(x_i'\beta)$ で
表されますが，ここで x_i は共変量のベクトルで，係数ベクトル β はそれぞれの影
響の大きさを表しています．このモデルの名前は，共変量の効果がベースライン
ハザードを何倍にするということに由来します．比例ハザードモデルの尤度関数
は以下の式で表すことができます．

$$L(\beta) = \prod_{i=1}^{N} f(t_i|x_i)^{d_i} \cdot S(t_i|x_i)^{1-d_i} \tag{9.9}$$

ただし，$f(\cdot)$ と $S(\cdot)$ はそれぞれ T_i の密度関数と生存関数を表します．(9.9) の対
数を取れば，以下のようにモデルの対数尤度関数を得ることができます．

$$\begin{aligned}
\ell(\beta) &= \sum_{i=1}^{n} \{d_i \log f(t_i|x_i) + (1-d_i) \log S(t_i|x_i)\} \\
&= \sum_{i=1}^{n} \{d_i \log \lambda(t_i|x_i) - \Lambda(t_i|x_i)\}
\end{aligned} \tag{9.10}$$

ただし，(9.10) の 2 行目は $f(t_i|x_i) = \lambda(t_i|x_i)S(t_i|x_i)$ と (9.6) を用いて導出しました．
モデルのパラメータの推定値はこの対数尤度関数を最大にする解として求めるこ
とできます．一般的に，(9.10) の最適解を解析的に求めることが難しいので数値
的な解法が用いられます．

　Rでは，比例ハザードモデルを推定するために関数 coxph を用いることができ
ます．中古車の販売期間データに関する比例ハザードモデルの分析結果を以下に
示します．ここでは，リスティング広告に加えて価格と製品属性を共変量として
入れました．

```
# 比例ハザードモデル
result_cox <- coxph(Surv(Duration, Event) ~ Ads + Price + Carage +
                    Origin + Trans + Mileage, data=data_chap9)
summary(result_cox)
## Call:
## coxph(formula = Surv(Duration, Event) ~ Ads + Price + Carage +
##        Origin + Trans + Mileage, data = cardata)
##
##    n= 1010, number of events= 914
##
##               coef exp(coef)  se(coef)      z Pr(>|z|)
## Ads      0.299336  1.348963  0.074829  4.000 6.33e-05 ***
## Price    0.023390  1.023666  0.046649  0.501   0.6161
## Carage   0.005735  1.005751  0.005670  1.011   0.3119
## Origin  -0.000817  0.999183  0.143654 -0.006   0.9955
## Trans    0.156636  1.169570  0.074820  2.093   0.0363 *
## Mileage  0.218120  1.243736  0.104004  2.097   0.0360 *
## ---
## Signif. codes:  0 '***' 0.001 '**' 0.01 '*' 0.05 '.' 0.1 ' ' 1
##
##           exp(coef) exp(-coef) lower .95 upper .95
## Ads         1.3490     0.7413    1.1649     1.562
## Price       1.0237     0.9769    0.9342     1.122
## Carage      1.0058     0.9943    0.9946     1.017
## Origin      0.9992     1.0008    0.7540     1.324
## Trans       1.1696     0.8550    1.0100     1.354
## Mileage     1.2437     0.8040    1.0144     1.525
##
## Concordance= 0.553  (se = 0.011 )
## Likelihood ratio test= 24.63  on 6 df,   p=4e-04
## Wald test            = 24.52  on 6 df,   p=4e-04
## Score (logrank) test = 24.62  on 6 df,   p=4e-04
```

分析結果は次のように解釈できます．広告の効果は統計的に有意で，その係数の符号が正になっています．これは，中古車の販売業者がリスティング広告を利用する場合，同じ期間内に広告を用いない場合に比べてハザード関数が大きくなり販売の確率が高くなるということです．ここでもやはりリスティング広告の利用が販売期間を早める効果が確認されました．また，価格，使用月数，原産国の推定結果は有意ではなく，これらの変数によって販売期間が影響される可能性が低

いといえます．さらに，トランスミッションと走行距離はいずれも有意な正の効果を持っており，オートマチック車または走行距離が長い車ほど早く売れる確率が高くなります．

9.4 加速故障ハザードモデル

もう1つ広く使われるハザードモデルは**加速故障ハザードモデル**と呼ばれるものです．前節で説明した比例ハザードモデルでは，共変量の効果がベースラインハザードに定数を掛けるかたちになっているのに対し，加速故障ハザードモデルでは共変量の効果がイベントの発生タイミングを直接に加速または減速させるかたちになっています．具体的には，このモデルにおける生存関数を以下のように表します．

$$S(t_i|x_i) = S_0(\psi(x_i)t_i) \tag{9.11}$$

ここで，$S_0(\cdot)$ と $\psi(x_i)$ はそれぞれベースライン生存関数と共変量の効果を表しています．この定義からわかるように，$S_0(\cdot)$ は $\psi(x_i)$ と t_i の積によって決まります．これはイベントが生起する期間が共変量によって変化することを意味します．$\psi(x_i) < 1$ の場合，$\psi(x_i)t_i$ は小さくなりイベントの発生が遅くなります．反対に，$\psi(x_i) > 1$ の場合，$\psi(x_i)t_i$ は大きくなりイベントの発生が加速します．イベントの発生時間は正の値を取らないといけませんので，一般的に $\psi(x_i)$ を以下のように定式化します．

$$\psi(x_i) = \exp(x_i'\beta) \tag{9.12}$$

ここで，$\exp(u_i) = \psi(x_i)t_i$ とおけば，t_i と x_i の関係を以下のように表すことができます．

$$\log(t_i) = x_i'\beta + u_i \tag{9.13}$$

したがって，イベントの発生時間に対する j 番目の共変量 x_{ij} の限界効果は以下のように求められます．

$$\frac{\partial t_i}{\partial x_{ij}} = \beta_j t_i \tag{9.14}$$

ここで，x_{ij} の限界効果は t_i の水準に依存することになり，t_i が大きいほどこの限界効果が大きくなります．

加速故障ハザードモデルにおけるハザード関数は (9.3) と (9.11) を用いて以下のように求めることができます．

$$\lambda(t_i|x_i) = \lambda_0(\psi(x_i)t_i)\psi(x_i) \tag{9.15}$$

また，T_i の密度関数を以下のように求めることができます．

$$f(t_i|x_i) = f_0(\psi(x_i)t_i)\psi(x_i) \tag{9.16}$$

ただし，$f_0(\cdot)$ は $S_0(\cdot)$ に対応する密度関数です．

加速故障ハザードモデルの推定はパラメトリック法で行います．したがって，中古車の販売期間 T_i が従う確率分布を仮定する必要があります．たとえば，ワイブル分布を仮定した場合，ハザード関数は以下のように表せます．

$$\lambda(t_i|x_i) = \alpha(\exp(-x_i'\beta)t_i)^{\alpha-1}\exp(-x_i'\beta) \tag{9.17}$$

ここで，α はワイブル分布のパラメータです．ワイブル分布にはもう 1 つパラメータがありますが，識別性のために 1 に固定します．また，尤度関数の最大化における計算を容易に行うために以下のように変数変換を行います．

$$z_i = \alpha(\log t_i - x_i'\beta) \tag{9.18}$$

変数変換後の z_i を用いて生存関数と密度関数を以下のように表すことができます．

$$S(t_i|x_i) = \exp(-\exp(z_i)) \tag{9.19}$$

$$f(t_i|x_i) = \alpha\exp(z_i - \exp(z_i)) \tag{9.20}$$

この関係から，以下の対数尤度関数をパラメータに関して最大化することによってモデルの推定を行います．ただし，ここで $\theta = (\alpha, \beta)'$ になります．

$$\ell(\theta) = \sum_{i=1}^{N}\{d_i(z_i - \log\alpha) - \exp z_i\} \tag{9.21}$$

R 上で加速故障ハザードモデルの推定を行うには関数 survreg を用います．関数

の引数は比例ハザードモデルの coxph 関数のそれと似ていますが，今回はイベント発生時間の分布を指定する必要があります．以下に 5 つの異なる確率分布（指数分布，ワイブル分布，ロジスティック分布，対数正規分布，ログロジスティック分布）のもとでの推定コードを示します．

```r
# Exponential model
result_ex <- survreg(Surv(Duration, Event) ~ Ads + Price + Carage +
                     Origin + Trans + Mileage, data = data_chap9,
                     dist = "exponential")

# Weibull model
result_wei <- survreg(Surv(Duration, Event) ~ Ads + Price + Carage +
                      Origin + Trans + Mileage, data = data_chap9,
                      dist = "weibull")

# Logistic model
result_log <- survreg(Surv(Duration, Event) ~ Ads + Price + Carage +
                      Origin + Trans + Mileage, data = data_chap9,
                      dist = "logistic")

# Lognormal model
result_ln <- survreg(Surv(Duration, Event) ~ Ads + Price + Carage +
                     Origin + Trans + Mileage, data = data_chap9,
                     dist = "lognormal")

# Loglogistic model
result_ll <- survreg(Surv(Duration, Event) ~ Ads + Price + Carage +
                     Origin + Trans + Mileage, data = data_chap9,
                     dist = "loglogistic")
```

これらのモデルの推定結果を比較しやすく表示するために，パッケージ stargazer にある関数 stargazer を用います．推定結果は以下のようになります．

```r
library(stargazer)
stargazer(result_ex, result_wei, result_log, result_ln, result_ll,
          type = "text")
##
## =================================================================================
##                                    Dependent variable:
##                    --------------------------------------------------------------
##                                          Duration
```

```
##                   exponential  Weibull   survreg: logistic survreg: lognormal survreg: loglogistic
##                       (1)        (2)            (3)               (4)                  (5)
## ------------------------------------------------------------------------------------------------
## Ads                -0.298***  -0.287***      -2.979***         -0.339***            -0.381***
##                    (0.075)    (0.069)        (0.719)           (0.076)              (0.080)
##
## Price              -0.024     -0.022         -0.340            -0.014               -0.017
##                    (0.047)    (0.043)        (0.683)           (0.058)              (0.068)
##
## Carage             -0.006     -0.005         -0.099            -0.011*              -0.012
##                    (0.006)    (0.005)        (0.068)           (0.006)              (0.007)
##
## Origin             0.008      0.010          -0.059            -0.049               -0.045
##                    (0.144)    (0.133)        (1.363)           (0.146)              (0.149)
##
## Trans              -0.158**   -0.155**       -1.534**          -0.156**             -0.171**
##                    (0.075)    (0.069)        (0.722)           (0.075)              (0.079)
##
## Mileage            -0.226**   -0.221**       -1.814*           -0.121               -0.126
##                    (0.104)    (0.096)        (1.037)           (0.103)              (0.112)
##
## Constant           3.292***   3.276***       19.638**          2.710***             2.784***
##                    (0.698)    (0.638)        (10.013)          (0.857)              (0.998)
##
## ------------------------------------------------------------------------------------------------
## Observations       1,010      1,010          1,010             1,010                1,010
## Log Likelihood  -3,220.108  -3,216.023    -3,544.992        -3,172.527           -3,194.687
## chi2 (df = 6)      25.024***  27.203***      25.009***         25.643***            28.767***
## ================================================================================================
## Note:                                                       *p<0.1; **p<0.05; ***p<0.01
```

これらのモデルの対数尤度を比較すると，対数正規分布モデルの対数尤度が最も
大きい値になっていることがわかります．これは他のモデルに比べて対数正規分
布モデルの精度が最も高いことを示唆していますが，パラメータの数がそれぞれ
のモデルで異なるためにこれだけでは判断することができません．パラメータ数
を考慮した評価基準としてベイジアン情報量基準（BIC）を用いることができます．

```
BIC(result_ex, result_wei, result_log, result_ln, result_ll)
##             df      BIC
## result_ex    7   6488.640
## result_wei   8   6487.387
## result_log   8   7145.326
## result_ln    8   6400.395
## result_ll    8   6444.716
```

BIC を用いてモデル選択を行う際には値が最小のモデルを選びます．以上の結

果から，対数正規分布のモデルが最良のモデルであることがわかります．これ以降，このモデルのもとでの結果を議論します．ところで，以上で示した結果では，推定値の符号は比例ハザードモデルの推定結果と逆の符号になっていますが，これはモデルの定式化によるもので，各共変量の影響の解釈は変わりません．リスティング広告の推定値は -0.339 で統計的に有意な結果になっています．これは，広告を利用することで中古車が売れるタイミングが加速され，広告の利用がない場合に比べて販売が早く成立する確率が高くなります．また，トランスミッションの推定値も有意な負の効果を示しており，オートマチック車がマニュアル車よりも早く売れる確率が高い結果になっています．

9.5　モデルの予測

　ハザードモデルの応用の1つとして，イベントの発生時間の予測が挙げられます．中古車販売の例では，中古車の属性がわかったときに広告の利用によって販売期間がどのように異なるかを予測することが販売業者にとって重要な情報になります．中古車の情報を所与としたときの販売期間の予測値 $\hat{T}_i$ は x_i を条件とした T_i の期待値として求められます．

$$\hat{T}_i = E(T_i|x_i) = \int_0^\infty t_i f(t_i|x_i) dt_i \qquad (9.22)$$

予測値を求めるには以下のように関数 `predict` を用いることができます．ただし，属性値 x_i の値は中古車データのものを使います．図 9.5 で観測値と予測値の散

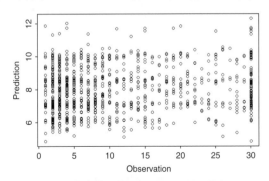

図 9.5　販売期間の観測値と予測値の散布図

布図を示します.

```
pred.lnmodel <- predict(logn.model, newdata = data_chap9)
plot(data_chap9$Duration, pred.lnmodel,
     xlab = "Observation", ylab = "Prediction")
```

─────────────── 章末問題 ───────────────

1. 本書のサポートサイトにある chapter_09_churn_data.csv は顧客が離脱までの期間を記録したデータです. 顧客の中にはダイレクトメール（DM）を受信する顧客としない顧客がいます. ハザードモデルを用いて, 顧客の受信の有無によって離脱期間がどのように異なるかを調べてください.

2. 比例ハザードモデルを用いて顧客のデモグラフィックと行動特性によって離脱期間がどのように影響されるかを調べてください.

3. 同じデータに対して, 異なる分布に従う加速故障ハザードモデルを推定して, 最も精度が高いモデルを調べてください.

第**10**章
新製品開発の調査と分析

　本章では，複数の対象に対して順序が関連付けられるデータの分析手法について解説します．何らかの対象の順序を表すデータは順序データと呼ばれますが，**第1章**で説明したように対象間での大小関係は存在するものの，その差には意味がありません．マーケティングでは，新製品開発における製品コンセプトの評価や消費者の購買意図の測定などにおいて順序データを扱う場面が多くあります．**第4章**と**第5章**で取り上げた離散選択問題とは異なって，順序データを扱う問題では2番目以降の選択肢の評価が観測されるので，これらの情報を考慮しなければなりません．ここでは，新製品の開発プロセスで収集された評価データを例に順序ロジットモデルの考え方および推定方法について説明します．

[本書サポートサイト掲載の chapter_10_1.csv, chapter_10_2.csv のデータを使用します．]

10.1　順序データの分析

10.1.1　データ概要

　マーケティング調査において，消費者の態度，購買意図，満足度など消費者の心的状態に関するデータが収集されることが多くあります．たとえば，ある日用品ブランドに対する顧客の満足度調査において，対象顧客が当該ブランドに対してどの程度満足しているかに関する質問を受けます．本来，満足度の水準は連続の値を取るような変数であると考えるのが自然ですが，調査では5段階または7段階の尺度（1：全く満足しない，5：非常に満足している）で測定されることが一般的です．そのため，収集された満足度のデータは1から5までの離散の値

を取るデータになります．このような満足度のデータはいくつかの満足度の水準を反映していますが，これらの水準間の差に意味があるわけではありません．したがって，顧客満足度のデータを順序データとして見なすことができます．

　調査データの分析において，説明したい従属変数が順序データになっている場合，通常の線形回帰モデルでは独立変数の影響を捉えることができない可能性があります．この問題について，以下に示す事例を用いて説明します．ここで検討する従属変数は特定のブランドに対する顧客の再購入意図です．用いるデータは購入経験者100人に当該ブランドをどれくらい再購入したいかを尋ねた調査データです．項目 PI は再購入意図の水準を表し，5段階のリッカート尺度（1：全く再購入したくない，5：非常に再購入したい）で測定されています．また，データには項目 Age（対象者の年齢）と Sex（対象者の性別；女性＝0，男性＝1）というデモグラフィック変数が含まれています．さらに，データには項目 Sat（当該ブランドに対する満足度）と Qual（当該ブランドの知覚品質）という評価指標が入っています．最後の2つの項目は PI と同様に5段階リッカート尺度で測定されています．分析者は，これらのデモグラフィック変数，満足度と知覚品質が自社ブランドの再購入意図にどのような影響をあたえるかを明らかにし，その結果をもとにより効果的なマーケティング施策を見出そうとします．まず，データを以下のように読み込みます．

```
data_chap10_1 <- read.csv("chapter_10_1.csv", header = TRUE)
head(data_chap10_1)
##   PI Age Sex Sat Qual
## 1  1  15   1   2    1
## 2  4  32   0   5    5
## 3  4  30   1   5    4
## 4  4  26   1   3    5
## 5  5  69   1   5    5
## 6  4  57   0   2    5
```

　このデータを分析するにあたり，分析者は次式で示す線形回帰モデルを最初に検討したとします．

$$\mathrm{PI}_i = \beta_0 + \beta_1 \mathrm{Age}_i + \beta_2 \mathrm{Sex}_i + \beta_3 \mathrm{Sat}_i + \beta_4 \mathrm{Qual}_i + \varepsilon_i, \quad \varepsilon_i \sim N(0, \sigma^2) \qquad (10.1)$$

ここで，添字 i（$i = 1, 2, \cdots, n$）は調査の対象者を表しています．モデル (10.1) を

最小二乗法で推定すると，以下のような結果が得られます．

```
result_lm <- lm( PI ~ Age + Sex + Sat + Qual, data = data_chap10_1)
summary(result_lm)
##
## Call:
## lm(formula = PI ~ Age + Sex + Sat + Qual, data = data_chap10_1)
##
## Residuals:
##     Min      1Q   Median      3Q     Max
## -1.73693 -0.47313 -0.04124  0.50827  1.84443
##
## Coefficients:
##              Estimate Std. Error t value Pr(>|t|)
## (Intercept) -0.823556   0.270555  -3.044 0.003020 **
## Age          0.060476   0.006801   8.892 3.85e-14 ***
## Sex         -0.065452   0.156317  -0.419 0.676373
## Sat          0.246834   0.058600   4.212 5.75e-05 ***
## Qual         0.228273   0.063180   3.613 0.000486 ***
## ---
## Signif. codes:  0 '***' 0.001 '**' 0.01 '*' 0.05 '.' 0.1 ' ' 1
##
## Residual standard error: 0.7642 on 95 degrees of freedom
## Multiple R-squared:  0.7149, Adjusted R-squared:  0.7029
## F-statistic: 59.54 on 4 and 95 DF,  p-value: < 2.2e-16
```

分析結果を見ると，調整済みの決定係数が 0.702 になっているので，かなり精度の高いモデルであることがわかります．また，4 つの説明変数の推定値を見ると，性別以外は統計的に有意な結果になっています．有意なパラメータの符号はすべて正であり，年齢，満足度と知覚品質が高い対象者ほど当該ブランドを再購入する意図が高くなることが示されています．

10.1.2 順序データの分析における問題

ところが，この線形回帰モデルには 1 つ大きな問題があります．それは，再購入意図が限られた離散の値しか取れないというデータ上の制約によって，本来連続であるはずのこの変数が正確に反映されないということです．具体的には，た

とえば再購入意図が最も高い水準である5と答えた対象者の中でも，独立変数の値が異なると考えられます．本来，独立変数が異なれば再購入意図の程度も異なるはずですが，データの制約上これらの対象者については再購入意図が同じ水準になっています．結果として，モデルの残差が異常に大きくなってしまうという問題が発生します．これを示すために，再購入意図と年齢の関係を例に説明します．以上の推定結果から，年齢が上がると再購入意図が大きくなることがわかりますが，両者のみで回帰分析を行う場合の回帰直線ともとのデータを以下の**図10.1** のように示すことができます．

```
plot(data_chap10_1$Age, data_chap10_1$PI, xlab = "Age",
     ylab = "Repeat Purchase", pch = 16)
abline(lm(PI ~ Age, data = data_chap10_1))
```

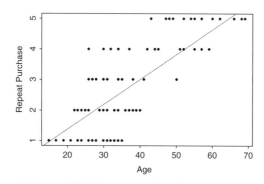

図10.1　再購入意図と年齢の散布図および回帰直線

　図10.1 で示しているように，回帰直線が正しく年齢の正の影響を捉えているにもかかわらず，すべての再購入意図の水準において残差が顕著に出ていることがわかります．たとえば，1（全く再購入したくない）と答えた人に関して見ると，10 代の対象者の残差が小さいものの，年齢が上がるにつれて残差が大きくなっていきます．このように，線形回帰モデルでは従属変数の制約によりモデルが正確にデータを再現できるとはいえません．この問題を解決するための方法として順序ロジットモデルと呼ばれる手法がありますが，次節で詳しく解説します．

10.2 順序ロジットモデル

　前節で取り上げた再購入意図のように分析対象となる従属変数が連続な構成概念である状況を考えます。構成概念の連続な値は直接観測できませんが，この特性は仮定できるとします。ここで，観測されない構成概念を潜在変数 y_i^* で表し，添字 i は調査対象者を表しています。分析において，y_i^* をいくつかの独立変数で説明するモデルを考えます。独立変数のベクトルを x_i，それに対応する係数ベクトルを β と表すと，モデルは次式のように書けます。

$$y_i^* = x_i'\beta + \varepsilon_i \tag{10.2}$$

ここで，ε_i は i に関して独立で，ある確率分布に従う誤差項です。

　潜在変数 y_i^* は観測できませんが，調査によって y_i^* の大きさを表す順序データ $Y_i = j\ (j = 1, 2, \cdots, J)$ を収集することができます。前節の例では，Y_i は以下のように再購入意図の程度を表しています。

　$Y_i = 1$，　全く再購入したくない

　$Y_i = 2$，　どちらかというと再購入したくない

　$Y_i = 3$，　どちらともいえない

　$Y_i = 4$，　どちらかというと再購入したい

　$Y_i = 5$，　非常に再購入したい

このように，観測される Y_i の値が大きくなれば当該ブランドを再購入する意図が高くなるという関係が成り立つと仮定できます。この仮定をもとに，潜在変数 y_i^* と観測変数 Y_i の関係を次のように表すことができます。

$$
\begin{aligned}
&Y_i = 1 \text{ であれば } y_i^* \le \alpha_1 \\
&Y_i = j \text{ であれば } \alpha_{j-1} < y_i^* \le \alpha_j \quad \text{ただし，} j = 2, \cdots, J-1 \\
&Y_i = J \text{ であれば } y_i^* > \alpha_{J-1}
\end{aligned} \tag{10.3}
$$

ここで，$\alpha_1, \cdots, \alpha_{J-1}$ は Y_i が 1 から J までの値を取る切断点を表す未知のパラメータです。たとえば，$Y_i = 1$ と答えた人の潜在再購入意図は α_1 以下，$Y_i = 2$ と答えた人のそれは α_1 と α_2 の間の値を取る，というように解釈することがで

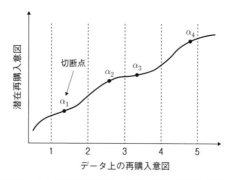

図 10.2 調査データ上の再購入意図，潜在再購入意図と切断点のイメージ

きます（図 10.2 を参照）．これらのパラメータはデータが与えられたときにパラメータ β とともに推定されます．

ところで，(10.2) からわかるように y_i^* は確率変数であるので Y_i が取る値を確率的に表現することができます．具体的に，Y_i が 1 から J までの値を取る確率を次のように表します．

$$\Pr(Y_i = 1) = P(y_i^* \le \alpha_1) = F(\alpha_1 - x_i'\beta)$$
$$\Pr(Y_i = j) = P(\alpha_{j-1} < y_i^* \le \alpha_j) = F(\alpha_j - x_i'\beta) - F(\alpha_{j-1} - x_i'\beta) \quad (j = 2, \cdots, J-1)$$
$$\Pr(Y_i = J) = P(y_i^* > \alpha_{J-1}) = 1 - F(\alpha_{J-1} - x_i'\beta) \tag{10.4}$$

(10.4) における $F(\cdot)$ は誤差項 ε_i の分布関数を表し，その分布によって確率の表現が異なります．ε_i が正規分布に従う場合，(10.4) のモデルは**順序プロビットモデル**，極値分布に従う場合，**順序ロジットモデル**になります．後者の場合，任意の j に対して上記の分布関数は次のように求められます．

$$F(\alpha_j - x_i'\beta) = \frac{\exp(\alpha_j - x_i'\beta)}{1 + \exp(\alpha_j - x_i'\beta)} \tag{10.5}$$

(10.4) と (10.5) から順序 j となる確率に対する独立変数 x_i の影響は非線形であり，順序 j に依存しないことがわかります．しかし，この確率は切断点 α_j に依存するかたちになっています．これを明確にするために，次のオッズ比を用いて説明します．

$$\frac{\Pr(Y_i \le j | x_i)}{\Pr(Y_i > j | x_i)} = \exp(\alpha_j - x_i'\beta) \tag{10.6}$$

(10.6) は Y_i が j 以下となる確率が j 以上となる確率の何倍であるかを表す指標です. このオッズ比に対する説明変数の影響はすべての j について同じですが, 切断点の影響は j ごとに異なります.

10.3 モデルの推定

順序ロジットモデルを推定するには最尤推定法を用いることができます. ここで, 指示関数 δ_{ij} を次のように定義すれば,

$$\delta_{ij} = \begin{cases} 1, & Y_i = j \\ 0, & Y_i \neq j \end{cases} \tag{10.7}$$

尤度関数を以下のように表すことができます.

$$
\begin{aligned}
L(\alpha, \beta) &= \prod_{i=1}^{n} \prod_{j=1}^{J} \Pr(Y_i = j)^{\delta_{ij}} \\
&= \prod_{i=1}^{n} \prod_{j=1}^{J} (F(\alpha_j - x_i'\beta) - F(\alpha_{j-1} - x_i'\beta))^{\delta_{ij}}
\end{aligned} \tag{10.8}
$$

ただし, $\alpha_0 = -\infty$, $\alpha_J = \infty$ とします. また, 分布関数 $F(\cdot)$ は (10.5) で与えられます. これは ε_i の分布関数ですが, 識別性のためその分散は基準化されています. (10.8) の対数を取ると以下のように対数尤度関数が得られます.

$$\ell(\alpha, \beta) = \sum_{i=1}^{n} \sum_{j=1}^{J} \delta_{ij} \log(F(\alpha_j - x_i'\beta) - F(\alpha_{j-1} - x_i'\beta)) \tag{10.9}$$

ところが, (10.9) の 1 階の条件を解析的に求めるのは困難です. そのため, (10.9) を最大にする解はパラメータを反復的に更新していくニュートン・ラフソン法を用いて数値的に求めます. モデルのパラメータ $\theta = (\alpha', \beta')'$ と書き, その初期値を θ_0 と表し, 第 r 回めに更新したパラメータの値を θ_r とします. パラメータは次式の関係を用いて収束するまで (θ_r と θ_{r-1} の差が十分小さくなるまで) 更新していきます.

$$\theta_r = \theta_{r-1} - H(\theta_r)^{-1} G(\theta_r) \tag{10.10}$$

ここで, $G(\theta_r)$ と $H(\theta_r)$ は対数尤度関数の勾配ベクトルとヘッセ行列を表してい

ます.

　ここで, 注意しないといけないのは切断点 $\alpha_1 < \alpha_2 < \cdots < \alpha_{J-1}$ の条件を満た
さなければなりません. しかし, (10.10) の方法ではこの条件が満たされる保証
がありません. そのため, 以下のような制約をかけることでこの条件を満たすこ
とができます.

$$
\alpha_j = \begin{cases} \mu_1, & j = 1 \\ \mu_{j-1} + \exp(\mu_j), & j > 1 \end{cases}
\tag{10.11}
$$

モデルを推定する際は α ではなく μ を推定することになりますが, μ の推定値か
ら (10.11) を用いて α の値を再現することができます.

　それでは, **10.1 節**で用いたデータに順序ロジットモデルを適用してモデルの
推定を行います. 従属変数は以前と同様に再購入意図ですが, 元のデータではこ
の項目が整数の形式になっています. R 上で順序ロジットモデルを推定するため
にはこの項目の形式を以下のように順序尺度に変換する必要があります.

```
data_chap10_1$PI <- as.ordered(data_chap10_1$PI)
head(data_chap10_1$PI)
[1] 1 4 4 4 5 4
Levels: 1 < 2 < 3 < 4 < 5
```

順序ロジットモデルの推定に利用できるパッケージはいくつかありますが, ここ
ではパッケージ MASS を利用します. このパッケージの中にある関数 polr を
使った推定結果を以下に示します.

```
install.packages("MASS")
library(MASS)
result_ol <- polr( PI ~ Age + Sex + Sat + Qual, data = data_chap10_1)
summary(result_ol)


##
## Re-fitting to get Hessian
## Call:
## polr(formula = PI ~ Age + Sex + Sat + Qual, data = data_chap10_1)
##
## Coefficients:
##         Value Std. Error t value
```

```
## Age    0.15506    0.02402  6.4543
## Sex   -0.07871    0.42344 -0.1859
## Sat    0.60560    0.15961  3.7944
## Qual   0.51662    0.17744  2.9115
##
## Intercepts:
##      Value Std. Error t value
## 1|2   6.3236    0.9789  6.4602
## 2|3   8.5156    1.1220  7.5900
## 3|4  10.2657    1.2900  7.9581
## 4|5  12.7887    1.5655  8.1689
##
## Residual Deviance: 201.0961
## AIC: 217.0961
```

パラメータの推定値を見ると，Age，Sat と Qual は購買意図に対して有意な正の効果を持っていることがわかります．一方，Sex の推定値は有意ではありません．この点だけに注目すれば，順序ロジットモデルの結果は線形回帰モデルのそれと似たような結果になっているように見えます．これは，両モデルの従属変数が関連しているからです．しかし，線形モデルでは観測された離散の値を取る Y_i が従属変数であるのに対して，順序ロジットモデルでは連続の値を取る y_i^* が従属変数になっているため，前者で見られる異常な残差の問題が解消されると考えられます．また，切断点を見ると，いずれも統計的に有意で，最小の切断点 $\alpha_1 = 6.324$，最大の切断点 $\alpha_4 = 12.789$ という結果になっています．この結果を用いて消費者の再購入意図の確率を求めることができます．たとえば，x_i が既知として $Y_i = 1$ となる確率は $F(6.324 - x_i'\beta)$ を計算すれば求めることができます．推定に用いるデータのもとですべての再購入意図の水準となる確率を求めるには以下のように関数 fitted.values を用います．計算結果を見ると，例えば1行目において $Y_i = 1$ となる確率が 0.913，$Y_i = 2$ となる確率が 0.077 というように，該当する対象者の回答が1である確率が最も大きいことがわかります．

```
proby <- fitted.values(result_ol)
head(proby)

              1            2            3            4            5
## 9.128244e-01 0.076621544 0.008704044 0.001701358 0.0001486637
```

```
## 1.407225e-02 0.099238213 0.310465616 0.477872507 0.0983514174
## 3.409459e-02 0.206045418 0.405095269 0.312520662 0.0422440593
## 1.161803e-01 0.424456181 0.330716809 0.116941501 0.0117052153
## 4.978143e-05 0.000395747 0.002113076 0.028426828 0.9690145675
## 1.816501e-03 0.014215445 0.069696903 0.453200015 0.4610711355
```

10.4　コンジョイント分析

10.4.1　分析の背景と目的

　本節では，順序ロジットモデルをコンジョイント分析に適用する事例を示します．**コンジョイント分析**とは，実験計画を通じてある対象への選好や評価に影響を与える要因を調べるための分析手法のことです．この分析手法は様々な問題に適用できますが，ここでは新製品開発への適用を考えます．新製品開発において開発者はいくつかの製品コンセプトを考案し，その中から売れる可能性が高い若干数のものを選択し，製品化の段階に進みます．そのため，考案したコンセプトの売れる可能性を測定し評価することが新製品の成否を決定するといっても過言ではありません．通常，製品コンセプトの評価はそのコンセプトを特徴づける重要な属性に対する評価に基づいて行われます．この方法は，属性アプローチと呼ばれて製品が属性の束として見なされます．たとえば，あるノート PC の製品を評価するにあたり，当該 PC の属性である容量や処理速度への評価を調べることで製品全体の評価が導かれます．各属性に対する評価を**部分効用**（part worth）といいます．

　以下に，乗用車の新製品開発の例を用いてコンジョイント分析の実践を示します．ここで，開発担当者は価格（price），燃費（fuel），と排気量（displacement）という 3 つの製品属性を軸に製品コンセプトを考案するとします．これらの製品属性の水準はそれぞれ 2 段階に設定されます．以下に示すように価格は 200 万円と 250 万円，燃費は 1 キロあたり 10 km と 14 km，排気量は 1500 cc と 2000 cc の水準に設定します．ここでは，パッケージ conjoint を用いて，次のように製品コンセプトを作成するための準備を行います．

```
install.packages("conjoint")
library(conjoint)
set.seed(123)

caratt <- list(price = c("2M JPY", "2.5M JPY"),
               fuel = c("10 km/l", "14 km/l"),
               displacement = c("1500 cc", "2000 cc"))

caratt

## $price
## [1] "2M JPY" "2.5M JPY"
##
## $fuel
## [1] "10 km/l" "14 km/l"
##
## $displacement
## [1] "1500 cc" "2000 cc"
```

これらの属性はそれぞれ 2 つの水準があるので，可能な製品コンセプトは $2^3=8$ だけあります．関数 expand.grid を用いれば，可能なすべての製品コンセプトを以下のように表示することができます．コンジョイント分析では，これらの製品コンセプトを**プロファイル**と呼び，実験において被験者に提示します．すべてのプロファイルを提示する実験を**完全実施要因計画**（full factorial design）といいますが，以上の例のようにプロファイルの数が多くなるとこの方法は非現実的になります．この問題を回避するためにはすべてのプロファイルを提示する代わりに，一部のプロファイルのみ提示する方法があります．これを**一部実施要因計画**（fractional factorial design）といいます．

```
all_com <- expand.grid(caratt)
all_com
##    price   fuel  displacement
##    2M JPY 10 km/l      1500 cc
##  2.5M JPY 10 km/l      1500 cc
##    2M JPY 14 km/l      1500 cc
##  2.5M JPY 14 km/l      1500 cc
##    2M JPY 10 km/l      2000 cc
##  2.5M JPY 10 km/l      2000 cc
```

```
##   2M JPY 14 km/l       2000 cc
## 2.5M JPY 14 km/l       2000 cc
```

一部実施要因計画にはいくつかの方法がありますが，ここでは**直交計画法**に基づいて作成された直交表を用います．直交表を作成するには関数**caFactorialDesign**を使います．作成された直交表は以下に示すとおり 4 つのプロファイルからなっており，どの列を取っても異なる属性の水準は同じ回数出ています．

```
ex_design <- caFactorialDesign(data = all_com, type = "orthogonal")
ex_design


         price     fuel  displacement
## 1    2M JPY 10 km/l       1500 cc
## 4 2.5M JPY 14 km/l       1500 cc
## 6 2.5M JPY 10 km/l       2000 cc
## 7   2M JPY 14 km/l       2000 cc
```

10.4.2 コンジョイントの実験とモデルの推定

次に，この 4 つのプロファイルを被験者に提示し，それぞれについて評価してもらいます．評価方法は被験者にこの 4 つのプロファイルの選好順位を答えてもらうという方法です．本書で提供されるデータ（**chapter_10_2.csv**）は 100 人の被験者に評価してもらった仮想のデータで，以下に表示します．

```
data_chap10_2 <- read.csv("chapter_10_2.csv", header = TRUE)
head(data_chap10_2)


##   id profile1 profile2 profile3 profile4
## 1  1        4        2        3        1
## 2  2        2        4        1        3
## 3  3        1        2        4        3
## 4  4        4        2        1        3
## 5  5        4        1        2        3
## 6  6        1        2        4        3
```

たとえば，データの 1 行目は被験者 1 の回答になりますが，この被験者はプロファイル 1 を 4 番目に好み，プロファイル 2 を 2 番目に好むというような選好順

序のデータになっています.

　実験で得られたデータを順序ロジットモデルで分析できるように以下のように変換し, 各プロファイルの属性水準に結合する必要があります. このように加工されたデータを car_data という変数に代入します.

```
car_data <- NULL
for(i in 1:nrow(data_chap10_2)){
  pref_order <- as.vector(t(data_chap10_2[i,2:5]))
  subdat <- cbind(pref_order, ex_design)
  car_data <- rbind(car_data, subdat)
}


head(car_data)
##    pref_order     price     fuel  displacement
## 1           4    2M JPY 10 km/l       1500 cc
## 4           2  2.5M JPY 14 km/l       1500 cc
## 6           3  2.5M JPY 10 km/l       2000 cc
## 7           1    2M JPY 14 km/l       2000 cc
## 11          2    2M JPY 10 km/l       1500 cc
## 41          4  2.5M JPY 14 km/l       1500 cc
```

順序ロジットモデルはこの car_data を用いて推定されますが, このデータの順位の変数はまだ整数形式になっているため, 関数 as.ordered を用いて順序尺度に変換します.

```
car_data$pref_order <- as.ordered(car_data$pref_order)
head(car_data$pref_order)

## [1] 4 2 3 1 2 4
## Levels: 1 < 2 < 3 < 4
```

　これでデータの準備が完了しましたので, 前節のように関数 polr を用いて順序ロジットモデルの推定を行います. 推定結果は以下のようになります. 価格, 燃費と排気量の係数はすべて統計的に有意な結果になり, これらの属性の水準を変化させるとプロファイルの評価が変わります. 符号がすべて負であるのは, 価格が高いほど, 燃費が悪いほど, そして排気量が大きいほど効用または評価が下がることを意味します. したがって, 消費者に好まれる自動車とは価格が安く, 燃費がよく, 排気量が小さい自動車であることが示されています. 価格と燃費に

関しては当然にように思えますが，排気量が大きい自動車よりも小さい自動車の方が好まれるというのは面白い発見であるかもしれません．ただし，コンジョイント分析ではこれらのプロファイルを実際に製品化する際にどれくらいのコストがかかるかについては考慮されていないので，評価が最も高いプロファイルが必ずしも最も高い利益を生み出すとは限らないので注意が必要です．

```
result_car <- polr(pref_order ~ price + fuel + displacement,
                   data = car_data)
summary(result_car, digits = 3)

##
## Re-fitting to get Hessian
## Call:
## polr(formula = pref_order ~ price + fuel + displacement, data =
##       car_data)
##
## Coefficients:
##                          Value Std. Error t value
## price 250万             -0.579      0.192   -3.01
## fuel 14 km              -1.129      0.193   -5.84
## displacement 2000 cc    -1.701      0.199   -8.56
##
## Intercepts:
##       Value Std. Error t value
## 1|2 -3.062      0.256 -11.940
## 2|3 -1.843      0.238  -7.731
## 3|4 -0.480      0.216  -2.220
##
## Residual Deviance: 999.965
## AIC: 1011.965
```

　また，どの属性が最も選好に影響を与えるかを調べたい場合があります．これは，各属性の最も大きい水準と最も小さい水準の部分効用の差（レンジ（range）という）を求めることで評価できます．上述の例では，すべての属性の水準の数は2つあるので，レンジは推定結果の絶対値として求めることができます．計算結果は以下のとおりで，価格，燃費，排気量のレンジはそれぞれ 0.579, 1.129, 1.701 になります．この結果から，排気量の影響がほかの属性に比べて最も大きいことがわかります．

```
car_range <- abs(result_car$coefficients[1:3])
car_range
##     price2.5M JPY fuel14 km/l displacement2000 cc
##         0.5790888    1.1286120            1.7012819
```

さらに，属性の相対的な重要性を求めることで解釈がしやすい場合があります．これは，**重要度**（importance）という概念ですが，各属性のレンジを全体のレンジの合計で割るもので，以下のように簡単に求めることができます．これは，すべての属性の影響度が 1 としたときそれぞれの属性の影響がどれくらいかを表す指標です．以下の重要度の値を見ると，価格の水準の変化は相対的に 16.98 ％の効用（評価）の変化をもたらすのに対して，排気量の変化は 49.91 ％の評価の変化をもたらすことになることがわかります．

```
importance <- car_range / sum(car_range)
importance
##       price         fuel       displacement
##     0.1698714    0.3310700        0.4990585
```

章末問題

1. 順序データは大小関係を表していますが，変数同士の四則演算は意味をなさないのはなぜか考えてみましょう．

2. 本書のサポートサイトにある `Conjoint_data.csv` はノート PC に関するコンジョイント実験で収集されたデータです．順序ロジットモデルを用いて各属性の部分効用を推定してください．

3. 問 2 に分析結果を基に，各属性のレンジと重要度を計算してください．

第11章
消費者態度の測定と分析

　これまでの分析では，売上，ブランド選択など，分析の主たる目的となる従属変数がありました．そして，その従属変数に影響を与える要因を検討するためにモデルを使い，関係を検討してきました．たとえば，広告の出稿がマーケティング成果に影響を与えるのかを検討するためには，影響の大きさが統計的に有意であるかを見ればいいということを説明してきました．しかしながら，消費者という人間を扱うマーケティングにおいては，従属変数を説明する独立変数が明確に得られていない場合もあります．そして，明確に得られていない変数を検討することこそが重要であるケースも少なくありません．本章では，直ちに観測されない変数の測定，モデルおよび分析手法を紹介します．

　　[本書サポートサイト掲載の chapter_11.csv のデータを使用します．]

11.1　「因子」に注目する

　たとえば，消費者のライフスタイルからセグメントを考えるときに，生活一般について質問をすることがあります．具体的な質問項目として，「朝食を食べるか」，「なるべく歩くようにしているか」，「お酒を週にどれくらい飲むか」などを消費者に質問し，様々な側面から，生活態度の共通した傾向を持つセグメントを分類する作業が行われます．しかし，ライフスタイルの質問項目は数十個以上なる場合もありますが，こうした多くの質問項目を見ても，分析者がセグメントに対する知見を得ることは難しいかもしれません．少数の心理的特性を抽出し，消費者集団を解釈する必要があります．こうしたライフスタイル調査は，消費者が持っている心理的特性を知りたいという目的を持っています．消費者はある心理的特性を持っており，その特性が強いあるいは弱いことが行動に現れていると考

えることができます．この心理的特性はデータから明確に得られているわけではありませんが，マーケターから見れば重要な変数であり，この変数をどうやって抜き出すか，考えなければなりません．

　また，消費者の製品態度の1つに「**関与度**」というものがあります．関与度は，「消費者の対象製品カテゴリーに対する個人の情報処理の活性化の程度」といわれていますが，簡単にいえば対象の製品に関心であり，それを見たり聞いたりしたときに興味を惹かれる度合いが高ければ関与度は高いといえます．関与度が高い消費者は一般に消費額が多く，ロイヤルティも高く，企業にとって重要な顧客となる可能性があります．では，消費者調査で，関与度が高い消費者をどうやって見つけ出せばよいのでしょうか．おそらく関与の定義を説明して「あなたは関与度が高いですか」と聞くこともできるかもしれませんが，上記の定義をそのまま提示しても回答者には難しいかもしれません．そこで，一般には過去の研究で提示された「関与度」を測定するための複数の質問項目で構成された測定尺度を使うことになります．このような場合も，複数の質問項目で「関与度」をどのように得るか，適切に測定できているかを含めて検討する必要があります．

　このような直接観測できない特性をデータから抽出する方法として，本節では，**因子分析**を扱います．簡単にいえば，因子分析はいくつかの観測変数に影響を与える共通の要因を抽出する分析方法になります．この共通の要因である「因子」ですが，観測変数が多くなると2つ以上の因子が関わっている可能性も出てきますし，観測された変数がそれぞれの因子から影響を受ける強さも異なる可能性があります．

　因子分析は社会科学で広く使われている分析方法になりますが，大きく分けて2つの使い方があります．1つ目は，分析者が因子の数と観測変数との関係について事前に想定がある場合，そして2つ目は，因子の数や影響関係について観測者が事前に想定を持っていない場合です．前者は「確認的因子分析」，後者は「探索的因子分析」と呼ばれており，使われ方も違いますし，Rで使われる関数も異なります．しかしながら，もとは同じモデルなので，使われ方は異なっても共通の構造を持ちます．本章では，まず共通の構造を説明し，その後具体的な分析例を使ってそれぞれの使い方を説明します．

11.2　因子モデル

11.2.1　因子モデルと測定

　因子分析のうち，とくに**確認的因子分析**の主要な目的は，観測できない潜在的な特性の得点を，観測できる複数の変数から抽出することです．社会科学では一般に，観測できない潜在的な特性を「**構成概念**」と呼び，複数の変数を使ってこの構成概念の得点を抽出する作業のことを「**測定**」といいます．

　たとえば「学力」という構成概念をどうやって測定するかを考えてみましょう．まず考えられるのは，いくつかの教科についてテストを実施し，その点数をもとに計算するという方法があるかと思います．具体的にいえば国語，数学，理科，社会，英語の5教科の試験を行ったとき，学力は最も単純にはこのテストの合計点と考えることができるでしょう．この背景には，すべての教科のテストの点数に影響を与えている学力という共通の因子が仮定されていることになります．

　この関係は，因子モデルという回帰モデルとして表現することができます．ただし，通常の線形回帰モデルとは異なり，複数の目的変数を持つ回帰モデル（**多変量回帰モデル**）として定義されます．観測されたiさんの5教科のテストの点数を$y_{i1}, \cdots, y_{i5}$とすると，「学力」という因子を仮定した因子モデルは以下のようになります．

$$
\begin{pmatrix} y_{i1} \\ y_{i2} \\ y_{i3} \\ y_{i4} \\ y_{i5} \end{pmatrix} = \alpha_0 + \begin{pmatrix} \lambda_1 \\ \lambda_2 \\ \lambda_3 \\ \lambda_4 \\ \lambda_5 \end{pmatrix} f_i + \begin{pmatrix} \varepsilon_{i1} \\ \varepsilon_{i2} \\ \varepsilon_{i3} \\ \varepsilon_{i4} \\ \varepsilon_{i5} \end{pmatrix}, \quad \begin{pmatrix} \varepsilon_{i1} \\ \varepsilon_{i2} \\ \varepsilon_{i3} \\ \varepsilon_{i4} \\ \varepsilon_{i5} \end{pmatrix} \sim N(0, \Sigma)
$$

　目的変数がテストの点数になっており，各教科にパラメータ$\lambda_1, \cdots, \lambda_5$がそれぞれ影響を与えています．そして，個人ごとに1次元のパラメータf_iがあります．ε_iは誤差項で，その分散は対角行列になるので，$\Sigma = \mathrm{diag}(\sigma_1^2, \cdots, \sigma_5^2)$となります．したがって，因子モデルは，左辺に観測変数があり，右辺がすべてパラメータで構成されるモデルになります．λ, f，そして，誤差分散$(\sigma_1^2, \cdots, \sigma_5^2)$をすべて推定する必要がありますので，通常の回帰モデルと異なり，いくつかの制約を導入す

る必要があります．別の表記では，y_i を標準化した変数 z_i を使い，以下のように表現されます．

$$z_i = \Lambda f_i + \varepsilon_i, \; \varepsilon_i \sim N(0, \Sigma)$$

では，目的変数である観測変数とパラメータの間の関係を見てみましょう．誤差項を除いて，たとえば国語の点数を y_{i1} とすると，この点数は $\lambda_1 f_i$ で説明されることになります．同様に数学の点数を y_{i2} とすると，国語と同様に点数は $\lambda_2 f_i$ になります．したがって，すべてのテストの点数に個人に与えられた変数 f_i が影響を与えていることになります．これが個人に帰属する「学力」になり，これを「**因子得点**」と呼びます．次に，各教科に与えられているパラメータ λ_1 を考えてみましょう．これは「**因子負荷量**」といって，各教科の得点に学力 f_i が反映される程度を示していることになります．学力との関係が強い教科であれば λ が大きくなることが想定され，弱い教科であれば λ は小さくなります．たとえば第6のテスト結果としてスポーツテストの点数を y_{i6} として入れたモデルを考えてみましょう．おそらくスポーツテストの因子負荷量 λ_6 は他の5教科の因子負荷量よりも低くなると考えられます．そうなると，スポーツテストの点数は学力を測定するための観測変数としてはあまり適当ではない可能性があります．確認的因子分析では，このような，観測変数から適切に対象の構成概念が測定できているかどうかという問題も扱います．観測変数がすべて学力を測定するために適切な尺度であれば，すべての教科について λ が等しく大きな値になると考えられます．具体的な値の大きさについては制約もあるので後の節で説明しますが，ここから，冒頭で「テストの点の合計点を学力の指標として用いる」という点についても，ある程度合理的な説明ができます．

11.2.2 複数の因子

前節では5教科のテストの結果に1つの「学力」という因子が影響しているという仮定で議論をしてきましたが，実際には1つではなく，たとえば文系学力と理系学力という2つの異なる学力の因子が存在するかもしれません．因子が複数ある可能性を最も簡単に見る方法は，相関係数を検討することです．相関係数がすべて同水準で高ければ1つの因子でよいかもしれませんが，もし一部の変数間

の相関係数のみが高かったり，いくつかのブロックに分かれている場合には，2つ以上の因子が存在する可能性があります．たとえば2次元の因子モデルは，5×2 の因子負荷量行列と2次元の因子得点 (f_{i1}, f_{i2}) を使って，以下のように表現することができます．

$$
\begin{pmatrix} y_{i1} \\ y_{i2} \\ y_{i3} \\ y_{i4} \\ y_{i5} \end{pmatrix} = \alpha_0 + \begin{pmatrix} \lambda_{11} & \lambda_{12} \\ \lambda_{21} & \lambda_{22} \\ \lambda_{31} & \lambda_{32} \\ \lambda_{41} & \lambda_{42} \\ \lambda_{51} & \lambda_{52} \end{pmatrix} \begin{pmatrix} f_{i1} \\ f_{i2} \end{pmatrix} + \begin{pmatrix} \varepsilon_{i1} \\ \varepsilon_{i2} \\ \varepsilon_{i3} \\ \varepsilon_{i4} \\ \varepsilon_{i5} \end{pmatrix}, \quad \begin{pmatrix} \varepsilon_{i1} \\ \varepsilon_{i2} \\ \varepsilon_{i3} \\ \varepsilon_{i4} \\ \varepsilon_{i5} \end{pmatrix} \sim N(0, \Sigma)
$$

　上記の因子負荷量，因子得点から，たとえば国語の得点 y_{i1} を説明すると，推定値 $\hat{y}_{i1} = \lambda_{11} f_{i1} + \lambda_{12} f_{i2}$ となります．同様に数学の得点は $\hat{y}_{i2} = \lambda_{21} f_{i1} + \lambda_{22} f_{i2}$ となります．しかしながら，一次元の因子分析と異なり，文系学力と理系学力の影響を想定している場合，おそらく国語と数学では λ の値はかなり異なることが想定されます．もし第1因子が文系学力，第2因子が理系学力であれば，国語の因子負荷量 λ_{11} は大きく，λ_{12} は小さくなるでしょう．逆に数学の因子負荷量 λ_{21} は小さく，λ_{22} は大きくなるでしょう．もっと仮定を先鋭化させると，国語の得点には理系学力の影響はなく，数学の得点には文系学力の影響はないと仮定して $\lambda_{12} = \lambda_{21} = 0$ してもいいかもしれません．この場合，たとえば国語，社会，英語は文系学力のみが影響を与え，数学と理科は理系学力の実が影響を与えるというモデルを考えることができます．このように因子負荷量に構造が仮定され，一部の因子負荷量が0という制約をかけた因子モデルが「**確認的因子分析**」です．これに対して，とくに構造に関する仮説を持たず，制約をかけないモデルが「**探索的因子分析**」になります．両者の差は因子負荷量の構造にあります．

$$
探索的因子分析：\Lambda = \begin{pmatrix} \lambda_{11} & \lambda_{12} \\ \lambda_{21} & \lambda_{22} \\ \lambda_{31} & \lambda_{32} \\ \lambda_{41} & \lambda_{42} \\ \lambda_{51} & \lambda_{52} \end{pmatrix}
$$

$$確認的因子分析：\Lambda = \begin{pmatrix} \lambda_{11} & 0 \\ 0 & \lambda_{22} \\ \lambda_{31} & 0 \\ 0 & \lambda_{42} \\ \lambda_{51} & 0 \end{pmatrix}$$

違いはこの因子負荷量の構造だけですが，それぞれの分析は異なる目的を もって使われており，それぞれ分析に必要な手続きも異なります．以降の節では， まず探索的因子分析について説明し，その後確認的因子分析を扱います．

11.3 探索的因子分析

まずは探索的因子分析を進めていきます．探索的因子分析の目的は，多変量の データから共通する少数の因子を抽出し，データを縮約して解釈することです．

11.3.1 価値観のデータ

データをインポートします．

```
data_chap11 <- read.csv("chapter_11.csv", header = TRUE)
```

このデータにはあとの確認的因子分析で使われる列も含まれていますが，まず 探索的因子分析では，LOV1～LOV9 までのデータを使います．

```
dat_lov <- data_chap11[,1:9]
```

LOV は List of Values の頭文字で，人生における価値観を測定するために使われ ています．LOV は次の9つの尺度から構成されています．

- 以下の項目は，ある人にとっては人生の目標となるもののリストです．それぞ れの項目について，あなたにとってどの程度重要でしょうか「1：全く重要で はない」から「7：非常に重要である」の間でお答えください．
  - LOV1：何かに帰属していること

- LOV2 ：興奮すること
- LOV3 ：心温まる親交をもつこと
- LOV4 ：自分の手で何かを成し遂げること
- LOV5 ：尊敬される人物であること
- LOV6 ：人生を楽しむこと
- LOV7 ：安心して日々の生活を送れること
- LOV8 ：自分に誇りをもつこと
- LOV9 ：達成感を得ること

いくつか類似した項目があるように見えます．まずは相関係数を取ってみましょう．

```
cor(dat_lov)
```

相関係数行列を見ると，相関関係の高い項目も低い項目もあることがわかります．したがって，この 9 つの尺度は 1 つの因子を持っているわけではなく，複数の因子が影響を与えている可能性があります．

	LOV1	LOV2	LOV3	LOV4	LOV5	LOV6	LOV7	LOV8	LOV9
LOV1：何かに帰属していること	1.00								
LOV2：興奮すること	0.38	1.00							
LOV3：心温まる親交をもつこと	0.36	0.47	1.00						
LOV4：自分の手で何かを成し遂げること	0.25	0.54	0.67	1.00					
LOV5：尊敬される人物であること	0.44	0.51	0.67	0.60	1.00				
LOV6：人生を楽しむこと	0.04	0.40	0.54	0.57	0.38	1.00			
LOV7：安心して日々の生活を送れること	0.07	0.32	0.50	0.56	0.38	0.75	1.00		
LOV8：自分に誇りをもつこと	0.31	0.52	0.62	0.74	0.58	0.59	0.58	1.00	
LOV9：達成感を得ること	0.32	0.59	0.62	0.77	0.60	0.62	0.57	0.78	1.00

11.3.2　因子数の決定

　確認的因子分析を行ううえでまず決めなければならないことは因子の数です．潜在的な因子数の決定にはいくつか方法がありますが，最もよく使われているのは，相関係数の固有値を見る **Kaiser 基準**という方法です．Kaiser 基準では，相関係数の固有値のうち，1 を上回った固有値の数を因子数とします．固有値を大

きい順に並べた図は「**スクリー・プロット**」と呼ばれ，どれくらいの因子が潜在的に含まれているのかを目視で確認することができます．

　固有値を計算してスクリー・プロットを出力してみると，LOVには潜在的に2つの因子が含まれているらしいということが確認できます．

```
eigenvalues <- eigen(cor(dat_lov))$values
plot(eigenvalues, type = "b")
abline(h = 1)
```

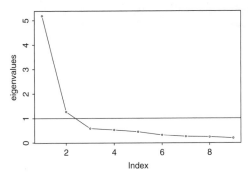

図 11.1　スクリー・プロット

11.3.3　因子分析の実行

　では，**探索的因子分析**を実行してみましょう．Rでは探索的因子分析を実行する関数 factanal が標準装備されているので，とくにパッケージをインストールする必要はありません．まずは出力してみましょう．factanal(データ, 因子数) で，因子分析の結果を得ることができます．

```
result_fa <- factanal(dat_lov, 2)

result_fa
##
## Call:
## factanal(x = dat_lov, factors = 2)
##
## Uniquenesses:
```

```
## LOV1  LOV2  LOV3  LOV4  LOV5  LOV6  LOV7  LOV8  LOV9
## 0.662 0.556 0.406 0.276 0.416 0.231 0.287 0.282 0.230
##
## Loadings:
##      Factor1 Factor2
## LOV1          0.578
## LOV2   0.311  0.589
## LOV3   0.481  0.602
## LOV4   0.574  0.628
## LOV5   0.302  0.702
## LOV6   0.863  0.159
## LOV7   0.831  0.149
## LOV8   0.587  0.611
## LOV9   0.595  0.645
##
##                 Factor1 Factor2
## SS loadings       2.887   2.768
## Proportion Var    0.321   0.308
## Cumulative Var    0.321   0.628
##
## Test of the hypothesis that 2 factors are sufficient.
## The chi square statistic is 91.7 on 19 degrees of freedom.
## The p-value is 1.66e-11
```

（注）　LOV1：何かに帰属していること，LOV2：興奮すること，LOV3：心温まる親交をもつこと，LOV4：自分の手で何かを成し遂げること，LOV5：尊敬される人物であること，LOV6：人生を楽しむこと，LOV7：安心して日々の生活を送れること，LOV8：自分に誇りをもつこと，LOV9：達成感を得ること

　まずは因子負荷量が出力されます．これは前節で説明した λ なので，ある因子と項目について λ の値が大きければ，その因子から項目への影響が強いといえます．原則として，因子負荷量は－1 から 1 までの値を取り，1 に近いほど関係が強いといえます．一覧の結果では，因子負荷量が 0 に近い場合は空欄となってしまいますが，実際には 0 ではない因子負荷量が推定されています．また，その他の項目について説明すると，Uniqueness で出力されているのは各項目の誤差分散 σ^2 です．また，Cumulative Var（累積寄与率）が高いほど，もとのデータがその次元の因子分析で説明されている程度が高いといえます．

　因子負荷量を出力するためには $loadings を指定することで，行列で因子負荷

量を出力することができます．また，探索的因子分析の目的の1つは，因子の発見ですので，Factor1（因子1）およびFactor2（因子2）にはわかりやすいラベルを振ることで理解が深まります．項目と因子負荷量の関係を見ながらラベルを付けることができます．今回でいえば，因子1は達成因子（achievement factor），因子2は帰属因子（belongingness factor）のようなラベルが考えられます．

```
label_lov <- c("achievement factor", "belongingness factor")
fa_loadings <- result_fa$loadings[,]
colnames(fa_loadings) <- label_lov
plot(fa_loadings, pch = "")
text(fa_loadings[,1], fa_loadings[,2], row.names(fa_loadings))
```

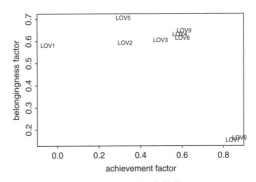

図11.2 因子負荷量

ここで1つ気をつけなければならないことがあります．因子モデルを考えてもらうと，Λf_i は両方ともパラメータですので，回転の自由があることになります．軸の回転を数学的に表現すると，回転行列 T は $TT' = I$ となるため，$\Lambda TT' f_i = \Lambda f_i$ が任意の回転行列について成立することになります．実は探索的因子分析では，この特性をうまく使い，軸を回転させて解釈しやすい結果を得ています．回転の方法はいくつかありますが，デフォルトでは**バリマックス回転**が適用され，出力された結果はバリマックス回転済みのものです．もし回転しない因子負荷量が欲しければ，rotaion="none" を指定することで回転しない結果を得ることができます．ただ，一般的には回転済みの結果を出力し，掲出することがほとんどです．

```
result_fa_n <- factanal(dat_lov, 2, rotation = "none")
fa_loadings_n <- result_fa_n$loadings[,]
plot(fa_loadings_n, pch = "")
text(fa_loadings_n[,1], fa_loadings_n[,2], row.names(fa_loadings_n))
```

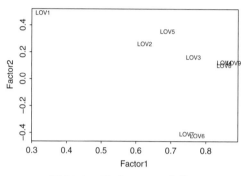

図11.3 回転なしの因子負荷量

最後に，因子得点 f_i については，デフォルトでは出力されないので，オプション
を指定してやる必要があります．因子得点はいくつかの算出方法がありますが，
因子負荷量および誤差分散が推定されてから事後的に計算されるので，因子得点
の算出方法を変えても因子負荷量が変わることはありません．R でも scores と
いうオプションを指定して，回帰法（scores = "regression"），バートレット法
（scores = "Bartlett"）という2つの方法で因子得点を得ることができます．因
子得点は個人ごとに与えられるので，達成志向度（因子1の大きさ）と帰属志向
度（因子2の大きさ）から，個人の価値観が2次元の得点に縮約されることにな
ります．2次元の因子得点と性別や年齢などとの関係を見てもよいかもしれませ
ん．

```
result_fa <- factanal(dat_lov, 2, scores = "regression")
fa_scores <- result_fa$scores
colnames(fa_scores) <- label_lov
plot(fa_scores)
```

11.4　確認的因子分析による分析

11.4.1　確認的因子分析の目的

　測定尺度がとくに構造を仮定していないとき，探索的因子分析を行うことで，潜在的に存在する因子が明らかになります．また，複数ある変量の次元を縮約することでデータの理解の促進にもなります．しかしながら，事前に測定尺度の構造が仮定されている場合，その仮定に従って確認的因子分析をする必要があります．確認的因子分析は，主として構成概念の測定において用いられます．構成概念とは，冒頭でも少し触れましたが，消費者の持つ「関与」や「知識」などは心理学的構成概念であり，人に内在する無形のものを概念化したものです．無形のものですが，複数の質問項目から測定することができます．ただし，この質問項目のセットの多くは，論文の厳しい審査を受けて認められたものなので，一定の約束事のもとで分析していくことが重要です．そして，厳密なマーケティング・リサーチを行っていく場合には，構成概念の測定尺度（質問項目）をもとに分析を進めていく必要があります．たとえば消費者の「知識」について質問する項目も，先行研究で「主観的知識」，「客観的知識」の測定項目が提案されており，「知識」と一言でいってもその構成概念は厳密に管理されています．とくに学術論文では，基本的には，自分で質問項目を考えず，先行研究などから確立した測定尺度を使うことが求められます．そして，測定尺度から「確認的因子分析」によって構成概念が正しく測定されているのかを確認する必要があるのです．

　確認的因子分析の目的は，データが正しく得られているかどうかを確認することです．もし，同じ構成概念を測定する質問項目間の相関が十分に高ければ，適切に測定できているといえます．また，異なる構成概念間の相関係数はある程度低いことが想定されますので，これも検討する必要があります．

11.4.2　リードユーザー度の測定

　さて，では具体的なデータを見てみましょう．ご存じのとおり，現在，「ツーリズム」には大きな転換が求められています．このような環境で，少なくない企

業が，新しい「旅行」のコンテンツを開発したいと考えているでしょう．そこで，旅行が好きで，新しい旅行に対するアンテナの高い人に話を聞きたいと考えるかもしれません．そこで有用な消費者が「**リードユーザー**」です．リードユーザーは以下の2つの特性を持つ消費者です．

1. （AT; Ahead of Trend）市場において一般的になるであろうニーズにその数か月・数年前に直面しており，
2. （BE; Benefit Expectation）そのニーズの解決策を得ることで高い利益を得る

リードユーザーは，もとは MIT のイノベーション研究者フォン・ヒッペルが1986年に提唱した消費者の類型ですが，その後，別の研究者によって以下のような測定尺度が提案されています．全8問で構成され最初の3問で AT を測定し，後の5問で BE を測定しています．

● あなたと観光について，以下の項目はどれくらい当てはまりますか？「1. 全く当てはまらない」から「7. とてもよく当てはまる」までの7段階で，最も適切と考える番号に○をつけてください．
- LUAT1：私は，たいてい他の人より先に観光の情報を見つけている．
- LUAT2：私は，観光に関しては「最先端」にいると他の人から見られている．
- LUAT3：私は，観光案内や雑誌で勧められているプランや観光地について，様々な知識を持っている．
- LUBE1：私は旅行において，観光案内や雑誌に掲載されている観光地だけでは満足できないことがある．
- LUBE2：私は旅行において，他の旅行者が訪問する，雑誌等に掲載されている観光地だけでは満足できない．
- LUBE3：これまでの旅行で，観光案内や雑誌で勧められているプランや観光地だけでは満足できなかったことがある．
- LUBE4：私は，観光産業においては，まだすべての観光客のニーズに対応できていないと思う．
- LUBE5：私は，「現在注目されている観光地だけでは満足できない観光客」のニーズに高い関心を持っている．

11.4.3 データの要約と探索的因子分析

リードユーザーの測定結果データはオブジェクト `dat_lu` として定義します.

```
dat_lu <- data_chap11[,10:17]
```

まずは相関係数の固有値を見ると,潜在的に 2 次元の因子があることがわかります.AT の測定と BE の測定がセットになった尺度ですので,2 つの因子が存在することは想定どおりです.

```
cor(dat_lu)
plot(eigen(cor(dat_lu))$values, type = "b")
abline(h = 1)
```

試しに探索的因子分析を行ってみましょう.因子負荷量を図示すると,ここでも AT と BE でグループができていることが見て取れます.

```
result_fa <- factanal(dat_lu, 2)
fa_loadings <- result_fa$loadings[,]
plot(fa_loadings, pch = "")
text(fa_loadings[,1], fa_loadings[,2], row.names(fa_loadings))
```

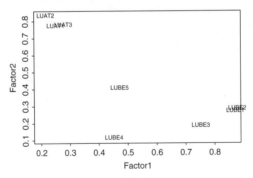

図 11.4 リードユーザーに関する因子負荷量

11.4.4 確認的因子分析の実行

探索的因子分析でも，AT と BE で 2 つの因子があるらしいことが示唆されましたが，本節では明確な制約を持った確認的因子分析を実行します．まず，確認的因子分析では以下のような構造が仮定されることになります．

$$
\begin{pmatrix} LUAT1_i \\ LUAT2_i \\ LUAT3_i \\ LUBE1_i \\ LUBE2_i \\ LUBE3_i \\ LUBE4_i \\ LUBE5_i \end{pmatrix} = \alpha_0 + \begin{pmatrix} b_{11} & 0 \\ b_{21} & 0 \\ b_{31} & 0 \\ 0 & b_{21} \\ 0 & b_{22} \\ 0 & b_{23} \\ 0 & b_{24} \\ 0 & b_{25} \end{pmatrix} \begin{pmatrix} AT_i \\ BE_i \end{pmatrix} + \begin{pmatrix} \varepsilon_{i1} \\ \varepsilon_{i2} \\ \varepsilon_{i3} \\ \varepsilon_{i4} \\ \varepsilon_{i5} \\ \varepsilon_{i6} \\ \varepsilon_{i7} \\ \varepsilon_{i8} \end{pmatrix}
$$

これをグラフィカルモデルで描くと，上記の式は以下のように表現することができます．潜在変数を○，観測変数を□で示しており，因子負荷量が潜在変数と観測変数を結ぶ矢印で示されています．また，グラフィカルモデルでは因子間の相関もパラメータとして推定する対象となっていることも明示されています．

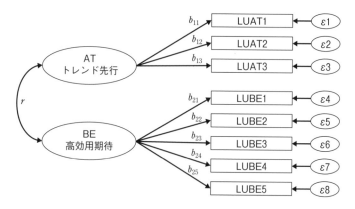

推定にはパッケージ lavaan を使います．lavaan は R のパッケージの 1 つですが，非常に使いやすく多機能な共分散構造分析の推定パッケージです．共分散構造分析については次章で解説しますが，確認的因子分析も共分散構造分析の一部になります．

```
install.packages("lavaan")
library(lavaan)
```

インストールしたら，次にモデルを定義します．上記のグラフィカルモデルと
の対応関係から説明すると，まず左に潜在変数が定義され，右にそれを構成する
観測変数が「+」で結ばれて定義されます．間は「=~」で結ばれています．
lavaan で因子モデルを定義するときはこの書式が用いられます．また，モデル
は複数行にわたっているため，モデル全体は，シングルクォーテーション「'」で
囲まれています．また，lavaan では自動的に制約が入るので，とくに分析者が
制約を入れる必要はありません．

```
model_cfa <- '
AT =~ LUAT1 + LUAT2 + LUAT3
BE =~ LUBE1 + LUBE2 + LUBE3 + LUBE4 + LUBE5
'
```

推定には関数 sem を使います．以下の構文では lavaan パッケージの関数 sem
であることを明示するために lavaan::sem としていますが，他の競合するパッ
ケージをインストールしていない場合は sem でも大丈夫です．
結果については関数 fitMeasures でモデルの適合度を出力し，関数 summary
で詳細なパラメータを出力します．いろいろな結果が一気に出力されるので，適
宜省略しながら説明します．

```
result_cfa <- lavaan::sem(model_cfa, data = dat_lu)
fitMeasures(result_cfa)
summary(result_cfa, standardized = TRUE)
```

まず，モデルの適合度を見ます．確認的因子分析では，モデル全体の構造に仮
定を持つため，「モデルの適合」がまず検討対象となります．様々な適合度指標
がありますが，ここではいくつかの主要な指標の見方を説明します．実際に R の
画面では太字にはなっていませんが，ここでは一部太字で記載しています．まず，
Goodness-of-fit（GFI）は，0.9 より大きいとよいとされている指標です．次に，
Adjusted goodness-of-fit（AGFI）は 0.85 より大きいとよいとされています．また，
RMSEA は 0.05 より小さいとよい，0.1 よりも大きいとよくないとされています．
これを見ると，RMSEA 以外は良好な値を得ているようです．

```
fitMeasures(result_cfa)
  (略)
##          ntotal      bic2    rmsea   rmsea.ci.lower
##         322.000  8591.640    0.114            0.092
  (略)
##           cn_01      gfi     agfi      pgfi
##         119.201    0.931    0.869     0.491
##             mfi                 ecvi
##           0.884                0.412
```

次に，パラメータの出力結果の一部を見ます．Latent Variables はパラメータ
推定値になります．まず，Estimate はモデルから得られた推定値ですが，制約
部分は 1.000 になっていることがわかります．因子分析においては，パラメータ
の識別性を満たすために，観測変数のどれか1つの因子負荷量に制約をかける必
要があります．2つの因子が仮定されている場合，それぞれの因子負荷量に1つ
ずつ制約が必要となります．ここでは AT1 と BE1 に制約が入っていることがわ
かります．ただ，このパラメータ推定値は多くの場合参照されず，標準化推定値
が参照されます．標準化推定値は Std.lv, Std.all の列になります．確認的因子
分析では，多くの場合 Std.all の値が報告されます．続いて，Covariances は因
子間の共分散です．これは，弁別妥当性の検討で使います．Variances は分散で
す．これは信頼性，収束妥当性の計算で使うことになります．

```
summary(result_cfa, standardized = TRUE)
## lavaan 0.6-12 ended normally after 30 iterations
  (略)
## Latent Variables:
##              Estimate  Std.Err  z-value  P(>|z|)  Std.lv  Std.all
##    AT =~
##      LUAT1     1.000                                1.284    0.802
##      LUAT2     1.026    0.065   15.670    0.000     1.317    0.847
##      LUAT3     1.056    0.068   15.415    0.000     1.356    0.828
##    BE =~
##      LUBE1     1.000                                1.581    0.897
##      LUBE2     0.965    0.043   22.562    0.000     1.524    0.910
##      LUBE3     0.802    0.048   16.729    0.000     1.267    0.755
##      LUBE4     0.441    0.053    8.382    0.000     0.698    0.451
##      LUBE5     0.613    0.055   11.148    0.000     0.969    0.570
```

```
##
## Covariances:
##                  Estimate  Std.Err  z-value  P(>|z|)  Std.lv  Std.all
##    AT ~~
##      BE            1.154    0.153    7.563    0.000    0.569   0.569
##
## Variances:
##                  Estimate  Std.Err  z-value  P(>|z|)  Std.lv  Std.all
##    .LUAT1          0.912    0.100    9.125    0.000    0.912   0.356
##    .LUAT2          0.686    0.089    7.663    0.000    0.686   0.283
##    .LUAT3          0.845    0.101    8.346    0.000    0.845   0.315
##    .LUBE1          0.604    0.082    7.344    0.000    0.604   0.195
##    .LUBE2          0.483    0.073    6.650    0.000    0.483   0.172
##    .LUBE3          1.210    0.109   11.151    0.000    1.210   0.430
##    .LUBE4          1.906    0.154   12.402    0.000    1.906   0.797
##    .LUBE5          1.956    0.161   12.147    0.000    1.956   0.676
##     AT             1.649    0.201    8.205    0.000    1.000   1.000
##     BE             2.498    0.249   10.034    0.000    1.000   1.000
```

11.4.5 信頼性，収束妥当性

　モデル全体としてはそこそこ良好な結果が得られているようですが，個別の構成概念が適切に測定されていることを確認しなければなりません．測定概念が適切に測定されていることを確認するためには，以下の2つの条件（1）信頼性，収束妥当性を検証する指標が目安とされる指標よりも高いこと，（2）弁別妥当性の検証において目安とされている基準を満たしていること，を満たす必要があります．

　まず，信頼性の指標には，**クロンバック α 係数**と **CR**（Composite Reliability）という2つの指標があります．このうちクロンバック α 係数は確認的因子分析を行わなくても計算することができます．回答者 $i(i = 1, \cdots, N)$ の項目 $k(k = 1, \cdots, K)$ の得点を X_{ik} とおくと，$Y_i = \sum_{k=1}^{K} X_{ik}$ を回答者 i の合計得点とします．また，S_k^2 を項目 k の分散，S_Y^2 を合計得点の分散とすると，クロンバック α 係数は以下の式から得ることができます．

$$\alpha = \frac{K}{K-1}\left(1 - \frac{\sum_{k=1}^{K} S_k^2}{S_Y^2}\right)$$

慣習的に，0.7 以上ならよいとされていますが，0.8 以上あればなおよいとされて
います．項目間の相関係数が高ければクロンバック α 係数は高くなります．各項
目は 1 つの構成概念を測定しているので，ある項目に高い得点を付けた回答者は，
別の項目でも高い得点を付ける傾向にあると想定されます．逆転項目ならこの逆
にはなりますが，一貫性があることが想定されます．

いくつか α 係数を出力してくれるパッケージはありますが，関数で作成すると
たとえば以下のように定義すれば，α 係数が出力されます．

```
alpha.coef <- function(x){
    z <- (ncol(x) / (ncol(x) - 1)) *
        (1 - sum(diag(var(x))) / var(rowSums(x)))
    return(z)
}
```

必要とする引数は測定項目のデータですので，AT の α 係数を計算するためには
1～3 列目，BE なら 4～8 行目を指定することで値が得られます．結果を見ると
かなりよい値が得られているといえます．

```
alpha.coef(dat_lu[,1:3])
## [1] 0.8644639
alpha.coef(dat_lu[,4:8])
## [1] 0.8493303
```

もう 1 つの信頼性の指標である CR は，項目 $k(k = 1, \cdots, K)$ の標準化因子負荷
量を λ_k，誤差の分散を σ_k^2 とおくと，以下の式から求めることができます．

$$CR = \frac{\left(\sum_{k=1}^{K} \lambda_k\right)^2}{\left(\sum_{k=1}^{K} \lambda_k\right)^2 + \sum_{k=1}^{K} \sigma_k^2}$$

CR は 0.7 よりも大きければよいとされていますが，クロンバック α 係数が高け
れば CR も同様に高くなる傾向にあります．

また，収束妥当性の指標として，**AVE**（Average Variance Extracted）が用いら
れます．AVE は以下の式から求めることができます．

$$AVE = \frac{\sum_{k=1}^{K} \lambda_k^2}{\sum_{k=1}^{K} \lambda_k^2 + \sum_{k=1}^{K} \sigma_k^2}$$

AVE については，0.5 よりも大きければよいとされていますが，一般にクロン

バック α 係数や CR と連動する傾向があります.

この標準化因子負荷量 λ_k と誤差分散 ε_k は,標準化したパラメータ推定結果を出力する関数 standardizedSolution から得ることができます.参照するのは,第 4 列目,est.std 列になります.AT の標準化因子負荷量は 1〜3 行目,BE は 4〜9 行目なので,この値を計算に使います.また,誤差分散については,AT なら 9〜11 行目,BE なら 12〜16 行目になります.

```
standardizedSolution(result_cfa)
##       lhs op   rhs est.std    se      z pvalue ci.lower ci.upper
## 1      AT =~ LUAT1   0.802 0.026 30.791      0    0.751    0.854
## 2      AT =~ LUAT2   0.847 0.023 36.036      0    0.801    0.893
## 3      AT =~ LUAT3   0.828 0.025 33.720      0    0.780    0.876
## 4      BE =~ LUBE1   0.897 0.016 55.385      0    0.866    0.929
## 5      BE =~ LUBE2   0.910 0.015 58.892      0    0.880    0.940
## 6      BE =~ LUBE3   0.755 0.027 28.112      0    0.703    0.808
## 7      BE =~ LUBE4   0.451 0.047  9.625      0    0.359    0.543
## 8      BE =~ LUBE5   0.570 0.040 14.168      0    0.491    0.648
## 9   LUAT1 ~~ LUAT1   0.356 0.042  8.513      0    0.274    0.438
## 10  LUAT2 ~~ LUAT2   0.283 0.040  7.121      0    0.205    0.361
## 11  LUAT3 ~~ LUAT3   0.315 0.041  7.748      0    0.235    0.395
## 12  LUBE1 ~~ LUBE1   0.195 0.029  6.691      0    0.138    0.252
## 13  LUBE2 ~~ LUBE2   0.172 0.028  6.122      0    0.117    0.227
## 14  LUBE3 ~~ LUBE3   0.430 0.041 10.591      0    0.350    0.509
## 15  LUBE4 ~~ LUBE4   0.797 0.042 18.838      0    0.714    0.879
## 16  LUBE5 ~~ LUBE5   0.676 0.046 14.749      0    0.586    0.765
## 17     AT ~~    AT   1.000 0.000     NA     NA    1.000    1.000
## 18     BE ~~    BE   1.000 0.000     NA     NA    1.000    1.000
## 19     AT ~~    BE   0.569 0.045 12.706      0    0.481    0.656
```

CR,AVE についても,計算の仮定を明確にするために関数を組んでみます.少し複雑なので内容の議論は割愛しますが,以下に定義する関数 cr_ave は,指定された潜在変数(AT,BE)について,標準化したパラメータ推定結果を引数に取り,CR と AVE を出力します.

```
cr_ave <- function(Flab, StdEst){
    FL <- StdEst[(StdEst["lhs"] == Flab) & (StdEst["op"] == "=~"),3]
    FLlist <- colSums(apply(StdEst["rhs"], 1,
                       function(x,fl){x==fl},FL)) > 0
```

```
    Lm <- StdEst[FLlist & (StdEst["op"] == "=~"), 4]
    e <-  StdEst[FLlist & (StdEst["op"] == "~~"), 4]


    CR <- sum(Lm)^2 / (sum(Lm)^2 + sum(e))
    AVE <- sum(Lm^2) / (sum(Lm^2) + sum(e))
    return(c(CR,AVE))
}
```

出力結果は以下になります。引数としては，`StdEst` というオブジェクトに標準化したパラメータ推定結果を入れ，これを引数に加えます。

```
std_est <- standardizedSolution(result_cfa)
cr_ave("AT", std_est)
## [1] 0.8653893 0.6819309
cr_ave("BE", std_est)
## [1] 0.8498482 0.5463049
```

結果を見ると，AT については，小数点以下3桁で四捨五入して，CR が 0.865，AVE が 0.682 となっています。また，BE については，CR が 0.850，AVE が 0.546 となっています。どちらも CR>0.7，AVE>0.5 となっているので，信頼性と収束妥当性については良好な結果を得ているといえます。

11.4.6 弁別妥当性

信頼性と収束妥当性は，AT と BE それぞれの測定尺度内の測定結果を検討するものですが，もう1つ，複数の構成概念を仮定するときには，構成概念間が独立していることを示す必要があります。構成概念間の相関が高すぎるときは，複数の構成概念を仮定する必要がないということになります。したがって，同一の構成概念の項目間の相関は高く，別の構成概念の項目との相関係数が低くあることが望まれます。構成概念間に十分な独立性があることを示すために「弁別妥当性の検討」が必要になります。

弁別妥当性の検討には，潜在変数間の共分散を見る必要があります。関数 `standardizedSolution` の結果を見ると，下の方に構成概念間の共分散が出力されています。下のコードで「AT ~~ BE」で示されているのが標準化された共分散

です. ここでは 0.569 となっています. pvalue を見ると 0 となっているので, AT と BE 間には有意な相関関係があるということになります. しかしながら, 有意な相関関係があることだけでは, 弁別妥当性を満足しない, ということにはなりません.

構成概念が 2 つのときは得られる共分散は 1 つですが, 3 つなら 3 つの共分散, L 個の構成概念が仮定されるときには, $L(L-1)/2$ 個の共分散が得られます. ここで, 構成概念 $f, g (f, g = 1, \cdots, L)$ 間の標準化共分散を r_{fg} として, MSV（Maximum Shared Variance）を $MSV = \max(r_{fg}^2)$, ASV（Average Shared Variance）を $\mathrm{mean}(r_{fg}^2)$ とおきます. この MSV, ASV と AVE が比較されます. 今回の例では, $MSV = ASV = 0.569^2 = 0.324$ になります. この値が AVE よりも低ければ, 弁別妥当性を満足しているということになります. AVE は 2 つありますが, AT が 0.682, BE が 0.546 なので, どちらも高く, リードユーザー尺度の 2 つの構成概念は弁別できているといえます.

```
standardizedSolution(result_cfa)
##      lhs op   rhs est.std    se      z pvalue ci.lower ci.upper
## 1    AT =~ LUAT1   0.802 0.026 30.791      0    0.751    0.854
 (略)
## 19   AT ~~   BE   0.569 0.045 12.706      0    0.481    0.656
```

11.4.7 確認的因子分析と測定方程式

信頼性と収束妥当性, 弁別妥当性がいずれも良好な値でしたので, 確認的因子分析よって測定項目が適切に構成概念を測定することができているかのチェックがこれで完了しました. まとめの表を以下に示しています. これは測定項目を検討する因子分析ということで, 「**測定方程式**」と呼ばれることもあります. ここで測定が適切にできていることが確認されて初めてこの変数をモデルに組み込んで使うことができます.

使い方ですが, 測定項目の因子負荷量が 1 に近づくと, その因子を測定するための値と構成概念の値の誤差が減っていくということになります. したがって, 誤差が十分小さい場合は, 測定項目の算術平均を構成概念の得点として使うことができます. 次章の共分散構造分析を使うのであれば, 同時に推定するので潜在

変数を別途計算する必要はありませんが，交互作用を検討したり，一般線形回帰モデルを使うなど，別のモデルを使うときは，信頼性と収束妥当性を算出して，算術平均値を構成概念の得点をして使えるのかを示す必要があります．

			Lambda		Variance		
AT（トレンド先行）	AT1		0.802		0.356	クロンバックα	0.864
	AT2		0.847		0.283	CR	0.865
	AT3		0.828		0.315	AVE	0.682
BE（高効用期待）	BE1		0.897		0.195	クロンバックα	0.849
	BE2		0.910		0.172	CR	0.850
	BE3		0.755		0.430	AVE	0.546
	BE4		0.451		0.797		
	BE5		0.570		0.676		
r＝cov（AT, BE）					0.569	r2	0.324
モデル適合							
	GFI		0.931				
	AGFI		0.869				
	RMSEA		0.114				

章末問題

1. 本章で用いたリードユーザーのデータを用いて，1因子を仮定したときの確認的因子分析を行い，**表11.2** と同様の表を出力してください．因子名は LU としてください．
2. 1で出力した結果と**表11.2** を比較して，モデル適合指標の違いを確認してください．
3. 同じデータを使って，BE を構成する測定尺度から BE4 を除外した2因子の確認的因子分析を行い，モデル適合指標の違いを確認してください．

## 第12章

複雑な関係の分析

多くのマーケティング現象は複雑なメカニズムを通して起きています．たとえば，ある製品の広告が消費者の購買を引き起こした際に，購買に至るまで広告が消費者の注意，興味，態度，購買意図に影響を与えるプロセスが先行すると考えられます．このような複雑なメカニズムにおいては，通常複数の原因と結果が含まれます．状況によっては，一部の原因または結果が直接観測されない，いわゆる潜在変数になっています．本章では，このような複雑なメカニズムの中に存在する因果関係を検証するための共分散構造分析を解説します．

[本書サポートサイト掲載の chapter_11.csv のデータを使用します.]

12.1　共分散構造分析（構造方程式モデリング）

「風が吹けば桶屋が儲かる」という言葉あります．「風が吹く」という事象から始まり，複数の原因・結果の連鎖を経て「桶屋が儲かる」という結果にたどり着く，一見関係のないような2つの現象が結びつくかもしれないという意味を持っています．風と桶屋の関係は現在ではあまり結びつかないかもしれませんが，たとえば原因Aが結果Bを引き起こし，そのBがまた原因となって結果Cを引き起こすような，複数の過程を経る「間接効果」は現実にもよく見られそうです．また，ある事象が2つの以上の結果を引き起こすこともあります．たとえばコーヒーを多く飲むと肝臓がんのリスクが低下していくといわれていますが，一方でコーヒーを飲みすぎると，カフェインの過剰摂取による高血圧リスクが高くなるといわれています．要因としてはコーヒーの摂取ですが，これは重要な2つの結果に同時に影響を与えているのです．

こうした複雑な関係性を検証することができるモデルが**構造方程式モデリング**

（共分散構造分析）です．構造方程式は，多変量の線形回帰モデルの一般的表現であり，観測できる変数だけでなく，因子分析で使われる潜在変数もモデルに含むことができます．したがって，因子間の関係を回帰分析のように検討したい場合にも利用することができます．モデルは非常に広範な応用可能性を持ちますが，同時に自由度が高いため，モデルを定義しても推定値を得られないこともあります．共分散構造分析は，前章で確認的因子分析を推定するためにインストールした lavaan パッケージを使うことができますので，本章でも lavaan を使ったモデルの推定方法を解説していきます．

12.2 潜在変数のない構造方程式

12.2.1 一般的な表現

構造方程式はいくつかの表現がありますが，まずは観測される変数のみで構成される構造方程式を考えてみます．(x, y, z) を観測される変数とすると，目的変数である左辺にも説明変数である右辺にも (x, y, z) を含めた構造方程式モデルは以下のように表現することができます．

$$\begin{pmatrix} x \\ y \\ z \end{pmatrix} = \begin{pmatrix} \mu_x \\ \mu_y \\ \mu_z \end{pmatrix} + \begin{pmatrix} \alpha_{11} & \alpha_{12} & \alpha_{13} \\ \alpha_{21} & \alpha_{22} & \alpha_{23} \\ \alpha_{31} & \alpha_{32} & \alpha_{33} \end{pmatrix} \begin{pmatrix} x \\ y \\ z \end{pmatrix} + \begin{pmatrix} \varepsilon_x \\ \varepsilon_y \\ \varepsilon_z \end{pmatrix} \tag{12.1}$$

ここで，$(\mu_x, \mu_y, \mu_z)'$ は切片パラメータですが，$(x, y, z)'$ がすべて標準化（あるいは中心化）されているのであればこのパラメータは 0 になるので不要です．行列の部分を解いてもらうとわかりますが，上記の式は 3 つの回帰モデルで構成されています．

$$\begin{cases} x = \mu_x + \alpha_{11}x + \alpha_{12}y + \alpha_{13}z + \varepsilon_x \\ y = \mu_y + \alpha_{21}x + \alpha_{22}y + \alpha_{23}z + \varepsilon_y \\ z = \mu_z + \alpha_{31}x + \alpha_{32}y + \alpha_{33}z + \varepsilon_z \end{cases} \tag{12.2}$$

このモデルは，さらに厳密に説明すると，$(\varepsilon_x, \varepsilon_y, \varepsilon_z)'$ 間に相関関係がある可能性を考慮して，非対角項が 0 でない共分散行列を仮定することもできますので，そ

のパラメータを潜在的に含みます．共分散行列を Σ として，$v = (x, y, z)'$，$\mu = (\mu_x, \mu_y, \mu_z)'$，$\varepsilon = (\varepsilon_x, \varepsilon_y, \varepsilon_z)'$ とおくと，上記の構造方程式は改めて以下のように表現することができます．

$$v = \mu + Av + \varepsilon,\ \varepsilon \sim N(0, \Sigma) \tag{12.3}$$

　構造方程式は，すべての関係の可能性をモデルに含めると上記のような多くのパラメータを持つモデルとして定義できますが，残念ながらこのモデルからパラメータを得ることはできません．二項選択モデルなどでも扱いましたが，パラメータが一意に定まらない「識別性の問題」が存在するためです．直感的にいえば，パラメータが多すぎるのです．したがってこのままでは使えませんが，分析者が適宜関係性を切って制約を入れていくことで，この構造方程式は実に様々なモデルになります．構造方程式はいくつものモデルを下位モデルとして包含する，線形回帰モデルの統合モデルといえます．

12.2.2　線形回帰モデル

　では，最も簡単な単変量の線形回帰モデルを求めてみましょう．y を目的変数として，x, z を説明変数とする回帰モデルを表現したいときには，A に以下のような構造を仮定します．多くの項を 0 として，α_{21} と α_{23} のみが推定されるパラメータになります．

$$A = \begin{pmatrix} 0 & 0 & 0 \\ \alpha_{21} & 0 & \alpha_{23} \\ 0 & 0 & 0 \end{pmatrix} \tag{12.4}$$

　また，共分散行列も対角項として $\Sigma = \mathrm{diag}(\sigma_x, \sigma_y, \sigma_z)$ としましょう．ここで y についての項を解いていくと，以下のような式を得ることができます．y が目的変数の左辺にあるとき，右辺には x と z が入っていることがわかります．また，共分散行列が対角行列であれば他の要素と独立になりますので，推定においてはこの y の式のみを計算すれば目的のパラメータを得ることができます．

$$y = \mu_y + \alpha_{21}x + \alpha_{23}z + \varepsilon_y,\ \varepsilon_y \sim N(0, \sigma_y) \tag{12.5}$$

パラメータの制約を変えることで線形回帰モデルを得ることができることがわか

ります．また，前章の因子分析と同様に，構造方程式のモデルはグラフィカルに
表現することができます．

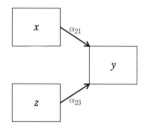

図12.1　線形回帰モデル

では実際に計算してみましょう．まずはパッケージ lavaan をインストール済
みとして，呼び出します．

```
library("lavaan")
```

次はデータをインポートします．インポートするデータは**第11章**で使ったも
のと同様です．ただし，本節で使うデータはこのうち X, Y, Z だけです．

```
data_chap12 <- read.csv(file = "chapter_11.csv", header = TRUE)
data_lm <- data.frame(Z = data_chap12[,18],
                      Y = data_chap12[,19], X = data_chap12[,20])
```

続いてモデルを定義します．数式による表現と同様に，まず左に目的変数を定
義し，右にそれを構説明変数が＋で結ばれて定義されます．左右の間は，lm や
glm と同様，「~」で結びます．因子モデルを定義するときには「~=」が使われて
いましたが，回帰モデルでは「~」になるので注意が必要です．下記のモデルで
は明確に切片を示すために「1」が入っていますが，計算上 1 を入れなくても自
動的に切片が入ります．ただ，切片をあえて 0 としたいときはここに「0」を入
れます．これも lm の表現と同様です．

```
model_lm <- 'Y ~ 1 + X + Z'
```

実際に推定結果を見てみましょう．関数 lavaan::sem でパラメータの推定を行い，
計算結果を resultLM に格納します．データの出力は関数 summary を利用します．

```
result_lm <- lavaan::sem(model_lm, data = data_lm)
```

実際に出力されたデータの一部を見てみると，推定されたパラメータは Regressions の項目に出力され，$\alpha_{21} = 0.370$，$\alpha_{23} = 0.260$ となっています．また，z-value から p-value も出力され，いずれも有意な正の関係があることがわかります．また，切片パラメータについては，Intercepts で $\mu_y = 2.261$ となっています．

```
summary(result_lm, standardized = FALSE)
## lavaan 0.6-12 ended normally after 13 iterations
 （略）
## Regressions:
##                 Estimate  Std.Err  z-value  P(>|z|)
##   Y ~
##     X             0.370    0.040    9.358    0.000
##     Z             0.260    0.043    6.004    0.000
##
## Intercepts:
##                 Estimate  Std.Err  z-value  P(>|z|)
##    .Y            2.261    0.247    9.150    0.000
##
## Variances:
##                 Estimate  Std.Err  z-value  P(>|z|)
##    .Y            0.983    0.077   12.689    0.000
```

この結果を lm と比較してみましょう．以下が lm で推定された回帰モデルの結果です．推定値は $\mu_y = 2.261$，$\alpha_{21} = 0.370$，$\alpha_{23} = 0.260$ となっており，こちらは同じ値が得られていますが，標準誤差（Std.Error）がわずかに異なります．これは推定法の違いで，lm は最小二乗法で標準誤差を算出していますが，lavaan::sem では最尤法が使われているためにわずかに差が出ます．また，lm は t 検定によって p 値を計算していますが，lavaan::sem では z-value とあるとおり正規検定によって p 値を計算しています．この影響によって，p 値についてもやや異なる結果が出力される可能性があります．とくに標本が小さければ，t 分布の方が裾が厚いため，lm の方が p 値が高くなる（有意差が認められにくくなる）傾向がありますが，標本が多ければほとんど差が出ることはないので，実用上はどちらを使っても問題はありません．

```
summary(lm(Y ~ X + Z, data = data_lm))
##
## Call:
## lm(formula = Y ~ X + Z, data = data_lm)
##
## Residuals:
##     Min      1Q  Median      3Q     Max
## -3.00054 -0.41213 -0.04227  0.58787  3.10861
##
## Coefficients:
##             Estimate Std. Error t value Pr(>|t|)
## (Intercept)  2.26138    0.24831   9.107  < 2e-16 ***
## X            0.36971    0.03970   9.314  < 2e-16 ***
## Z            0.26043    0.04358   5.976 6.12e-09 ***
## ---
## Signif. codes:  0 '***' 0.001 '**' 0.01 '*' 0.05 '.' 0.1 ' ' 1
##
## Residual standard error: 0.9962 on 319 degrees of freedom
## Multiple R-squared:  0.3392,	Adjusted R-squared:  0.3351
## F-statistic: 81.87 on 2 and 319 DF,  p-value: < 2.2e-16
```

共分散構造分析は，このように線形回帰モデルを推定することもできます．モデルの定義における表記も同様です．また，推定法について，パラメータを推定するときにオプションとして estimator を指定することで，最尤法だけでなくいくつかの推定方法が実装されています．デフォルトは estimator="ML" となっています．他にもロバストな標準誤差を出力する方法などにも対応していますが，詳しくは本書のサポートサイトを参照してください．

12.2.3　多変量回帰モデル

次のモデルを定義してみましょう．以下のような制約をかけるとどのようなモデルになるでしょうか．

$$A = \begin{pmatrix} 0 & 0 & \alpha_{13} \\ 0 & 0 & \alpha_{23} \\ 0 & 0 & 0 \end{pmatrix}, \ \Sigma = \begin{pmatrix} \sigma_x & \sigma_{xy} & 0 \\ \sigma_{xy} & \sigma_y & 0 \\ 0 & 0 & \sigma_z \end{pmatrix} \tag{12.6}$$

得られたモデルは，z が説明変数になって目的変数である x, y の両方に影響を与える 2 本の回帰モデルになります．誤差項の共分散が 0 ではないので，このモデルは**多変量回帰モデル**と呼ばれるモデルになります．多変量回帰モデルについては**第 14 章**でも解説しますので本章ではごく単純なモデルを紹介します．

$$\begin{cases} x = \mu_x + \alpha_{13} z + \varepsilon_x \\ y = \mu_y + \alpha_{23} z + \varepsilon_y \end{cases}, \ \begin{pmatrix} \varepsilon_x \\ \varepsilon_y \end{pmatrix} \sim N \left(0, \begin{pmatrix} \sigma_x & \sigma_{xy} \\ \sigma_{xy} & \sigma_y \end{pmatrix} \right) \tag{12.7}$$

グラフィカルモデルで表現すると，このモデルは以下のようになります．z から x へのパス，z から y へのパスが引かれていますが，これに加えて x と y の間に 0 でない共分散が仮定されています．

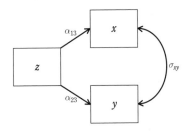

図 12.2 SUR モデル

これもモデルを定義してみましょう．2 本の回帰分析が並列する形なので，Y~ の行と X~ の行の 2 行が定義されます．この 2 行について，前節で述べたように 1+ を入れなくても結果は変わりませんが，切片項を出力して確認したい場合は 1 を入れてください．注目すべきは 3 行目です．この記号「~~」は，共分散を示します．x と y の共分散を求めるように明示的に定義しています．

```
model_sur <- 'X ~ 1 + Z
              Y ~ 1 + Z
              X ~~ Y'
```

計算すると，以下の結果を得ることができます．$\mu_x = 3.824, \mu_y = 3.675$ となっており，$\alpha_{13} = 0.293, \alpha_{23} = 0.369$ という結果が得られています．α についてはどちらも正で有意な関係が示されています．また，共分散 $\sigma_{xy} = 0.723$ となっており，こちらも正で有意となっています．

```
result_sur <- lavaan::sem(model_sur, data = data_lm)
summary(result_sur, standardized = FALSE)
## lavaan 0.6-12 ended normally after 19 iterations
（略）
## Regressions:
##                    Estimate  Std.Err  z-value  P(>|z|)
##   X ~
##     Z                 0.293    0.059    4.961    0.000
##   Y ~
##     Z                 0.369    0.047    7.817    0.000
##
## Covariances:
##                    Estimate  Std.Err  z-value  P(>|z|)
##  .X ~~
##    .Y                 0.723    0.096    7.531    0.000
##
## Intercepts:
##                    Estimate  Std.Err  z-value  P(>|z|)
##    .X                3.824    0.276   13.860    0.000
##    .Y                3.675    0.221   16.660    0.000
##
## Variances:
##                    Estimate  Std.Err  z-value  P(>|z|)
##    .X                1.956    0.154   12.689    0.000
##    .Y                1.251    0.099   12.689    0.000
```

試してみていただければわかりますが，実際は上記のコードの3行目「X~~Y」は
入れなくても共分散パラメータを計算してくれます．逆にこの x と y の共分散を
0 としたいときには「X~~ 0*Y」と入れることで共分散＝0 という制約を置いたモ
デルを推定することができます．

　今回の例では説明変数は z だけですが，他の説明変数を入れた複雑なモデルを
推定することもできます．

12.2.4　間接効果のモデルと媒介モデル

　次のモデルは，$\Sigma = \mathrm{diag}(\sigma_x, \sigma_y, \sigma_z)$ として，以下のパラメータ制約を入れたモ
デルを考えてみましょう．

$$A = \begin{pmatrix} 0 & \alpha_{12} & 0 \\ 0 & 0 & \alpha_{23} \\ 0 & 0 & 0 \end{pmatrix} \tag{12.8}$$

パラメータの行列を解いてモデルを整理していくと以下の式を得ることができます. x の説明変数には y, y の説明変数には z が入っています. これは間接効果を検討するモデルで, z という要因が y に影響を与え, また y が要因となって x に影響を与えるモデルになります.

$$\begin{cases} x = \mu_x + \alpha_{12}y + \varepsilon_x \\ y = \mu_y + \alpha_{23}z + \varepsilon_y \end{cases}, \begin{pmatrix} \varepsilon_x \\ \varepsilon_y \end{pmatrix} \sim N\left(0, \begin{pmatrix} \sigma_x & 0 \\ 0 & \sigma_y \end{pmatrix} \right) \tag{12.9}$$

これをグラフィカルモデルで表すと以下のようになります.

図 12.3　間接効果のモデル

このような逐次的に影響のある関係を検討するときには, z から y の効果と y から x の効果を合わせた z から x の効果を検証したいと思うかもしれません. このような間接効果を検討するときは, まずは係数を掛け合わせて値を求めます. ここでは z から x の効果は $\alpha_{23}\alpha_{12}$ となります. しかしながら, これに加えて統計的に値のばらつきを含めた判断をする場合, 標準誤差を算出して検討する必要があります. lavaan ではパラメータを定義してその積の標準誤差等を計算することができます.

パラメータに名前を付けるには, 変数の前に定義した名前を掛けるだけです. ここでは x を説明する y の係数 α_{12} を a12 としています. また, α_{23} を a23 と定義しています. 加えて, この2つの係数を掛けた間接効果の変数を定義します. 変数の定義は「:=」を使います. 以下では a12a13 という変数を定義しています. 変数の内容は右側に記載しており, a12 * a23 となっています.

```
model_ie <- 'X ~ 1 + a12 * Y
             Y ~ 1 + a23 * Z
             a12a13 := a12 * a23'
```

定義したモデルを推定すると以下のような出力を得ることができます. X~Y の
係数に (a12) という記載があり, Y~Z の係数に (a23) という記載があります, ここ
に定義したパラメータの名前が表示されていることがわかります. また, 最下部
には Defined Parameters があり, ここに a12a13 の推定値, 標準誤差, p 値など
が表示されています. パラメータは $\alpha_{12} = 0.613$, $\alpha_{23} = 0.369$ なので, $\alpha_{12}\alpha_{23} =$
$0.613 * 0.369 = 0.226$ になっています. 標準誤差 s_{12_23} は少し計算が面倒ですが,
a12, a23 の推定値 α_{12}, α_{23} と標準誤差 s_{12}, s_{23} を使って計算します. 検定統計量は
以下の式から得ることができます.

$$s_{12\_23} = \sqrt{\alpha_{12}^2 s_{12}^2 + \alpha_{23}^2 s_{23}^2 + s_{12}^2 s_{23}^2} \tag{12.10}$$

結果を見ると, z から x への間接効果は正で有意であることがわかります.

```
result_ie <- lavaan::sem(model_ie, data = data_lm)
summary(result_ie, standardized = TRUE)
## lavaan 0.6-12 ended normally after 16 iterations
 (略)
## Regressions:
##                  Estimate  Std.Err  z-value  P(>|z|)  Std.lv  Std.all
##   X ~
##     Y      (a12)   0.613    0.057   10.781    0.000   0.613    0.515
##   Y ~
##     Z      (a23)   0.369    0.047    7.817    0.000   0.369    0.399
##
## Intercepts:
##                  Estimate  Std.Err  z-value  P(>|z|)  Std.lv  Std.all
##    .X              1.872    0.311    6.025    0.000   1.872    1.290
##    .Y              3.675    0.221   16.660    0.000   3.675    3.013
##
## Variances:
##                  Estimate  Std.Err  z-value  P(>|z|)  Std.lv  Std.all
##    .X              1.547    0.122   12.689    0.000   1.547    0.735
##    .Y              1.251    0.099   12.689    0.000   1.251    0.841
##
## Defined Parameters:
##                  Estimate  Std.Err  z-value  P(>|z|)  Std.lv  Std.all
##     a12a13         0.226    0.036    6.328    0.000   0.226    0.206
```

間接効果の標準誤差については, とくに指定しなければ上に示した式から計算
しますが, 近年ではブートストラップ法を用いた標準誤差の計算の方が望ましい

とされています．**ブートストラップ法**はデータセットから復元抽出によってサンプルのデータセットを再構成しパラメータを推定する作業を繰り返し，シミュレーションで得られるパラメータの範囲を決める方法です．ブートストラップ法で標準誤差を求めるためには推定にオプションを使います．オプションse="bootstrap" として，その繰り返し回数を bootstrap で指定します．下記のコードでは 2,000 回を指定しています．当然ながら推定を繰り返すので時間はしばらくかかりますが，より望ましいとされる標準誤差を得ることができます．

```
result_iebs <- lavaan::sem(model_ie, data = data_lm,
                           se = "bootstrap", bootstrap = 2000)
summary(result_iebs, standardized = TRUE)
## lavaan 0.6-12 ended normally after 16 iterations
 (略)
## Regressions:
##                    Estimate  Std.Err  z-value  P(>|z|)   Std.lv  Std.all
##   X ~
##     Y       (a12)     0.613    0.068    8.995    0.000    0.613    0.515
##   Y ~
##     Z       (a23)     0.369    0.056    6.623    0.000    0.369    0.399
##
## Intercepts:
##                    Estimate  Std.Err  z-value  P(>|z|)   Std.lv  Std.all
##    .X                 1.872    0.371    5.042    0.000    1.872    1.290
##    .Y                 3.675    0.272   13.493    0.000    3.675    3.013
##
## Variances:
##                    Estimate  Std.Err  z-value  P(>|z|)   Std.lv  Std.all
##    .X                 1.547    0.149   10.363    0.000    1.547    0.735
##    .Y                 1.251    0.117   10.654    0.000    1.251    0.841
##
## Defined Parameters:
##                    Estimate  Std.Err  z-value  P(>|z|)   Std.lv  Std.all
##     a12a13            0.226    0.041    5.561    0.000    0.226    0.206
```

間接効果の検討について，このような影響関係を「**媒介関係**」といい，「z と x を y が媒介する」と表現します．また，y を「**媒介変数**」といいます．ただし，媒介関係を厳密に検討するには以下のモデルでの検証が必要になります．

$$\begin{cases} x = \alpha_x + \alpha_{12}y + \alpha_{13}z + \varepsilon_x \\ y = \alpha_y + \alpha_{23}z + \varepsilon_y \end{cases}, \begin{pmatrix} \varepsilon_x \\ \varepsilon_y \end{pmatrix} \sim N\left(0, \begin{pmatrix} \sigma_x & 0 \\ 0 & \sigma_y \end{pmatrix}\right) \tag{12.11}$$

このモデルは，z から x への直接の影響と，y を媒介した間接的な影響の 2 つが考慮されています．図にもあるとおり，α_{13} は z から x への直接効果になります．また，$\alpha_{23}\alpha_{12}$ が y を媒介した z から x への間接効果になります．また，$\alpha_{23}\alpha_{12} + \alpha_{13}$ が総合効果になります．

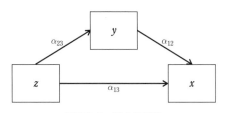

図 12.4　媒介モデル

モデルはこれまでと同様に定義することができます．以下では，aIndirect が間接効果である $\alpha_{23}\alpha_{12}$ になります．また，aTotal が $\alpha_{23}\alpha_{12} + \alpha_{13}$ で定義される総合効果になります．

```
model_ie2 <- 'X ~ 1 + a12 * Y + a13 * Z
              Y ~ 1 + a23 * Z
              aIndirect := a12 * a23
              aTotal := a12 * a23 + a13'
```

計算結果は以下のようになります．まず，個別のパラメータを見ると，α_{12} と α_{23} は正で有意になっていますが，α_{13} は有意な結果が得られていません．したがって，直接効果は有意でないということがわかります．次に間接効果は有意な結果が得られており，これを反映して総合効果も正で優位になっています．この結果から，x, y, z の関係について，z から x への直接効果が有意ではなく，y が媒介して x と z が正の関係を持っている「**完全媒介**」の構造になっているといえます．ここで，z から x の係数が有意であれば「**部分媒介**」の構造といいます．

```
result_ie2 <- lavaan::sem(model_ie2, data = data_lm)
summary(result_ie2, standardized = TRUE)
## lavaan 0.6-12 ended normally after 17 iterations          0.000
  (略)
```

```
## Regressions:
##                    Estimate  Std.Err  z-value  P(>|z|)  Std.lv  Std.all
##    X ~
##      Y      (a12)   0.578     0.062    9.358    0.000    0.578   0.486
##      Z      (a13)   0.079     0.057    1.392    0.164    0.079   0.072
##    Y ~
##      Z      (a23)   0.369     0.047    7.817    0.000    0.369   0.399
   (略)
## Defined Parameters:
##                    Estimate  Std.Err  z-value  P(>|z|)  Std.lv  Std.all
##      aIndirect      0.213     0.036    5.999    0.000    0.213   0.194
##      aTotal         0.293     0.059    4.961    0.000    0.293   0.266
```

12.3　潜在変数のある構造方程式

12.3.1　因子分析と構造方程式

　さて，続いては潜在変数のある構造方程式について考えていきましょう．観測変数を v，潜在変数（因子得点）を f とすると，潜在変数のある構造方程式は以下のようにまとめることができます．

$$\begin{pmatrix} v \\ f \end{pmatrix} = \mu + A \begin{pmatrix} v \\ f \end{pmatrix} + \begin{pmatrix} \varepsilon \\ \eta \end{pmatrix}, \; \begin{pmatrix} \varepsilon \\ \eta \end{pmatrix} \sim N(0, \Sigma) \tag{12.12}$$

このモデルは潜在変数のある回帰モデルをすべて表現することができるだけでなく，探索的因子分析，確認的因子分析を両方表現することができます．たとえば3つの観測変数で因子が抽出できる確認的因子分析では，パラメータ A が以下のような構造になります．

$$\begin{pmatrix} v_1 \\ v_2 \\ v_3 \\ f \end{pmatrix} = \mu + \begin{pmatrix} 0 & 0 & 0 & \alpha_{14} \\ 0 & 0 & 0 & \alpha_{24} \\ 0 & 0 & 0 & \alpha_{34} \\ 0 & 0 & 0 & 0 \end{pmatrix} \begin{pmatrix} v_1 \\ v_2 \\ v_3 \\ f \end{pmatrix} + \begin{pmatrix} \varepsilon \\ \eta \end{pmatrix} \tag{12.13}$$

　また，たとえば6つの観測変数で2因子の探索的因子分析を行うのであれば，パラメータ A は以下のような構造になります．もちろん2次元以上の確認的因子分析であれば，パスを仮定しない要素のパラメータを0とする制約を入れればパ

ラメータを推定することができます. ただし, 探索的因子分析では一般に因子負荷量を回転させた結果が示されますので, 推定したパラメータを適切な方法で回転させる必要があります.

$$
\begin{pmatrix} v_1 \\ v_2 \\ v_3 \\ v_4 \\ v_5 \\ v_6 \\ f_1 \\ f_2 \end{pmatrix} = \mu + \begin{pmatrix} 0 & 0 & 0 & 0 & 0 & \alpha_{17} & \alpha_{18} \\ 0 & 0 & 0 & 0 & 0 & \alpha_{27} & \alpha_{28} \\ 0 & 0 & 0 & 0 & 0 & \alpha_{37} & \alpha_{38} \\ 0 & 0 & 0 & 0 & 0 & \alpha_{47} & \alpha_{48} \\ 0 & 0 & 0 & 0 & 0 & \alpha_{57} & \alpha_{58} \\ 0 & 0 & 0 & 0 & 0 & \alpha_{67} & \alpha_{68} \\ 0 & 0 & 0 & 0 & 0 & 0 & 0 \\ 0 & 0 & 0 & 0 & 0 & 0 & 0 \end{pmatrix} \begin{pmatrix} v_1 \\ v_2 \\ v_3 \\ v_4 \\ v_5 \\ v_6 \\ f_1 \\ f_2 \end{pmatrix} + \begin{pmatrix} \varepsilon \\ \eta \end{pmatrix} \tag{12.14}
$$

なお, 2因子の探索的因子分析については, 因子間の相関が仮定されていますので, f_1 と f_2 に該当する要素間の共分散が0ではないという設定になっています.

12.3.2 二次因子分析

前章でも扱った因子分析ですが, 複数の因子が得られているとき, さらにそれを規定する高次の因子を仮定することができます. ただし, 潜在変数からさらに潜在変数を抽出するため, いくつかパラメータに制約を入れる必要があります.

データは前章のリードユーザー尺度のデータを利用します. 以下の式について, リードユーザー度は以下の式は一部ベクトルでまとめています. 測定項目の要素については, $v = (v_{AT1}, v_{AT2}, v_{AT3}, v_{BE1}, v_{BE2}, v_{BE3}, v_{BE4}, v_{BE5})'$ であり, $A_{f1} = (\alpha_{f11}, \alpha_{f12}, \alpha_{f13}, 0, 0, 0, 0, 0)'$, $A_{f2} = (0, 0, 0, \alpha_{f21}, \alpha_{f22}, \alpha_{f23}, \alpha_{f24}, \alpha_{f25})'$ となっていますので注意してください. また, 下記の式では明示されていませんが, 共分散行列については, Σ は対角行列で, とくに $\sigma_{LU} = 1$ という制約を入れています.

$$
\begin{pmatrix} v \\ f_{AT} \\ f_{BE} \\ f_{LU} \end{pmatrix} = \mu + \begin{pmatrix} O_{8\times8} & A_{f1} & A_{f2} & 0 \\ O_{1\times8} & 0 & 0 & \alpha_{AT} \\ O_{1\times8} & 0 & 0 & \alpha_{LU} \\ 0 & 0 & 0 & 0 \end{pmatrix} \begin{pmatrix} v \\ f_{AT} \\ f_{BE} \\ f_{LU} \end{pmatrix} + \begin{pmatrix} \varepsilon \\ \eta \end{pmatrix}, \begin{pmatrix} \varepsilon \\ \eta \end{pmatrix} \sim N(0, \Sigma)
$$

$$\tag{12.15}$$

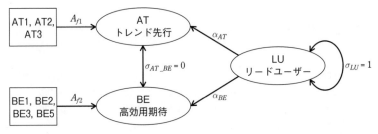

図 12.5 リードユーザーの二次因子モデル

グラフィカルモデルで表現すると以下のようになります．AT と BE から左側，A_{f1}, A_{f2} はそれぞれ測定方程式の部分ですが，この 2 つの因子を規定する LU という二次因子が存在すると仮定しているモデルになります．前章と同じデータを使いますが，1 つだけ注意してもらいたいのは，測定項目のうち，BE4 だけを除外しています．

モデルは以下のように定義します．上の図では $\sigma_{AT\_BE} = 0$ であることが明示されていますが，lavaan ではこの部分は自動的に制約を入れてくれるので，モデルでは定義していません．二次因子である LU は，4 行目に AT と BE の上部にある因子と定義されています．また，5 行目には，LU の分散に関する制約が定義されています．「~~」で結ばれた関係は共分散で，これを 0 とおくケースは前述しましたが，分散を 1 に固定するときは左右に同じ変数を入れ，「1*」を付します．

```
model_2f <- 'AT =~ LUAT1 + LUAT2 + LUAT3
             BE =~ LUBE1 + LUBE2 + LUBE3 + LUBE5
             LU =~ AT + BE
             LU ~~ 1 * LU'
```

このモデルを推定すると，以下のような出力を得ることができます．Latent Variables の項目の一番下に LU の結果が出力されているのがわかります．標準化解を見ると，AT への影響も BE への影響も同等で，やや AT への影響が強いように見えます．

```
result_2f <- lavaan::sem(model_2f, data = data_chap12)
summary(result_2f, standardized = TRUE)
## lavaan 0.6-12 ended normally after 28 iterations
```

```
(略)
## Latent Variables:
##                   Estimate Std.Err z-value P(>|z|)  Std.lv Std.all
##   AT =~
##     LUAT1          1.000                              1.283   0.802
##     LUAT2          1.026   0.066  15.656   0.000      1.317   0.846
##     LUAT3          1.058   0.069  15.419   0.000      1.357   0.829
##   BE =~
##     LUBE1          1.000                              1.584   0.899
##     LUBE2          0.971   0.043  22.630   0.000      1.537   0.918
##     LUBE3          0.787   0.048  16.335   0.000      1.247   0.743
##     LUBE5          0.600   0.055  10.874   0.000      0.950   0.558
##   LU =~
##     AT             1.000                              0.779   0.779
##     BE             1.157   0.153   7.567   0.000      0.730   0.730
##
(略)
```

　関数 standardizedSolution を使うと，標準化解を出力して統計的な傾向を見ることができます．AT も BE も pvalue が十分低いことがわかります．制約を入れているので LU の分散については pvalue は出力されません．

```
standardizedSolution(result_2f)
##       lhs op  rhs est.std    se      z pvalue ci.lower ci.upper
(略)
## 8   LU =~   AT  0.779 0.048 16.396      0    0.686    0.872
## 9   LU =~   BE  0.730 0.080  9.168      0    0.574    0.887
## 10  LU ~~   LU  1.000 0.000     NA     NA    1.000    1.000
(略)
```

　また，モデルの適合度は関数 fitMeasures から一覧で出力することができますので，ここから目的にあった適合度指標を選択します．適合度指標については第11章でも説明しましたので詳細はここでは説明しませんが，GFI＝0.965，AGFI＝0.924，RMSE＝0.086，CFI＝0.976 という結果が得られており，適合度はかなりよいといえます．

12.3.3　因子間の関係を検討する

　次に，因子間の関係を検討するモデルを考えてみましょう．このリードユーザーは AT（トレンド選好）と BE（高効用期待）という 2 つの構成概念で規定され，それぞれの関係も強いことがこれまでの分析でわかっています．そこで，個人の性格的な側面がそれぞれの構成概念にどの程度影響を与えるのかを検討するモデルを考えてみましょう．ここで取り上げるのは**コントロール欲求尺度**（NFC; Need for Control）です．具体的な測定項目は以下に示していますが，自分で動いて主体的に問題解決に関わることが好きな性格がリードユーザーにどのように関わるのかを検証します．

- NFC1：私は何かを指示されるよりも指示する方が好きだ
- NFC2：私は自分で取り組むことや，そのやり方をコントロールするのが好きだ
- NFC3：私は自分で計画を立てることが好きだ
- NFC4：私は物事を進めるペースを自分で決められることが好きだ

モデルに含まれる測定変数は，AT で 3 項目，BE ではこれまでと同様 BE4 を除外した 4 項目，NFC も 4 項目あるので，合計 11 項目あります．これに 3 つの因子が仮定されるので，構造方程式は 14 次元になります．パラメータ A も 14×14 の行列になるので，ここでは割愛しますが，背後にはこれまで説明してきたような行列が仮定されていると考えてください．

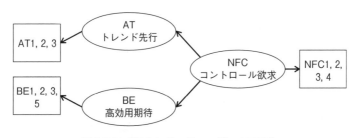

図 12.6　NFC とリードユーザーのモデル

モデルは確認的因子分析で 3 つの因子を抽出し，AT が目的変数で NFC を説明

変数となる回帰モデルと BE が目的変数で同じく NFC が説明変数となる回帰モデルの，合計 2 本の回帰モデルが含まれています．これをまとめると，lavaan で定義するときには以下のようになります．モデルには明示的に定義されていませんが，2 本の回帰モデルは潜在変数のない構造方程式で扱った多変量回帰モデルと同様の構造をしていますので，AT と BE の間には 0 でない共分散が仮定され，これも推定対象になっています．

```
model_nfc <- 'AT =~ LUAT1 + LUAT2 + LUAT3
              BE =~ LUBE1 + LUBE2 + LUBE3 + LUBE5
              NFC =~ NFC1 + NFC2 + NFC3 + NFC4
              AT ~ NFC
              BE ~ NFC'
```

　推定結果の抜粋は以下のようになります．これを見ると，NFC は AT には有意な影響を与えていますが，BE にはとくに影響を与えていないという結果がわかります．また，推定結果の一覧を見ると，Covariances で AT と BE の共分散の推定結果が出力されていることがわかります．

```
result_nfc <- lavaan::sem(model_nfc, data = data_chap12)
summary(result_nfc, standardized = TRUE)
## lavaan 0.6-12 ended normally after 47 iterations
 （略）
## Regressions:
##                 Estimate Std.Err z-value P(>|z|)  Std.lv Std.all
##   AT ~
##     NFC          0.421    0.152   2.767   0.006    0.199   0.199
##   BE ~
##     NFC          0.205    0.174   1.180   0.238    0.079   0.079
##
## Covariances:
##                 Estimate Std.Err z-value P(>|z|)  Std.lv Std.all
##  .AT ~~
##     .BE          1.129    0.151   7.493   0.000    0.567   0.567
##
 （略）
```

　加えて，関数 fitMeasures でモデルの適合度を確認し，モデルの推定結果をまとめると，以下の図のようになります．GFI，AGFI，RMSEA，CFI はいずれも良好な値となっており，モデルとしての適合度は高いといえます．

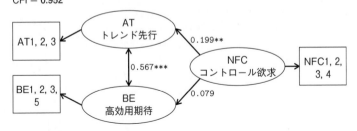

Goodness-of-fit index（GFI）= 0.939
Adjusted goodness-of-fit index（AGFI）= 0.902
RMSEA = 0.075　90% CI：(0.059, 0.091)
CFI = 0.952

Note）標準化解，†：10%，*：5%，**：1%，***：0.1%

図 12.7　NFC とリードユーザーのモデル，推定結果の要約

12.3.4　多母集団の同時分析

　上記の NFC とリードユーザーのモデルですが，データセットに異質なグループ
が混在しており，そのグループ間で異なる影響があるかもしれません．構造方程
式では，同じモデルの係数がグループ間で異なると仮定して推定を行うモデルで
す．2 つのグループを予め分けて，別々に推定を行う方法との違いとして，一部
の差異がないと思われるパラメータは同じ値が出力されるように制約を置くこと
ができる点，モデル適合度の指標を総合して算出してくれる点があります．

　では，NFC とリードユーザーのモデルについて，男女差があると仮定したモデ
ルの推定をやってみましょう．まず，推定自体は，前節で定義したモデルを
使って `lavaan::sem` のオプションを指定することで簡単に行うことができます．
インポートしたデータに gen という性別の列（男性 = 0，女性 = 1）があるので，
これを group に指定して推定を行います．

```
result_nfc_mg2 <- lavaan::sem(model_nfc2, group = "gen",
                              data = data_chap12)
```

　ただ，パラメータ名を決めて推定を行うことで，グループ間で同質の制約を与
えるパラメータを指定することもできます．モデルの構造は同じですが，たとえ
ば以下のようにパラメータに名前を付けたモデルを定義してみましょう．ここで，

たとえば AT と BE の共分散をグループ間で等しいとする制約をおきたいときには，下記のモデルで c(v1, v2) となっている記述を c(v1, v1) というように同じ名前にすると，どちらのグループでも同じパラメータを共有するという設定になります．

```
model_nfc2 <- 'AT =~ LUAT1 + LUAT2 + LUAT3
               BE =~ LUBE1 + LUBE2 + LUBE3 + LUBE5
               NFC =~ NFC1 + NFC2 + NFC3 + NFC4
               AT ~ c(a11, a12) * NFC
               BE ~ c(a21, a22) * NFC
               AT ~~ c(v1, v2) * BE'
```

では，推定結果を見てみましょう．かなり長い出力が得られていますが，2つのグループの結果を同時に表示しているため，単純に倍の長さの出力になっています．要所を見てみましょう．まず，Group 1 [0] 以下にあるあるのは，gen = 0（男性）グループの推定家結果です．また，Group 2 [1] が gen = 1（女性）グループの結果になります．Latent Variables は確認的因子分析の因子負荷量にあたるパラメータですが，これもグループ間で異なるパラメータが推定されていることがわかります．

具体的な結果を検討していくと，まず Regression の NFC から AT のパラメータについて，標準化解は男性で 0.103，女性で 0.421 と大きく異なるようです．男性は有意ではなく，女性は 1%水準で有意な結果がられています．また，NFC から AE のパラメータについては，男性で 0.020，女性で 0.271 と，こちらも大きな差があり，女性は z-value が 1.961 なので，p<0.05 となり（表記は 0.050 となっていますが，実際は 0.05 未満），5%水準で有意な結果が出ているといえます．

```
result_nfc_mg2 <- lavaan::sem(model_nfc2, group = "gen", data = data_chap12)
summary(result_nfc_mg2, standardized = TRUE)
## lavaan 0.6-12 ended normally after 86 iterations
 (略)
## Group 1 [0]:
 (略)
## Regressions:
##                   Estimate  Std.Err  z-value  P(>|z|)  Std.lv  Std.all
##    AT ~
##      NFC    (a11)   0.203    0.159    1.280    0.201    0.103   0.103
##    BE ~
##      NFC    (a21)   0.050    0.192    0.262    0.793    0.020   0.020
```

```
##
## Covariances:
##                   Estimate  Std.Err  z-value  P(>|z|)  Std.lv  Std.all
##   .AT ~~
##     .BE      (v1)   0.925    0.162    5.713    0.000    0.503   0.503
 (略)
## Group 2 [1]:
 (略)
## Regressions:
##                   Estimate  Std.Err  z-value  P(>|z|)  Std.lv  Std.all
##   AT ~
##     NFC      (a12)  0.970    0.362    2.676    0.007    0.421   0.421
##   BE ~
##     NFC      (a22)  0.753    0.384    1.961    0.050    0.271   0.271
##
## Covariances:
##                   Estimate  Std.Err  z-value  P(>|z|)  Std.lv  Std.all
##   .AT ~~
##     .BE      (v2)   1.401    0.312    4.486    0.000    0.678   0.678
 (略)
```

モデルの適合度も確認してまとめると以下のような図になります．パラメータの値は男女でかなり異なり，男性はコントロール欲求とリードユーザー構成概念との関係がほとんどない一方，女性では強い関係があることがわかります．

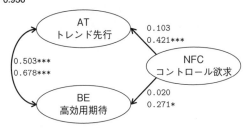

Goodness-of-fit index（GFI）= **0.988**
Adjusted goodness-of-fit index（AGFI）= **0.978**
RMSEA = **0.088**, 90% CI：(0.071, 0.105)
CFI = **0.936**

Note）標準化解，上段：男性，下段：女性，†：10%，*：5%，**：1%，***：0.1%

図12.8 多母集団のモデル，推定結果の要約

12.4 まとめ

このように，構造方程式では，単変量の回帰モデルから，多変量の回帰モデル，関節効果を検討する多変量回帰モデルなど，様々なモデルを定義することができます．ただし，この節の冒頭で述べたように，すべてのモデルから推定値を得ることができるわけではありません．モデルの設定によっては識別できない，あるいは解が得られない場合もあります．変数が多くなり関係が複雑になると，モデルが識別できるのかわからないときもあります．最終的にはデータを実際に分析してみないとわかりません．

また，適合度という指標もよく参照されますが，これは構造方程式モデリングにおいては，構造全体に仮定を持つという考え方があります．変数間のすべての関係を「うまく説明する」モデルがよいとされているので，個別のパラメータではなくモデル全体の適合度が使われ，モデルの評価指標もこれに特化したものになっています．一方，一般の線形回帰モデルでは，個別の関係が仮説になります．そのため決定係数（R^2 値）や AIC などのモデル比較の指標もありますが，たとえば R^2 がどれくらいの値以上でなければならないという基準はありません．ただし，すべての分析において，モデル全体の構造を解明することが目的というわけではありません．個別の変数間のパラメータに分析の焦点を当てる場合は，モデルの適合度が主たる判断基準になることはないでしょう．

また，本章では数式，グラフィカルモデル（パス図），R によるモデル定義の3つの視点からモデルを見ました．パス図は非常にわかりやすいですが，その背景には構造方程式の「数式」があることを理解しておくと，より自由なモデリングができるでしょう．

────────────── **章末問題** ──────────────

1. lavaan の書式で定義されている以下のモデルについて，モデルを「数式」および「グラフィカルモデル」で表現してください．アンダースコアの付されている変数，たとえば「X_n」については「X_n」と表記してください．

```
model <- 'F =~ X_1 + X_2 + X_3
```

```
G =~ Y_1 + Y_2 + Y_3 + Y_4
F =~ G'
```

2. 本文のデータを使い, Y = NFC, X = LUAT としてモデルを推定し, 結果を解釈してください.

## 第 13 章

異質なマーケティング効果の分析

　第6章において，潜在クラスモデルによる消費者セグメントごとの反応を推定するための枠組みを示しました．本章では，さらに進んで個々の消費者や企業など分析対象ごとにマーケティング変数の有効性を捕捉するための分析手法を取り上げます．マーケティング活動に対する個人間の反応の異質性を把握することは，個人ごとに異なるサービスを提供する 1–to–1 マーケティングを展開するうえで非常に重要なことです．また，個人間における反応の違いを個人特性によって説明することができれば，消費者に関する深い知見を得ることができます．ここでは，階層ベイズの枠組みを用いて分析対象レベルでの統計モデルおよび推定方法について紹介します．

　　　[本書サポートサイト掲載の chapter_13.csv のデータを使用します．]

13.1　問題認識

　マーケティング活動の効果は実施する企業や受け取る消費者によって異なります．たとえば，複数の店舗で実施される値引きによる売上げの増加が店舗ごとに異なることは稀ではありません．また，値引きに対する消費者の反応に個人差があることも容易に想像できます．一般的に，価格に敏感な消費者ほど値引きに強く反応します．マーケティング活動が企業や消費者に異なる効果を及ぼす場合に，その異質性を把握することは効率的なマーケティング施策を展開するための鍵となります．なぜなら，消費者の異質な反応を把握することで，企業は消費者の一人ひとりに合わせたマーケティング施策を打つことが可能になるからです．

　この問題認識をより深く理解してもらうために以下の具体例を用いて説明します．この事例では，複数の小売店におけるチーズ商品の売上げに対するマーケ

表 13.1 チーズの売上げデータの概要

項　目	項目概要
Retailer	店舗所在地およびチェーン名
Volume	一定期間の売上金額
Disp	特別陳列の実施割合
Price	チーズ商品の平均価格

ティング施策の効果を考えます．マーケティング施策として各店舗が行っている価格プロモーションと特別陳列に注目します．各店舗の販売担当者は，販売促進の活動として一時的に値引きと特別陳列を実施し，売上げを増やそうとしています．しかし，これらのプロモーション活動がどの程度売上げの増加につながるか店舗によって様子が異なる可能性があります．分析者は全店舗の売上げとプロモーション活動のデータからこのマーケティング効果の異質性を調べようとします．

分析に用いるデータの概要を**表 13.1** に示しています．このデータはパッケージ bayesm に入っている cheese というデータです．項目 Retailer は各店舗の所在地およびチェーン名を表しています．項目 Volume は一定期間における各店舗の売上金額になります．また，項目 Disp と Price はそれぞれ当該期間における各店舗での特別陳列の実施割合と商品の平均価格を表しています．

次に，パッケージ bayesm からデータを読み込んで以下のように表示しましょう．ただし，ここでは売上げと平均価格に対して対数変換を行います．

```
install.packages("bayesm")
library(bayesm)

data(cheese)
data_cheese <- cheese
data_cheese$VOLUME <- log(data_cheese$VOLUME)
data_cheese$PRICE <- log(data_cheese$PRICE)
head(data_cheese)
##              RETAILER     VOLUME       DISP      PRICE
## 1   LOS ANGELES - LUCKY  9.969931 0.16200000 0.9471923
## 2 LOS ANGELES - RALPHS  8.768263 0.12411257 1.3158362
## 3   LOS ANGELES - VONS  9.758577 0.10200000 0.9974729
## 4  CHICAGO - DOMINICK   9.514953 0.02759109 0.9750146
## 5      CHICAGO - JEWEL 10.663686 0.09061273 0.6864619
```

```
## 6      CHICAGO - OMNI  8.411388 0.00000000 0.8698765
```

　分析者は，各店舗における価格プロモーションと特別陳列の効果を調べる際に，データを店舗ごとに分割し，それぞれに対して**第 3 章**で説明した線形回帰分析を用いる方法を思いつくかもしれません．しかし，この方法は必ずしも適切であるとはいえません．なぜなら，一般的に分析対象ごとにデータを分割することでそれぞれのサンプルサイズが小さくなるため，安定した推定結果が得られにくいからです．より安定した推定結果を得るための方法の 1 つに，**階層ベイズモデル**が挙げられます．このモデルの詳細については次節以降に紹介しますが，このモデルが上述の分析の目的に適合している理由を簡単に説明します．上述のように，分析対象ごとのデータのサンプルサイズが小さいため，統計的な推論に必要な情報が限られます．仮に，従来の推定方法で繰り返しデータを収集し分析を行う場合，毎回の推定結果が異なる可能性が高いです．推定結果が不安定となれば，信頼性が低いことはいうまでもなく，それをマーケティング意思決定の根拠とするのは危険すぎます．一方，階層ベイズモデルではこういった欠点を改善するための工夫が講じられます．具体的には，分析対象ごとのデータに不足する情報を全体のデータに含まれる共通の情報で補うというかたちになります．

13.2　準備知識

　階層ベイズモデルおよびその推定を理解するためには，**ベイズ推論**，**マルコフ連鎖モンテカルロ**（Markov chain Monte Carlo，MCMC）**法**，ベイズ回帰分析の概念を理解する必要があります．これらの概念については多くの専門書（たとえば，各務（2022）*）で詳しく解説されているので，ここでは紙面の都合上，最小限の説明だけ与えることにします．

13.2.1　ベイズ推論

　まず，**ベイズ推論**について説明します．基本的にはこれまでの推定方法と同様

---

* 　各務和彦（2022）『ベイズ分析の理論と応用：R 言語による経済データの分析』，新世社.

で，母集団に関する未知のパラメータを推定することが目的になっています．前章までの統計推論では，主に最尤推定法を用いて未知のパラメータの推定を行いました．この方法の基本的な考え方は，未知のパラメータを推定するために必要な情報がすべてデータに含まれるということです．つまり，未知のパラメータ θ に関する尤度関数 $p(Data|\theta)$ が θ を推定するための情報を集約しているという扱いになっています．そして，この尤度関数を最大にする θ をこのパラメータの最尤推定量とします．たとえば，正規母集団からサイズ n の標本 $y = (y_1, y_2, \cdots, y_n)$ を抽出する場合，この標本（データ）が母集団のパラメータである平均 μ と分散 σ^2 に関する情報を持っていると仮定されています．この場合，尤度関数は以下のように与えられます．

$$p(y|\mu, \sigma^2) = (2\pi)^{-n/2}(\sigma^2)^{-n/2} \exp\left(-\frac{\sum_{i=1}^{n}(y_i - \mu)^2}{2\sigma^2}\right) \tag{13.1}$$

この例のパラメータの最尤推定量を以下のように得ることができます．

$$
\begin{aligned}
\mu_{MLE} &= \frac{1}{n}\sum_{i=1}^{n} y_i = \bar{y} \\
\sigma^2_{MLE} &= \frac{\sum_{i=1}^{n}(y_i - \bar{y})^2}{n}
\end{aligned}
\tag{13.2}
$$

　一方，ベイズ推論では，データは未知パラメータを推定するための唯一の情報源ではないと位置づけられています．データ以外に，分析者の過去の経験や信念といった主観的な判断も情報源としての役割を持っていると考えられます．また，他のデータなどの客観的な事実からの情報も未知のパラメータの推定に役立てることができます．分析対象のデータ以外の情報源から得られる情報のことを**事前情報**といいます．それでは，どのように事前情報とデータからの情報を組み合わせて未知のパラメータを推定することができるのでしょうか．それは，ベイズ定理から導かれた以下の関係から明らかになります．

$$
\begin{aligned}
p(\theta|Data) &= \frac{p(\theta)p(Data|\theta)}{p(Data)} \\
&= \frac{p(\theta)p(Data|\theta)}{\int p(\theta)p(Data|\theta)} \\
&\propto p(\theta)p(Data|\theta)
\end{aligned}
\tag{13.3}
$$

(13.3) の左辺はデータが与えられたときのパラメータの**事後確率**と呼ばれます．

右辺の $p(\theta)$ はパラメータの**事前確率**（密度）と呼ばれ，分析者が持っている θ に関する事前情報を反映しています．これらの確率が従う分布をそれぞれ**事後分布**と**事前分布**といいます．(13.3) の右辺の分母は θ に依存しないことが明らかなので，3 行目で事後確率を事前確率と尤度関数の積に比例する量として表現することができます．これは，事後分布が事前情報とデータからの情報を包含することを意味するもので，ベイズ推論では事後分布を評価することで未知パラメータに関する特性が導出されます．

したがって，ベイズ推論を行う際には事前分布を指定する必要があります．事前分布が分析者の信念を表していることを考えれば，分析者が自由に決めることができます．実際，事前分布を決める方法は様々ありますが，導出される事後分布の要約が容易になるような事前分布が望ましいです．とくに，事後分布のパラメータが解析的に求められる場合がこれにあたります．その 1 つとして，事後分布の関数形が事前分布のそれと同じになる**共役事前分布**と呼ばれる事前分布のクラスがあります．たとえば，事前分布が正規分布とした場合に，事後分布も正規分布になるということです．どのような事前分布が共役事前分布になるかは尤度関数にもよるので，まずは尤度関数を確かめてから，事前分布を決めるのが通常のやり方です．

ところで，尤度関数 (13.1) の指数の部分を平方完成させて展開すれば，(13.1) を次のように表すことができます．

$$p(y|\mu,\sigma^2) \propto (\sigma^2)^{-n/2} \exp\left(-\frac{ns^2}{2\sigma^2}\right) \exp\left(-\frac{n(\mu-\bar{y})^2}{2\sigma^2}\right) \tag{13.4}$$

ここで，$ns^2 = \sum_{i=1}^{n}(y_i - \bar{y})^2$ になっています．(13.4) の右辺の前半部分

$$(\sigma^2)^{-n/2} \exp\left(-\frac{ns^2}{2\sigma^2}\right)$$

は σ^2 に関する分布を表しており，逆ガンマ分布（$IG((n/2)-1, ns^2/2)$）の関数形になっています．同様に，後半の部分

$$\exp\left(-\frac{n(\mu-\bar{y})^2}{2\sigma^2}\right)$$

は，σ^2 を条件とする μ に関する分布で，正規分布（$N(\bar{y}, \sigma^2/n)$）の関数形になっています．これらの特性から，μ と σ^2 の事前分布 $p(\mu, \sigma^2)$ を以下のように表せば，これらと同じ関数形の事後分布を得ることができます．

$$p(\mu, \sigma^2) = p(\sigma^2)p(\mu|\sigma^2)$$

$$\sigma^2 \sim IG(\alpha_0, \beta_0) \tag{13.5}$$

$$\mu|\sigma^2 \sim N(\mu_0, V_0\sigma^2)$$

ここで，$\alpha_0, \beta_0, \mu_0, V_0$ は事前分布のパラメータで**ハイパーパラメータ**と呼ばれます．この仮定のもとで，事前分布を次のように表すことができます．

$$p(\mu, \sigma^2) \propto (\sigma^2)^{-\alpha_0-1} \exp\left(-\frac{\beta_0}{\sigma^2}\right)\sigma^{-1}\exp\left(-\frac{V_0^{-1}(\mu-\mu_0)^2}{2\sigma^2}\right) \tag{13.6}$$

詳細な導出方法は省略しますが，(13.4) と (13.6) から $\alpha_0, \beta_0, \mu_0, V_0$ に対応する事後分布のパラメータ $\alpha_n, \beta_n, \mu_n, V_n$ を以下のように解析的に求めることができます．

$$\mu_n = \frac{V_0^{-1}\mu_0 + n\bar{y}}{V_0^{-1}\mu_0 + n}$$

$$V_n^{-1} = V_0^{-1} + n$$

$$\alpha_n = \alpha_0 + \frac{n}{2} \tag{13.7}$$

$$\beta_n = \beta_0 + \frac{1}{2}\left[\mu_0^2 V_0^{-1} + \sum_{i=1}^{n} y_i^2 - \mu_n^2 V_n^{-1}\right]$$

データ $y = (y_1, y_2, \cdots, y_n)$ が与えられれば，(13.7) の事後分布のパラメータは計算できるので，これで事後分布の評価がなされます．

13.2.2 MCMC 推定法

上記の例では，正規分布のパラメータ μ, σ^2 に関する事後分布を解析的に求める方法を示しました．しかし，実際この例のように事後分布のパラメータが解析的に求められるケースはそう多くありません．とくに，共役事前分布が存在しない場合やパラメータ数が多い場合は事後分布のパラメータを解析的に求めるのは困難になる傾向があります．(13.7) のようなかたちで事後分布のパラメータが求められない場合，データが与えられても事後分布の性質を把握することが難しくなります．MCMC 法はこの問題に対処するための推定方法であるといえます．

MCMC 法とは，関心のある事後分布 $p(\theta|Data)$ の性質を調べるために，当該分布から生成された確率標本を基に分布の性質を表す推定量を求めるためのシ

ミュレーションの方法です. ここで, 生成される標本は必ずしも独立である必要
はありません. むしろ, 毎回生成される標本はその前の段階に生成された標本に
依存するのが一般的です. とくに, 一回目に取り出される標本は任意に設定され
るパラメータの初期値に依存する場合があります. たとえば, 事後分布
$p(\theta|Data)$ から r 個の標本 $(\theta^{(1)}, \theta^{(2)}, \cdots, \theta^{(r)})$ を生成したとします. これを用いて
パラメータ θ の事後平均 $E(\theta|Data)$ と事後分散 $Var(\theta|Data)$ を以下のように近似
します.

$$E(\theta|Data) \cong \frac{1}{r} \sum_{j=1}^{r} \theta^{(j)} = \bar{\theta}$$

$$Var(\theta|Data) \cong \frac{1}{r} \sum_{j=1}^{r} (\theta^{(j)} - \bar{\theta})^2$$

(13.8)

(13.8) は事後分布の特性に関する点推定になりますが, 生成された確率標本を
用いて事後パラメータに関する区間推定を行うこともできます. 区間推定量とし
て**信用区間** (credible interval: CI) と呼ばれるものがあります. これは,
$p(\theta|Data)$ が単峰型の密度関数のとき, 次の条件を満たす下限 θ_l と上限 θ_u で囲ま
れる区間のことで, $100(1-\alpha)$%信用区間といいます.

$$\int_{\theta_l}^{\theta_u} p(\theta|Data)d\theta = 1 - \alpha$$

(13.9)

ここで, α は有意水準を表し, 通常は 0.05 や 0.01 の値に設定されます. ただし,
信用区間を構成する下限と上限の組み合わせは何通りもあるので, 信用区間は一
意的に定まらないことに注意が必要です. 信用区間の中で幅が最も小さいものを
最高事後密度区間 (highest posterior density interval: HPDI) といいます. 信用区
間として HPDI を用いることが推奨されますが, 計算が面倒になる場合が多いの
で, 実際の分析においては, 生成された標本の $\alpha/2$ 分位点 $\theta_{\alpha/2}$ を下限, $1-\alpha/2$
分位点 $\theta_{1-\alpha/2}$ を上限とする区間 $[\theta_{\alpha/2}, \theta_{1-\alpha/2}]$ を信用区間として用いられることが
多いです.

また, 標本を生成する回数を**イタレーション回数**といいますが, 理論的にイタ
レーション回数を大きくすれば近似の精度が高くなります. ただし, パラメータ
の初期値が設定される場合は, 初期値の影響を取り除くために最初の一定の回数
にあたる標本を取り除く必要があります. この最初の一定の回数を**稼働検査**
(**バーンイン) 期間**といいます. たとえば, イタレーション回数を 1,000 回(標

本サイズが 1,000）に設定し，前半の 500 回をバーンイン期間とした場合，後半の 500 回は事後分布の評価に利用されることになります．

　ところで，MCMC において生成される確率標本は本来関心のある事後分布から生成されるものです．関心のある事後分布を**目標分布**（target distribution）といいますが，そもそも目標分布の性質はわからない場合が一般的なのでそこから標本を抽出することが大変困難です．そこで，目標分布の代わりに，比較的に標本抽出が容易な分布から標本が生成される方法が取られます．目標分布の代わりに使う分布のことを**提案分布**（proposal distribution）といいます．提案分布から生成された標本は目標分布の事後確率の基で評価され，標本として採用するかどうかの判断がなされます．このような方法で提案分布から十分大きなサイズの標本を生成することで，最終的にこれらが目標分布からの標本として見なされます．

　それでは，MCMC 法の実践例を示します．ここでは，前節で述べた正規分布のパラメータ μ と σ^2 に関する推論を行います．なお，前節で示したように，共役事前分布を用いることでこれらのパラメータ事後分布は解析的に求められ，本来 MCMC を用いる必要はありませんが，シミュレーションの過程がとても単純なので MCMC 法をイメージしてもらうにはわかりやすい例だと考えます．ここで，真の目標分布に関して平均が 10 で分散が 4 の正規分布を仮定します．もちろん，分析者は真の分布がわかりませんが，この分布からデータ $\{y_1, y_2, \cdots, y_n\}$ を収集したとします．また，平均 μ に関して，分析者は $\mu_0 = 8, V_0 = 20$ という事前の知識を持っているとします．同様に，分散 σ^2 に関して，$\alpha_0 = 8, \beta_0 = 8$ と分析者が信じているとします．MCMC 法を行うにあたり，イタレーション回数 r を 2,000 回，バーンイン期間を最初の 1,000 回と設定します．シミュレーションのプロセスは以下のようになります．

1. $j = 1$ に対し，$IG(\alpha_n, \beta_n)$ から $\sigma^{2(j)}$ を生成します．
2. $j = 1$ に対し，$N(\mu_n, V_n \sigma^2)$ から $\mu^{(j)}$ を生成します．
3. $j = 2000$ までステップ 1 と 2 を繰り返します．
4. $j = 1001, \cdots, 2000$ までの $\sigma^{2(j)}$ および $\mu^{(j)}$ を集計して統計量を得ます．

この MCMC シミュレーションのための R コードを以下に与えます．

```
library(invgamma)
# 事前分布の設定
m_0 <- 8
V_0 <- 20 # 1/sigma^2
a_0 <- 8
b_0 <- 8

# データの設定
set.seed(1)
Y <- rnorm(1000, mean = 10, sd = 2)

y_bar <- mean(Y)
n <- length(Y)

# 事後分布のパラメータ
V_n <- 1 / (1/V_0 + n)
m_n <- V_n * (1/V_0 * m_0 + n*y_bar)
a_n <- a_0 + n/2
b_n <- b_0 + 1/2 * (m_0^2 * 1/V_0 + sum(Y^2) - m_n^2 * 1/V_n)

## MCMC シミュレーションの設定
r <- 2000   # イタレーションの回数
burn <- 1000 # バーンイン期間
ret <- r - burn # 保存する標本数

Mdraw <- rep(0,ret)
Sigmadraw <- rep(0,ret)

for (j in 1:r){

  Sigmanew <- rinvgamma(1, shape = a_n, rate = b_n)
  Mnew <- rnorm(1, mean = m_n, sd = sqrt(V_n * Sigmanew))

  if(j > burn){
    Sigmadraw[j - burn] <- Sigmanew
    Mdraw[j - burn] <- Mnew
  }
}
```

これを実行した段階で，正規分布のパラメータ μ と σ^2 の標本がそれぞれ
Sigmadraw と Mdraw に格納されています．この生成された標本を用いて μ と σ^2

の事後中央値（median）と95％信用区間の上下限を以下のように求めることができます.

```
mat <- quantile(Mdraw, probs = c(0.5, 0.025, 0.975))
mat
##      50%      2.5%     97.5%
## 9.975218  9.848921 10.105053

mat <- quantile(Sigmadraw, probs = c(0.5, 0.025, 0.975))
mat
##      50%      2.5%     97.5%
## 4.229758 3.881573 4.640119
```

13.2.3 ベイズ回帰分析

次に，ベイズ回帰分析について説明します．ここで，次式で表す線形回帰モデルを考えます．y_i ($i = 1, 2, \cdots, n$) は店舗 i の売上げ，x_i は切片を含む価格と特別陳列のベクトルとします．また，β はこれらのマーケティング変数の効果を表すパラメータを表しています．ε_i は独立で同一の分布に従う誤差項とします（$\varepsilon_i \sim$ iid$N(0, \sigma^2)$).

$$y_i = x_i'\beta + \varepsilon_i \tag{13.10}$$

第3章において，このモデルを推定するための最小二乗法と最尤推定法を説明しました．これらの推定方法では，パラメータ β と σ^2 は定数として扱われます．最小二乗法では誤差の平方二乗和を最小にするもの，最尤推定法では尤度関数を最大にするものをパラメータの推定値とします．上述のように，ベイズ推論ではパラメータ β と σ^2 を確率変数と見なし，これらの事後分布を評価することで β と σ^2 に関する点推定または区間推定を行います．データ $y = (y_1, y_2, \cdots, y_n)'$ と $x = (x_1, x_2, \cdots, x_n)'$ が与えられたときのパラメータの事後分布 $p(\beta, \sigma^2|y, x)$ が評価の対象になります．

ところで，誤差項の分布の仮定から，$\varepsilon = (\varepsilon_1, \varepsilon_2, \cdots, \varepsilon_n)'$ の同時分布を次式のように表すことができます.

$$p(\varepsilon|\sigma^2) = (2\pi)^{-n/2}(\sigma^2)^{-n/2}\exp\left(-\frac{\varepsilon'\varepsilon}{2\sigma^2}\right) \tag{13.11}$$

(13.11) から，パラメータが与えられたときのデータ y の確率を次のように求めることができます．

$$p(y|x, \beta, \sigma^2) = (2\pi)^{-n/2}(\sigma^2)^{-n/2}\exp\left(-\frac{(y-x\beta)'(y-x\beta)}{2\sigma^2}\right) \tag{13.12}$$

第3章で述べたように，(13.12) は独立変数 x を条件とする尤度関数に他なりません．ベイズの定理を使えば，尤度関数と事後分布の間の関係を次のように表すことができます．

$$p(\beta, \sigma^2|y, x) \propto p(\beta, \sigma^2)p(y|x, \beta, \sigma^2) \tag{13.13}$$

ここで，$p(\beta, \sigma^2)$ はパラメータの事前分布を表しています．

(13.4) と同様な方法で，尤度関数 (13.12) の右辺の指数の部分を平方完成させ展開すれば，次の関係が得られます．

$$p(y|x, \beta, \sigma^2) \propto (\sigma^2)^{-v/2}\exp\left(-\frac{vs^2}{2\sigma^2}\right)(\sigma^2)^{-(n-v)/2}\exp\left(-\frac{(\beta-\hat{\beta})'(x'x)(\beta-\hat{\beta})}{2\sigma^2}\right)$$
$$\tag{13.14}$$

ここで，$\hat{\beta} = (x'x)^{-1}x'y$ は β の最尤推定量で，$v = n - k$, $vs^2 = (y-x\hat{\beta})'(y-x\hat{\beta})$ になっています．また，k はパラメータ数を表しています．(13.14) の右辺の前半部分

$$(\sigma^2)^{-v/2}\exp\left(-\frac{vs^2}{2\sigma^2}\right)$$

は σ^2 に関する分布を表しており，逆ガンマ分布の関数形になっています．同様に，後半の部分

$$(\sigma^2)^{-(n-v)/2}\exp\left(-\frac{(\beta-\hat{\beta})'(x'x)(\beta-\hat{\beta})}{2\sigma^2}\right)$$

は β に関する分布を表しており，正規分布の関数形になっています．この2つのパラメータの分布を注視すると，σ^2 の分布はデータにのみ依存しますが，β の分布は σ^2 に依存することがわかります．したがって，(13.5) と同様に，事前分布を以下の形で定式化することができます．

$$p(\beta, \sigma^2) = p(\sigma^2)p(\beta|\sigma^2) \tag{13.15}$$

ここで，$p(\sigma^2)$ と $p(\beta|\sigma^2)$ に関してそれぞれ逆ガンマ分布と正規分布を仮定すれば，この事前分布は共役事前分布になります．つまり，事後分布 $p(\beta, \sigma^2|y, x)$ も事前分布と同じ分布のクラスに属することになります．具体的に，このモデルにおける共役事前分布を以下のように書くことができます．

$$p(\sigma^2) \propto (\sigma^2)^{-(a_0+1)} \exp\left(-\frac{b_0}{\sigma^2}\right)$$
$$p(\beta|\sigma^2) \propto (\sigma^2)^{-k/2} \exp\left(-\frac{(\beta - \beta_0)'\Lambda_0(\beta - \beta_0)}{2\sigma^2}\right) \tag{13.16}$$

ただし，a_0, b_0, Λ_0，および β_0 は事前分布のハイパーパラメータを表しています．

このように事前分布を設定すれば，β と σ^2 の事後分布は次のように求められます．

$$
\begin{aligned}
\beta|\sigma^2, y, x &\sim N(\tilde{\beta}, \sigma^2\Lambda_n^{-1}), \\
\sigma^2|y, x &\sim IG(a_n, b_n) \\
\Lambda_n &= x'x + \Lambda_0\beta_0 \\
\tilde{\beta} &= \Lambda_n^{-1}(x'x\hat{\beta} + \Lambda_0\beta_0) \\
a_n &= a_0 + \frac{n}{2} \\
b_n &= b_0 + \frac{1}{2}[\beta_0'\Lambda_0\beta_0 + y'y - \tilde{\beta}'\Lambda_n\tilde{\beta}]
\end{aligned}
\tag{13.17}
$$

ここで，$\tilde{\beta}$ は σ^2 条件とした回帰係数 β のベイズ推定量と呼ばれます．

13.3　ベイズ線形回帰モデルの推定

以上で説明したベイズ回帰モデルも MCMC 法で推定することができます．シミュレーションの手順は，まず σ^2 をその事後分布から生成し，次に σ^2 を条件とする事後分布から β を生成します．イタレーション回数を S 回とした場合の手順は以下に与えられます．ただし，ステップ 2 において β が回帰係数のベクトルになっているので，このパラメータの事後分布は多変量正規分布になっていることに注意してください．

1. $j = 1$ に対し，$IG(a_n, b_n)$ から $\sigma^{2(j)}$ を生成します．
2. $j = 1$ に対し，$N(\tilde{\beta}, \sigma^2 \Lambda_n^{-1})$ から $\beta^{(j)}$ を生成します．
3. $j = r$ までステップ1と2を繰り返します．

このように生成される β の確率標本 $\beta^{(1)}, \beta^{(2)}, \cdots, \beta^{(r)}$ を用いて，β の平均また
は中央値など事後分布に関する性質を計算することができます．たとえば，事後
平均を近似する場合は以下のように求めることができます．

$$E(\beta) \cong \frac{1}{r} \sum_{j=1}^{r} \beta^{(j)} \tag{13.18}$$

それでは，線形回帰モデルを **13.1 節**上述のデータに当てはめ，MCMC 法を用
いて推定しましょう．ここでは，パッケージ rstanarm にある関数 stan_glm を
用います．推定するためのコードは以下のようになります．

```
library(rstanarm)
Regmodel <- stan_glm(VOLUME ~ DISP + PRICE, data = data_cheese,
                     chains = 1, seed = 1234)
```

この関数のデフォルトの設定ではイタレーション数が 2,000 回になっており，
バーンイン期間はその半分の 1,000 回になっています．引数 chains は生成され
る標本のセットの数を表し，今回は1セットのみに設定します．生成される標本
が実際に目標分布に収束するかどうか心配な場合は，複数の標本セットを生成し，
それらを比較することで収束を判定する必要があります．上記のコードを実行す
ると以下のようにシミュレーションの要約が表示されます．

```
##
## SAMPLING FOR MODEL 'continuous' NOW (CHAIN 1).
## Chain 1:
## Chain 1: Gradient evaluation took 0 seconds
## Chain 1: 1000 transitions using 10 leapfrog steps per transition
would take 0 seconds.
## Chain 1: Adjust your expectations accordingly!
## Chain 1:
## Chain 1:
## Chain 1: Iteration:    1 / 2000 [  0%]  (Warmup)
## Chain 1: Iteration:  200 / 2000 [ 10%]  (Warmup)
## Chain 1: Iteration:  400 / 2000 [ 20%]  (Warmup)
```

```
## Chain 1: Iteration:  600 / 2000 [ 30%]  (Warmup)
## Chain 1: Iteration:  800 / 2000 [ 40%]  (Warmup)
## Chain 1: Iteration: 1000 / 2000 [ 50%]  (Warmup)
## Chain 1: Iteration: 1001 / 2000 [ 50%]  (Sampling)
## Chain 1: Iteration: 1200 / 2000 [ 60%]  (Sampling)
## Chain 1: Iteration: 1400 / 2000 [ 70%]  (Sampling)
## Chain 1: Iteration: 1600 / 2000 [ 80%]  (Sampling)
## Chain 1: Iteration: 1800 / 2000 [ 90%]  (Sampling)
## Chain 1: Iteration: 2000 / 2000 [100%]  (Sampling)
## Chain 1:
## Chain 1:   Elapsed Time: 0.047 seconds (Warm-up)
## Chain 1:                 0.349 seconds (Sampling)
## Chain 1:                 0.396 seconds (Total)
## Chain 1:
```

（注）　Elapsed Time は実行環境によって異なります.

推定結果をわかりやすく表示するためには，次のようにパッケージ bayestestR にある関数 describe_posterior を用います.

```
library(bayestestR)
describe_posterior(Regmodel)
## Summary of Posterior Distribution
##
## Parameter   | Median |        95% CI | pd |        ROPE | % in ROPE | Rhat |    ESS
## -------------------------------------------------------------------------------------
## (Intercept) |   9.37 | [ 9.25,  9.51] | 100% | [-0.10, 0.10] |        0% | 0.999 | 1143.00
## DISP        |   0.51 | [ 0.39,  0.63] | 100% | [-0.10, 0.10] |        0% | 0.999 | 1080.00
## PRICE       |  -1.26 | [-1.38, -1.14] | 100% | [-0.10, 0.10] |        0% | 0.999 | 1268.00
```

上記の結果では，事後分布のパラメータを生成された標本の中央値として要約されます. 推定値の有意性は信用区間（CI）を基に評価されます. 具体的に，CIが 0 を含まない場合パラメータの推定値が有意とされます. 上記の結果を見ると，すべてのパラメータは 95％の CI において有意であることが示されています. 推定結果にある pd は probability of direction の略で，推定値の符号に関する確率を表しています. たとえば，切片の推定値が 9.37 という正の値になりますが，pdは切片が正である確率を示しています. 今回の結果では pd はすべて 100％になっています. また，ROPE は Region Of Practical Equivalence の略で，0 の値の周りの区間で，推定結果の有意性の指標でもあります. 最高事後密度区間（HPDI）が ROPE と重なる部分が大きければ大きいほど有意性が低くなります.

今回の結果では HPDI と ROPE の重なる部分は 0% になっており，すべての推定値が統計的に有意であるという結果になりました．マーケティング変数の効果を見ると，特別陳列のパラメータの中央値は 0.51 で正の値になっていることがわかります．これは，特別陳列の実施割合が高くなると売上げが増加することを意味します．それに対して，価格の推定値は -1.26 になっており，価格が上がると売上が減少することになります．

13.4　階層ベイズ線形回帰モデル

　前節では，ベイズ線形回帰モデルを用いて価格および特別陳列の売上げに対する効果を検証しました．そこでは，これらのマーケティング変数の効果がすべての店舗において共通であると仮定しました．しかし，本章の冒頭に述べたように，マーケティング施策の影響は分析対象によって異なる可能性があります．つまり，価格および特別陳列の影響が店舗ごとに異なるということです．モデル (13.10) の表現を使うと，これは説明変数の反応係数である β が店舗によって異なると定式化することでこの異質性を表現することができます．

$$y_{it} = x_{it}'\beta_i + \varepsilon_{it}, \quad \varepsilon_{it} \sim iid\,N(0,\,\sigma_i^2) \tag{13.19}$$

ここで，添え字 t は販売期間を表し，店舗ごとに複数期間にわたってデータが観測されること明示します．なお，ε_{it} は店舗間で独立な正規分布に従う誤差項になりますが，その分散は店舗によって異なると仮定します．

　既に議論したように，店舗ごとに回帰分析を行うことは店舗ごとの標本サイズが小さくなるため，推定値が不安定になるという問題があります．階層ベイズモデルでは，分析対象ごとのパラメータを推定するにあたり，分析対象全体で共通の情報を用いて，分析対象ごとのデータに不足する情報を補うことができます．具体的には，β_i を分析対象の属性情報に回帰させることで全体の共通の情報を取り入れます．

$$\beta_i = \Delta'z_i + \eta_i \tag{13.20}$$

ここで，z_i は切片を含む店舗 i の属性ベクトルを表しています．Δ は店舗属性の

影響を表す回帰係数行列を表します. また, $\eta_i \sim N(0, V_\beta)$ は誤差項のベクトルを表しています. (13.20) は β_i の事前分布が $\Delta' z_i$ を平均とする多変量正規分布になっていることを意味します. ここで, 回帰係数行列 Δ は店舗全体の情報を集約していると考えることができるので, 各店舗の β_i の推定に不足する情報を補完する役割を持っています. このように, 全体の共通の情報が事前分布を通じて事後分布に追加の情報を与えます.

(13.20) は複数の回帰モデルの連立方程式になっています. このモデルの推定方法については**第14章**で詳しく説明します. モデルのパラメータである Δ と V_β の共役事前分布はそれぞれ多変量正規分布と逆ウィシャート分布になります. ここで, 逆ウィシャート分布は逆ガンマ分布の多変量版と考えればよいです.

$$V_\beta \sim IW(v, V)$$
$$\text{vec}(\Delta)|V_\beta \sim N(\text{vec}(\bar{\Delta}), V_\beta \otimes A^{-1})$$
$$\tag{13.21}$$

ここで, $v, V, \bar{\Delta}$ は事前分布のハイパーパラメータを表しています. ただし, vec は行列をベクトルに変換することを意味します. ここで, $\otimes$ はクロネッカー積の記号です.

13.5 　階層ベイズ線形回帰モデルの推定

ベイズ線形回帰モデルと同様に**階層ベイズ線形回帰モデル**も MCMC 法を用いて推定することができます. シミュレーションの手順は以に示すようにパラメータ $\beta_i, \sigma_i^2, V_\beta, \Delta$ をそれぞれの条件付き事後分布から生成することになります. ただし, $y_i = \{y_{it}\}, x_i = \{x_{it}\}$ になります.

1. 初期値 $\{\sigma_i^{2(0)}\}, \Delta^{(0)}, V_\beta^{(0)}$ を設定します.
2. $i = 1, \cdots, n$ について $\beta_i|y_i, x_i, z_i, \Delta^{(0)}, V_\beta^{(0)}, \sigma_i^{2(0)}$ から $\beta_i^{(1)}$ を生成します.
3. $i = 1, \cdots, n$ について $\sigma_i^2|y_i, x_i, \beta_i^{(1)}$ から $\sigma_i^{2(1)}$ を生成します.
4. $V_\beta|\{\beta_i^{(1)}\}, \{z_i\}$ から $V_\beta^{(1)}$ を生成します.
5. $\Delta|\{\beta_i^{(1)}\}, \{z_i\}, V_\beta^{(1)}$ から $\Delta^{(1)}$ を生成します.
6. 収束するまで手順2~5を繰り返します.

以下に，階層ベイズ線形回帰モデルを上述データに適用した場合の推定を示します．ここでは，店舗間での異質性を説明するために店舗属性に関する仮想のデータ（data_chap13）を用います．

```
data_chap13 <- read.csv("chapter_13.csv", header=TRUE)
head(data_chap13)
##                        Ret Hist        Loy
## 1  LOS ANGELES - LUCKY    1 0.33658848
## 2 LOS ANGELES - RALPHS    1 0.81523481
## 3   LOS ANGELES - VONS    0 0.84368706
## 4   CHICAGO - DOMINICK    1 0.45490326
## 5      CHICAGO - JEWEL    0 0.02015742
## 6       CHICAGO - OMNI    1 0.29736723
```

店舗の属性情報として，店舗の開業からの経過期間 Hist とロイヤルティ・プログラムに参加している顧客の割合 Loy が含まれています．このデータをもとに以下のような説明変数行列 z_i を作成します．

```
nreg <- nrow(data_chap13)
Cons <- c(rep(1, nreg))
Hist <- data_chap13$Hist
Loy <- data_chap13$Loy
Z <- cbind(Cons, Hist, Loy)
head(Z)
##      Cons Hist        Loy
## [1,]    1    1 0.33658848
## [2,]    1    1 0.81523481
## [3,]    1    0 0.84368706
## [4,]    1    1 0.45490326
## [5,]    1    0 0.02015742
## [6,]    1    1 0.29736723
```

階層ベイズ線形回帰モデルを推定するために，ここではパッケージ bayesm にある関数 rhierLinearModel を用います．この関数を利用するためにはデータを店舗ごとにまとめる必要があり，以下のように整理します．

```
Ret <- unique(data_chap13$RETAILER)
regdata <- NULL
for (i in 1:nreg) {
```

```
    subdat <- subset(data_cheese, RETAILER == Ret[i])
    Cons <- rep(1, nrow(subdat))
    X <- cbind(Cons, subset(subdat, select = c(DISP, PRICE)))
    X <- as.matrix(X)
    y <- subset(subdat, select = c(VOLUME))
    y <- as.matrix(y)
    regdata[[i]] = list(y = y, X = X)
}

Data <- list(regdata = regdata, Z = Z)
```

上記の regdata は店舗ごとの従属変数と独立変数を含むリストです．これらを全体で束ねたのはリスト Data で，これを関数 rhierLinearModel の引数として設定します．MCMC シミュレーションのコードは以下のように与えられます．ここで，イタレーション回数を 2,000 回に設定します．分析にはギブスサンプリング（Gibbs Sampler）と呼ばれる手法が用いられています．

```
set.seed(2)
Mcmc <- list(R = 2000, keep = 1)
out <- rhierLinearModel(Data = Data, Mcmc = Mcmc)
##
## Starting Gibbs Sampler for Linear Hierarchical Model
##      88  Regressions
##       3  Variables in Z (if 1, then only intercept)
##
## Prior Parms:
## Deltabar
##       [,1] [,2] [,3]
## [1,]    0    0    0
## [2,]    0    0    0
## [3,]    0    0    0
## A
##       [,1] [,2] [,3]
## [1,] 0.01 0.00 0.00
## [2,] 0.00 0.01 0.00
## [3,] 0.00 0.00 0.01
## nu.e (d.f. parm for regression error variances)=  3
## Vbeta ~ IW(nu,V)
## nu =  6
## V
```

```
##      [,1] [,2] [,3]
## [1,]    6    0    0
## [2,]    0    6    0
## [3,]    0    0    6
##
## MCMC parms:
## R= 2000  keep= 1  nprint= 100
##
##  MCMC Iteration (est time to end - min)
##  100 (0.0)
 (略)
```

推定結果の要約を以下のようにオブジェクト mat にまとめています．mat の最初の3行目は切片に関する推定結果です．1行目（$\beta = 10.249$）は全店舗間での切片の中央値を表しています．同じ行の2列目と3列目は95％信用区間の下限と上限を表しています．切片の平均の95％CIは0を含んでいないので，このパラメータの推定値は有意になります．2行目（$\beta = -0.092$）は切片に対する開業期間 Hist の影響で，負の値を取っていますが，該当する95％CIは0を含んでいるため，この属性の影響は統計的に有意ではないことになります．つまり，モデルの切片の異質性は開業期間の違いによって説明できないことを意味します．同様に，3行目は切片に対するロイヤルティ・プログラム参加者割合の影響を示していますが，該当する95％CIが0を含んでいるため，属性 Loy によって切片が異なると言えない結果になっています．

```
mat <- apply(out$Deltadraw, 2, quantile, probs = c(0.5, 0.025, 0.975))
mat <- t(mat)
colnames(mat) <- c("median", "Lower 2.5%", "Upper 97.5%")
print(mat)
##               median Lower 2.5% Upper 97.5%
## [1,] 10.24858721  9.55074301 10.93029929
## [2,] -0.09224017 -0.64274082  0.47192750
## [3,]  0.19976907 -0.73700823  1.15516458
## [4,]  0.99099531  0.55441465  1.46669357
## [5,] -0.42534743 -0.81305008 -0.02943328
## [6,]  0.55300431 -0.08599462  1.22900610
## [7,] -2.24413067 -2.79765659 -1.68950679
## [8,]  0.18629194 -0.24568631  0.62695449
## [9,] -0.06659653 -0.85187549  0.66744027
```

推定結果をさらに見ていくと，オブジェクト mat の4行目から6行目は特別陳列の平均的な効果，それに対する店舗属性 Hist と Loy の影響を示しています．平均的に，特別陳列は売上げに対して正の効果（$\beta = 0.991$; $CI = [0.554, 1.467]$）をもたらすことになっています．しかし，この効果は開業期間が長い店舗ほど小さくなることがわかります（$\beta = -0.425$; $CI = [-0.813, -0.029]$）．一方，ロイヤルティ・プログラム参加者の割合の影響は，信用区間に0が含まれているため（$CI = [-0.086, 1.229]$），有意ではありませんでした．最後に，価格の影響は変数 mat の最後の7行目に確認できます．結果からわかるように，価格の係数は負の値をとり，その信用区間に0を含んでいません（$\beta = -2.244$; $CI = [-2.798, -1.690]$）．したがって，平均的な店舗においては，価格が上がれば売上げは減少することになります．さらに，この価格の効果が属性 Hist と Loy が異なる店舗の間で違いがあるかどうかを調べると，いずれの回帰係数の信用区間が0を含んでいるため，有意な推定結果にはなりませんでした．したがって，店舗間での価格効果の異質性はこれらの属性によって説明することができないと結論づけることができます．

以上述べた推定結果の要約を以下のように行列のかたちに変換すれば，よりわかりやすい結果になります．オブジェクト Delta_estimates の一行目は，切片，特別陳列，価格の推定値の中央値になっています．同オブジェクトの2行目と3行目は店舗属性 Hist と Loy の影響を表しています．

```
Delta_estimates <- matrix(mat[,1], 3, 3)
colnames(Delta_estimates) <- c("CONS", "DISP", "PRICE")
row.names(Delta_estimates) <- c("CONS", "HIST", "LOY")
print(Delta_estimates)
##               CONS        DISP       PRICE
## CONS 10.24858721  0.9909953 -2.24413067
## HIST -0.09224017 -0.4253474  0.18629194
## LOY   0.19976907  0.5530043 -0.06659653
```

最後に，推定結果が店舗ごとの間にどのように異なるかを調べます．本分析では，分析対象ごとに推定結果が得られたので，これらの分布を調べればそれぞれの異質性の程度を確認することができます．パラメータの分布を作図するために，以下のように関数 plot を用います．図 13.1 は3つのパラメータの推定値の分布を示しています．

```
plot(out$betadraw)
```

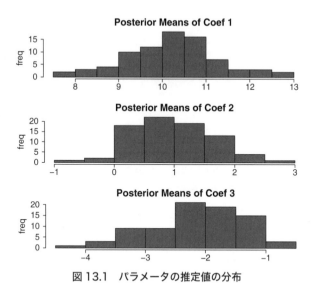

図13.1　パラメータの推定値の分布

章末問題
---

1. クーポンなどの小売業が行う価格プロモーションに対する消費者の反応は個人によって異なると考えられるが，この違いを消費者のどのような属性で説明できるかを考えてみてください.

2. ブランドロイヤルティが高い人と低い人の間で価格に対する感度がどのように異なるか，またその理由を考えてください.

第 14 章
複数の消費者反応の同時分析

　企業のマーケティング施策は消費者の意思決定の様々な側面に影響を及ぼします．そのため，同一のマーケティング活動に対して消費者が様々な反応を見せる状況は稀ではありません．たとえば，値引きによって消費者の購買金額と購買頻度が同時に影響されることが挙げられます．一般的に，これらの反応の間に相関関係があると考えられます．本章では，相関関係があると見られる複数の消費者の反応を同時に分析するための枠組みを取り上げます．ここでは，独立変数の集合が同じ場合と異なる場合に分けて解説します．前者の場合は，多変量回帰モデル，後者の場合は，見かけ上無相関な回帰モデル（Seemingly Unrelated Regression Model: SUR モデル）を用います．

［本書サポートサイト掲載の chapter_14_1.csv, chapter_14_2.csv のデータを使用します．］

14.1　消費者の複数の反応

　プロモーションや広告などのマーケティング活動により，消費者のブランド選択，購入時期と場所，購入量など複数の意思決定が同時に影響される場合があります（図 14.1 を参照）．たとえば，ある小売業者が実施した期間限定の値引きによって，一定期間における来店頻度と来店当たりの購買金額が同時に増えることが日常にあると考えられます．これらの消費者の反応の間に明確な因果関係がなくとも，互いに相関している可能性はあります．購買金額と来店頻度の例で考えると，当該期間における消費者の予算に大きな変化がない限り，来店頻度の増加は来店当たりの購買金額の減少を伴うことが予想できます．また，この相関関係は消費者の購買特性に起因することもあります．たとえば，来店頻度が高い人ほど，一回当たりの購買金額が小さいという傾向があるならば，両者の間に負の相

関があると考えられます.

　複数の消費者反応を従属変数とするモデルを検討するにあたり，それぞれを独立にモデル化し分析を行う方法があります．線形回帰モデルを利用する場合，**第3章または第13章**で説明した分析方法でモデルごとのパラメータを推定することが可能です．しかし，この方法には大きな問題点があります．それは，すべてのモデルが独立に推定されるため，複数の消費者反応の間の相関が無視されてしまうことです．すでに述べたように，消費者の反応変数の間に因果関係が仮定されていなくとも，それらが互いに相関している場合があります．この相関関係を無視すれば，マーケティング施策などの独立変数の効果が正確に推定されない可能性があります．つまり，独立変数の影響に関する推定結果にバイアスがかかり，そのズレの方向と大きさは従属変数間の相関と独立変数の影響の大きさに規定されます．たとえば，購買金額と来店頻度の間に正の相関があり，しかもこれらの変数がプロモーション活動から正の影響を受ける場合，それぞれのモデルを独立に推定すれば，プロモーションの効果を過少評価してしまう可能性があります.

図 14.1　マーケティング施策に対する消費者の複数の反応

　以上のような問題を回避するには，従属変数間の相関を考慮する必要があります．方法として，すべての従属変数を同時にモデル化することです．このような同時モデルは，複数の回帰モデルの連立方程式という形を取りますが，すべての回帰式において独立変数の集合が同じ場合と異なる場合で，モデルの定式化と推定方法が変わってきます．説明変数の集合が同じ場合は，多変量回帰モデルを用い，異なる場合は，SUR モデルを用います．次節以降にそれぞれについて詳しく説明します.

14.2　平均購買金額と店舗滞在時間のデータ

　複数の消費者反応の同時分析を説明するために，ここでは顧客の平均購買金額と店舗滞在時間の例を考えます．まず，分析に用いるデータについて説明します．**表 14.1** はデータの概要を示しています．このデータは，一年間におけるあるショッピングモールでの顧客の購買行動に関する仮想のデータです．項目 **Cid** は顧客の識別番号（ID）を示し，1 から 100 までの数字で表しています．ここで検討している従属変数は一か月間における平均購買金額（**Pamount**）と平均滞在時間（**Pdur**）の 2 つです．直感的に考えれば，両変数の間に正の相関があると予想されます．顧客がより多くの商品を購入する場合，購買金額は一般的に大きくなります．一方，商品ごとの購入を検討する際に価格やブランドを比較したりすることで購買に至るまである程度の時間を要します．したがって，購入する商品数が増えれば，店舗滞在時間も長くなると考えられます．また，別の説明として，店舗での滞在時間が長くなるのは，顧客が買い物を楽しんでいるからかもしれません．楽しい買い物経験は顧客の意思決定能力の向上につながり，結果として顧客がよりたくさんの商品を購入することになると考えられます．さらに，楽しい経験は顧客の衝動性を高め，衝動買いを発生しやすくすることも知られています．

表 14.1　購買金額と店舗滞在時間のデータ

項　目	概　要	従属変数・独立変数
Cid	顧客 ID	従属変数
Pamount	一か月間における平均購買金額	従属変数
Pdur	一か月間における平均滞在時間	独立変数
Disc	値引き率	独立変数
Event	一か月間におけるイベントの実施回数	独立変数
Temp	一か月間の平均気温	独立変数
Sqtemp	Temp の二乗値を取る変数	独立変数
Rain	一か月間の平均降水量	独立変数

　また，データには独立変数として Disc, Event, Temp, Sqtemp, と Rain という 5 つの項目が含まれています．Disc は毎月実施されている価格プロモーションで，値引き率で表示されています．Event は，ミニコンサートや展示会などの

イベントがモール内に開催された回数を表しています．天気の影響を考慮するために，毎月の平均気温 Temp と平均降水量 Rain を入れています．最後に，気温の非線形の影響を考慮するために，平均気温の二乗値 Sqtemp を入れています．

これまでと同様に，関数 read.csv を用いてデータを読み込み，関数 head を用いてデータの最初 20 件を表示します．

```
data_chap14_1 <- read.csv("chap_14_1.csv", header = TRUE)
head(data_chap14_1, 20)
##    Cid Pamount Pdur Disc Event Temp Sqtemp  Rain
## 1    1   23735 6.41   15     1  6.1  37.21  59.7
## 2    1   25329 5.92    0     2  7.2  51.84  56.5
## 3    1   29551 8.41   20     0 10.1 102.01 116.0
## 4    1   18099 3.99    0     3 15.4 237.16 133.7
## 5    1   24776 4.29    0     1 20.2 408.04 139.7
## 6    1   24987 5.50    0     4 22.4 501.76 167.8
## 7    1   24451 6.83   15     2 25.4 645.16 156.2
## 8    1   25286 7.50   20     2 27.1 734.41 154.7
## 9    1   21440 3.11    0     1 24.4 595.36 224.9
## 10   1   20727 4.97    0     3 18.7 349.69 234.8
## 11   1   22844 3.12    0     0 11.4 129.96  96.3
## 12   1   24375 7.39   15     2  8.9  79.21  57.9
## 13   2   24812 6.66   15     1  6.1  37.21  59.7
## 14   2   24796 4.62    0     2  7.2  51.84  56.5
## 15   2   29239 8.04   20     0 10.1 102.01 116.0
## 16   2   23687 5.34    0     3 15.4 237.16 133.7
## 17   2   22425 3.87    0     1 20.2 408.04 139.7
## 18   2   21444 5.53    0     4 22.4 501.76 167.8
## 19   2   23795 6.80   15     2 25.4 645.16 156.2
## 20   2   32693 8.30   20     2 27.1 734.41 154.7
```

なお，データは月単位で集計され，一人の顧客につき 12 件のレコードがあります．また，同じ月の独立変数の値が顧客の間に共通していることに注意してください．

次に，従属変数の間の相関関係を調べましょう．データを集める前の段階であれば，従属変数間の相関関係を理論的に検証して，その可能性を判断することが考えられます．しかし，いまのようにデータが既にある場合は，まず変数間の散布図を描いて，目視で相関の可能性を観察します．以下に，購買金額と滞在時間

の散布図を示します.

```
plot(data_chap14_1$Pamount, data_chap14_1$Pdur,
    xlab = "Pamount", ylab = "Pdur")
```

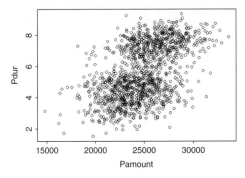

図 14.2 平均購買金額と平均滞在時間の散布図

図 14.2 から,平均購買金額が増えれば,来店当たりの滞在時間も長くなるという右肩上がりの傾向が確認できます.次に,関数 cor を用いて両変数の相関係数を求めます.

```
cor(data_chap14_1$Pamount, data_chap14_1$Pdur)
## [1] 0.5068483
```

平均購買金額と平均滞在時間が 0.51 程度なので,決して低くはありません.さらに,この相関係数が統計的に 0 より大きいといえるか検定を行います.相関係数の検定は以下のように関数 cor.test を用います.

```
cor.test(data_chap14_1$Pamount, data_chap14_1$Pdur)
##
##   Pearson's product-moment correlation
##
## data:  data$Pamount and data$Pdur
## t = 20.351, df = 1198, p-value < 2.2e-16
## alternative hypothesis: true correlation is not equal to 0
## 95 percent confidence interval:
##  0.4635546 0.5477278
## sample estimates:
##       cor
```

```
## 0.5068483
```

以上の結果からわかるように，検定統計量の p 値が非常に小さく，相関がないという帰無仮説は棄却されます．したがって，データにおける従属変数の相関関係が統計的に示されました．ただし，ここで注意しないといけないのは，この相関関係は独立変数による共通の影響に起因したものとそれ以外の要因に起因したものが含まれています．後者の場合は，**4.1 節**で述べた理由で相関が発生し，前者の場合は，たとえば値引きによって両変数の値が同時に増えるという原因が挙げられます．同時モデルの分析では，後者の場合の相関関係が誤差項の相関係数の推定値で評価されます．

14.3　一変量回帰分析

従属変数の間に相関関係があることを前節で示しましたが，同時分析を行う前にまずそれぞれを独立に分析して，その結果を次節以降の同時分析の結果と比較します．ここで，**第 13 章**で説明したベイズ回帰分析の方法を用いて，平均購買金額と来店当たりの滞在時間のモデルを推定します．前回と同様に，パッケージ rstanarm をライブラリーから呼び出して，関数 stan_glm を用いて線形回帰モデルの MCMC シミュレーションを実行します．今回は，簡単のために連鎖の数を 2（chains=2）に設定します．また，イテレーション数とバーンイン数をデフォルトの 2,000 と 1,000 にしています．

```
library(rstanarm)
##  要求されたパッケージ Rcpp をロード中です
## This is rstanarm version 2.21.1
## - See https://mc-stan.org/rstanarm/articles/priors for changes to
##    default priors!
## - Default priors may change, so it's safest to specify priors,
##    even if equivalent to the defaults.
## - For execution on a local, multicore CPU with excess RAM we
##    recommend calling
##    options(mc.cores = parallel::detectCores())
```

```
library(rstanarm)
result_Pamount <- stan_glm(
  Pamount ~ Disc + Event + Temp + Sqtemp + Rain,
  data = data_chap14_1, chains = 2, seed = 1234)
##
## SAMPLING FOR MODEL 'continuous' NOW (CHAIN 1).
 (略)
```

シミュレーションの結果を見るために，パッケージ bayestestR にある関数 describe_posterior を用います．平均購買金額の結果は以下のとおりになります．信用区間 95％に 0 を含んでいないのは Disc [112.44, 153.81] と Rain [-18.12, -8.21] のみとなります．したがって，平均購買金額に影響を与えるのはこの 2 つの変数のみです．中央値の符号を見ると，前者は正で後者は負になっています．この結果から，平均購買金額は，値引き率が上がると増加し，降水量が増えると減少することが示されています．

```
library(bayestestR)
describe_posterior(result_Pamount)
## Summary of Posterior Distribution
##
## Parameter    |   Median |             95% CI |    pd |     ROPE | % in ROPE | Rhat |     ESS
## -------------------------------------------------------------------------------------------
## (Intercept) | 25028.71 | [23802.70, 26233.26] |  100% | [-0.10, 0.10] |    0% | 1.000 |  861.00
## Disc        |   133.32 | [  112.44,   153.81] |  100% | [-0.10, 0.10] |    0% | 1.000 | 1255.00
## Event       |    -2.13 | [ -139.06,   132.72] | 51.10% | [-0.10, 0.10] | 0.05% | 0.999 | 1752.00
## Temp        |    50.67 | [ -139.86,   241.46] | 69.65% | [-0.10, 0.10] | 0.26% | 1.000 |  805.00
## Sqtemp      |    -0.53 | [   -5.72,     4.71] | 57.85% | [-0.10, 0.10] | 3.16% | 1.000 |  830.00
## Rain        |   -13.37 | [  -18.12,    -8.21] |  100% | [-0.10, 0.10] |    0% | 0.999 | 1120.00
```

来店当たりの滞在時間についても同様に推定を行い，その結果を以下に示します．

```
result_Pdur <- stan_glm(Pdur ~ Disc + Event + Temp + Sqtemp + Rain,
                        data = data, chains = 2, seed = 1234)
##
## SAMPLING FOR MODEL 'continuous' NOW (CHAIN 1).
 (略)
```

```
describe_posterior(result_Pdur)
## Summary of Posterior Distribution
```

```
## Parameter   |   Median |        95% CI |   pd |          ROPE | % in ROPE | Rhat |     ESS
## ----------------------------------------------------------------------------------------
## (Intercept)|     2.92 | [ 2.66,  3.19] | 100% | [-0.10, 0.10] |        0% | 1.000 |  655.00
## Disc       |     0.21 | [ 0.21,  0.22] | 100% | [-0.10, 0.10] |        0% | 0.999 | 1432.00
## Event      |     0.51 | [ 0.48,  0.54] | 100% | [-0.10, 0.10] |        0% | 1.001 | 1892.00
## Temp       |     0.15 | [ 0.10,  0.19] | 100% | [-0.10, 0.10] |        0% | 1.001 |  615.00
## Sqtemp     | -6.30e-03 | [-0.01, -0.01] | 100% | [-0.10, 0.10] |      100% | 1.001 |  623.00
## Rain       | -9.21e-04 | [ 0.00,  0.00] | 95.90% | [-0.10, 0.10] |    100% | 1.000 | 1400.00
```

分析結果を見ると，信用区間 95％ に 0 を含んでいるものはなく，独立変数の係数がすべて有意であることが示されました．ただし，Rain の係数が無視できるほど小さい値になっており，降水量によって滞在時間が大きく変わることは考えにくいと解釈できます．Disc と Event の中央値はそれぞれ 0.21 と 0.51 でどちらも正の値になっています．これは，値引き率が高いまたはイベントが多く開催される月には顧客がより長い時間をかけて買い物することを示しています．気温について見ると，Temp は正であるのに対し，Sqtemp は負であることから，低い水準から気温が上がると滞在時間が長くなりますが，ある水準を超えると滞在時間が下がります．つまり，寒いときと熱いときは滞在時間が短く，快適な気温のときは長くなり，やや直感に反する結果になったかもしれません．

14.4　多変量回帰モデル

　前節で解説した 2 つの一変量回帰モデルにおいて，両方の従属変数の説明に用いる独立変数の集合は同じです．このような場合，同時分析を行う際に利用されるモデルは**多変量回帰モデル**と呼ばれます．従属変数の数が m 個あるという一般的なケースを想定してこのモデルを説明します．それぞれのモデルに対応する回帰式を以下のように表すことができます．

$$y_{1t} = x_t' \beta_1 + \varepsilon_{1t}$$
$$\vdots \qquad\quad , \quad t = 1, 2, \cdots, n \qquad (14.1)$$
$$y_{mt} = x_t' \beta_m + \varepsilon_{mt}$$

ここで，y_{ct} は期間 t における消費者の c 番目の反応を表しています．β_c は c 番目のモデルにおける k 次元の回帰係数のベクトルを表しています．誤差項 ε_{ct} につ

いても同様にそれぞれのモデルに対応します。(14.1) からわかるように独立変数 x_t はモデル間で共通しています。

いま、$y_t = (y_{1t}, y_{2t}, \cdots, y_{mt})'$, $B = (\beta_1, \beta_2, \cdots, \beta_m)$, $\varepsilon_t = (\varepsilon_{1t}, \varepsilon_{2t}, \cdots, \varepsilon_{mt})'$ とおけば、(14.1) をベクトルの形でまとめて表すことができます。

$$y_t = B'x_t + \varepsilon_t, \quad \varepsilon_t \sim iid\, N(0, \Sigma) \tag{14.2}$$

なお、B は $k \times m$ の係数行列になっています。(14.2) は m 変量の回帰モデルを表していますが、ここで重要なのは誤差項ベクトル ε_t に関する仮定です。この誤差項ベクトルは平均 0 で分散共分散が Σ の m 変量の正規分布に従うと仮定します。この仮定により、従属変数間の相関関係が考慮されていることになります。一変量回帰モデルと違って、多変量回帰モデルでは従属変数間の相関係数を推定する必要があります。

このモデルの尤度関数を得るために、t に関して (14.2) をまとめて行列の形で書き直します。

$$Y = XB + E \tag{14.3}$$

ここで、$Y = (y_1, y_2, \cdots, y_n)'$ は $n \times m$ の従属変数の行列になっています。また、X は $n \times k$ の独立変数の行列で、E は $n \times m$ の誤差項の行列を表しています。このモデルの尤度関数は次のように表すことができます。

$$L(B, \Sigma | Y, X) \propto |\Sigma|^{-n/2} \exp\left(\mathrm{tr}\left(-\frac{1}{2}(Y - XB)'\Sigma^{-1}(Y - XB)\right)\right) \tag{14.4}$$

ここで、$\mathrm{tr}(\cdot)$（トレースと読む）は行列の対角成分の和を表しています。ところで、尤度関数 (14.4) の右辺はさらに以下のように分解できることが知られています。

$$|\Sigma|^{-(n-k)/2} \exp\left(\mathrm{tr}\left(-\frac{1}{2}S\Sigma^{-1}\right)\right)|\Sigma|^{-k/2} \exp\left(\mathrm{tr}\left(-\frac{1}{2}(B - \hat{B})'X'X(B - \hat{B})\Sigma^{-1}\right)\right) \tag{14.5}$$

ただし、$S = (Y - XB)'\Sigma^{-1}(Y - XB)$, $\hat{B} = (X'X)^{-1}X'Y$ とします。(14.5) の前半の部分は Σ に関す逆ウィシャート分布の表現になっており、これは前章で見た誤差項分散 σ^2 に関する逆ガンマ分布の多変量版と考えることができます。また、後半の部分は回帰係数行列 B の分布で、Σ を既知として、平均が $\hat{B}$、分散が

$(X'X)^{-1}\Sigma$ の多変量正規分布になっています.

　以上のように，尤度関数は逆ウィシャート分布と条件付き多変量正規分布のかたちをとっていることがわかります．したがって，共役事前分布を用いたい場合は，事前分布が尤度関数と同様な関数系を持たなければなりません．具体的に，共役事前分布が以下のような関係になることが必要です.

$$p(\Sigma, B) = p(\Sigma)p(B|\Sigma) \tag{14.6}$$

(14.5) における Σ と B の分布から，共役事前分布において，Σ は逆ウィシャート分布，B は多変量正規分布に従うことになります.

$$\begin{aligned} \Sigma &\sim IW(\nu_0, V_0) \\ B|\Sigma &\sim N(\bar{B}, \Sigma \otimes A^{-1}) \end{aligned} \tag{14.7}$$

ここで，$\nu_0, V_0, \bar{B}$ と A は事前分布のパラメータで，分析者が任意に決めることができます.

　このように，共役事前分布を設定することによって，パラメータの事後分布が事前分布と同じ分布族で表現可能になります．導出の詳細は省略しますが，事前分布と尤度関数の積をとれば，以下のように事後分布を得ることができます.

$$\begin{aligned} \Sigma|Y, X &\sim IW(\nu_0 + n, V_0 + \hat{S}) \\ B|Y, X, \Sigma &\sim N(\bar{b}, \Sigma \otimes (X'X + A)^{-1}) \end{aligned} \tag{14.8}$$

(14.8) における $\bar{b}$ と $\hat{S}$ は次のように与えられます.

$$\begin{aligned} \bar{b} &= \mathrm{vec}(\bar{B}) \\ \bar{B} &= (X'X + A)^{-1}(X'X\hat{B} + A\bar{B}) \\ \hat{S} &= (Y - X\bar{B})'\Sigma^{-1}(Y - X\bar{B}) + (\bar{B} - \bar{B})'A(\bar{B} - \bar{B}) \end{aligned} \tag{14.9}$$

　多変量回帰モデルのパラメータに関する事後分布が得られたので，次はこの事後分布を基にパラメータの推定を行います．推定方法は，一変量回帰モデルと同様に MCMC 法を使います．シミュレーションの手順としては，まず Σ を逆ウィシャート分布から生成し，その結果を基に B を m 変量正規分布から生成します．それでは，前節で述べた平均購買金額と店舗滞在時間のデータに多変量回帰モデルを適用して，MCMC 法で推定しましょう.

　ベイズ多変量回帰モデルの推定に，パッケージ bayesm にある関数 rmultireg を用います．このパッケージに入力する従属変数および独立変数は行列形式になっているので，以下のようにデータ形式を変換して，それらの変数を準備します．また，このパッケージでは，切片項が自動的に含まれないので，独立変数を定義する際には，切片項を加える必要があります．さらに，事前分布を設定する際に用いる従属変数と独立変数の数を定義します．今回は従属変数が 2 つで，説明変数が切片を入れて 6 つあります．

```
## 従属変数
Y1 <- data_chap14_1$Pamount
Y2 <- data_chap14_1$Pdur

## 独立変数
Cons <- rep(1, nrow(data_chap14_1))
X <- as.matrix(data.frame(Cons,
                          data_chap14_1[,c(4:ncol(data_chap14_1))])
               )

m <- 2  # 従属変数の数
k <- ncol(X) # 切片を含めた独立変数の数
```

　次に，(14.7) で与えた事前分布の 4 つのパラメータである $\nu_0, V_0, \bar{B}$ と A を設定します．これらのパラメータを比較的に自由に設定することが可能ですが，パラメータに関して十分な知識を持っていない場合は，散漫な事前分布を設定することが推奨されます．ここでは，$\bar{B}$ を 0 の行列，A を対角要素に 0.01 の値を取る対角行列としています．また，ν_0 と V_0 には従属変数の数を設定します．

```
## 事前分布の設定
betabar <- rep(0, k*m)
Bbar <- matrix(betabar, ncol = m)
A <- diag(rep(0.01, k))
nu <- m
V <- nu * diag(m)
```

　シミュレーションのイタレーションの回数とバーンイン回数は一変量モデルを推定するときと同様にそれぞれ 2,000 回と 1,000 回に設定します．イタレーションごとに生成される乱数を格納するために，以下のように betadraw と

Sigmadraw の行列を用意します.

```
## MCMCs シミュレーションの設定
S <- 2000  # イタレーションの回数
burn <- 1000 # 除去する最初のサンプル数
ret <- S - burn # 保存するサンプル数

betadraw <- matrix(double(ret*k*m), ncol = k*m)
Sigmadraw <- matrix(double(ret*m*m), ncol = m*m)
```

　これで推定の準備が整ったので, パッケージ bayesm を呼び出してシミュレーションを開始します. これまでのパッケージと違って, ここでは繰り返しの過程をループ機能で書かなければなりません. なお, バーンイン期間が終わるまで生成される乱数は保存されないので注意が必要です.

```
library(bayesm)
set.seed(1)
for (j in 1:r){

  Y <- cbind(Y1, Y2)
  ## パラメータのサンプリング
  out <- rmultireg(Y, X, Bbar, A, nu, V)

  ## 新しいパラメータ値の保存
  if(j > burn){
    betadraw[j - burn,] <- out$B
    Sigmadraw[j - burn,] <- out$Sigma
  }
}
```

シミュレーションが完了したら, 生成されたパラメータの乱数が betadraw と Sigmadraw に保存されているので, これらの結果を基に, 事後分布のパラメータの要約を行います. ここで, 必要なのはパラメータの中央値と信用区間の下限と上限なので, 以下のように求めます.

```
mat <- apply(betadraw, 2, quantile, probs = c(0.5, 0.025, 0.975))
mat <- t(mat)

# 購買金額の推定結果
```

```
beta1 <- mat[1:k,]
rownames(beta1) <- colnames(X)
colnames(beta1) <- c("Median", "CI_2.5%", "CI_97.5%")
print(beta1, digits = 3)
##            Median  CI_2.5% CI_97.5%
## Cons  25018.203 23600.50 26205.56
## Disc    133.987   113.52   157.91
## Event     0.839  -131.97   129.15
## Temp     50.358  -141.38   255.57
## Sqtemp   -0.595    -6.52     4.72
## Rain    -13.297   -17.86    -8.33
```

　まず，購買金額の推定結果について考察します．信用区間 95% に 0 を含まないのは Disc と Rain のみで，これらの変数は平均購買金額に影響を与えると言えます．このパラメータの有意性に関しては，一変量回帰モデルの結果と一致することになっています．しかし，推定値に注意すれば，両分析結果に違いがあることがわかります．多変量回帰モデルでは Disc の推定値が 133.987 であるのに対して，一変量モデルでは 133.32 になっています（p.265）．同様に，平均降水量 Rain の推定結果についても，多変量モデルでは −13.297 で，一変量モデルでは −13.37 になっていることがわかります．つまり，一変量モデルは，正の影響を与える変数の回帰係数を大きく推定し，負の影響を持っている変数の回帰係数を小さく推定したことになります．この差は，従属変数間の相関によるものだと考えられますが，仮に真のモデルが多変量回帰モデルであれば，一変量モデルはパラメータを過剰に推定してしまうことになります．

　次に，来店当たりの滞在時間の結果を見ていきます．Rain 以外は，信用区間 95% に 0 が含まれないので，これらの独立変数の効果が統計的に有意であるといえます．この結果は，一変量回帰モデルの結果と少し異なっています．一変量モデルでは，影響が無視できるほど小さいものの，有意な結果となった Rain でしたが，多変量モデルでは有意な結果になりませんでした．したがって，来店当たりの滞在時間が天気によって影響されるとはいえないことがわかりました．その他の変数については，特に大きな差が見られませんでした．

```
# 滞在時間の推定結果
beta2 <- mat[(k+1):(2*k),]
rownames(beta2) <- colnames(X)
```

```
colnames(beta2) <- c("Median", "CI_2.5%", "CI_97.5%")
print(beta2, digits = 3)
##            Median    CI_2.5%   CI_97.5%
## Cons     2.910023   2.61922   3.189928
## Disc     0.214359   0.20997   0.219073
## Event    0.510127   0.48318   0.539220
## Temp     0.146395   0.10627   0.192666
## Sqtemp  -0.006301  -0.00757  -0.005200
## Rain    -0.000865  -0.00190   0.000163
```

　最後に，分散共分散の推定結果を要約して考察します．以下に示すように，す
べての分散共分散の信用区間 95％が 0 を含まないため，従属変数間に相関があ
るという結果になりました．相関関係の大きさを調べるために，分散共分散行列
covmat に対して関数 cov2cor を適用して相関行列を求めます．結果を見ると，
平均購買金額と店舗滞在時間の間の相関が 0.276 程度であることがわかります．
決して高い相関ではありませんが，一方の変数が大きくなればもう一方の変数も
増えることは否定できません．したがって，両変数を分析する際には，両方の間
の相関関係を考慮した多変量回帰モデルが適切であるといえます．

```
# 分散共分散の推定結果
mas <- apply(Sigmadraw, 2 ,quantile, probs = c(0.025, 0.5, 0.975))
mas <- t(mas)
print(mas)
##               2.5%         50%          97.5%
## [1,] 5.644984e+06 6.076610e+06 6.600642e+06
## [2,] 2.836724e+02 3.579571e+02 4.388730e+02
## [3,] 2.836724e+02 3.579571e+02 4.388730e+02
## [4,] 2.555147e-01 2.766207e-01 3.003952e-01
covmat <- matrix(mas[,2], m, m)

# 相関行列
cormat <- cov2cor(covmat)
print(cormat)
##             [,1]        [,2]
## [1,] 1.0000000 0.2760947
## [2,] 0.2760947 1.0000000
```

14.5 テレビ視聴, インターネット閲覧, EC サイトの閲覧時間

　前節では, 独立変数が共通する場合の同時モデルを解説しましたが, 本節ではこれらが異なる場合の同時モデルの分析を説明します. 上述のように, ここで用いるモデルは（第 12 章でも解説した）**見かけ上無相関な回帰モデル**（Seemingly Unrelated Regression Model: **SUR モデル**）になります. この SUR モデルでは, 従属変数ごとの説明変数の集合が異なるため, これらの変数間の相関関係は独立変数によるものではなく, 主にモデルに含まれない要因, つまり誤差項の間の相関に起因するものだと考えられます. そのため, 従属変数のそれぞれに対応する回帰モデルが無関係であるかのように見えることが多く, これがこのモデルが SUR モデルと呼ばれる理由です.

　ここでは, 消費者のテレビ視聴, インターネット閲覧, および EC サイトの閲覧という 3 つの行動に費やされる時間に関する同時分析を考えます. 前節と同様に, ここでも仮想のデータを用いて説明します. **表 14.2** はデータの概要を示しています. このデータは一日の消費者の行動を 30 日間記録したものになっています. サンプルサイズは 100 人で, データ件数が全部で 3,000 件になります. ここで, 対象となる従属変数は TV, Internet, と ECsite の 3 つの項目で, それぞれが一日におけるテレビの視聴時間, EC サイト以外のインターネット利用時間,

表 14.2　購買金額と店舗滞在時間データ

項　　目	項目概要	従属変数・独立変数
Cid	消費者 ID	従属変数
TV	一日のテレビ閲覧時間	従属変数
Internet	一日のインターネット閲覧時間（EC サイト以外）	従属変数
Ecsite	一日の EC サイト閲覧時間	独立変数
Weekday	平日ダミー	独立変数
Prime	プライムタイムでの視聴時間のダミー	独立変数
Regular	レギュラー番組の視聴のダミー	独立変数
News	ニュース番組の視聴のダミー	独立変数
Sports	スポーツ番組の視聴のダミー	独立変数
Smphone	スマートフォン利用のダミー	独立変数
Ecad	EC サイトの広告の有無	独立変数

ECサイトの閲覧時間を表しています．独立変数として，平日のダミー
(Weekday)，プライムタイム（午後7時から11時まで）における視聴の有無
(Prime)，レギュラー番組の視聴有無（Regular），視聴する番組に関するダミー
変数（News, Sports），インターネットのアクセス時におけるスマートフォン利
用の有無（Smphone），とテレビ閲覧中にECサイトの広告が放送されたかどうか
のダミー変数（Ecad）が含まれています．

　このデータを用いた理由は次のとおりです．1つは，これらの3つの従属変数
の間に何らかの相関関係があると想定されます．まず，テレビの視聴時間とイン
ターネットの閲覧時間について考えてみると，一日のうちどちらの行動に割くこ
とのできる時間は限られますので，一方に費やす時間が増えれば，もう一方の行
動に費やす時間が減ると考えられます．また，逆にテレビの視聴によってテレビ
で得た情報をさらにインターネットで検索するというように，テレビの視聴行動
がインターネットの閲覧行動を刺激することも考えられます．この場合，テレビ
の視聴時間とインターネットの閲覧時間の間に正の相関があると予想されます．
ECサイトに関しても同様に，テレビ視聴時間とECサイトの閲覧時間と何らか
の理由で正または負の相関があると考えられます．また，独立変数の影響につい
て考えてみると，視聴する時間帯と番組のジャンルは直感的に3つの従属変数に
影響を与えると予想されます．一方，テレビの視聴時間は消費者がスマート
フォンを利用するかどうか，ECサイトの広告があるか否かによって影響される
ことが考えにくいと考えます．さらに，ECサイトの閲覧時間はECサイトの広
告に影響されることが十分にありうる一方で，インターネットの閲覧時間はこの
変数に影響される可能性が低いと考えられます．このように，分析前の段階で合
理的に考えることで，3つの従属変数に影響を与える従属変数の集合が異なると
判断できます．

　それでは，データを読み込んで，関数headを用いて観測値の最初の6行目を
表示します．

```
data_chap14_2 <- read.csv("chapter_14_2.csv", header = TRUE)
head(data_chap14_2)

  Cid   TV Internet Ecsite Weekday Prime Regular News Sports Smphone Ecad
1   1 4.00     1.66   0.00       0     1       1    0      0       0    0
```

2	1 5.75	1.39	0.36	0	1	0	0	0	1	0
3	1 3.42	3.36	0.00	1	0	0	0	0	1	0
4	1 3.26	3.31	0.00	0	1	1	0	0	1	0
5	1 2.26	4.17	0.00	0	1	1	0	0	1	0
6	1 3.07	1.63	0.08	1	1	0	0	0	0	0

前節と同様に,従属変数間の散布図を作成し,目視できるこれらの間の関係を確認します.以下のように,関数 pairs を用いて散布図を作成します.

```
# 従属変数の散布図
pairs(data_chap14_2[2:4])
```

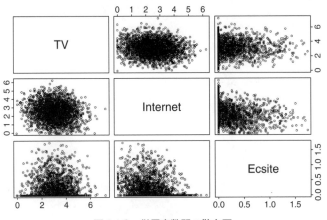

図 14.3 従属変数間の散布図

図 14.3 で示しているように,3 つの従属変数の間に明確な関係性があるとはいえません.ただし,インターネットと EC サイトの閲覧時間の間に負の関係があるように見えます.次に,以下のように相関行列を出力すると,テレビの視聴時間とインターネット閲覧時間の間に負の相関関係があるように見えます.また,インターネットと EC サイトの閲覧時間の間にも同様な関係が見られます.一方,テレビの視聴時間と EC サイトの閲覧時間の間には正の関係が見られます.

```
# 相関行列
cor(data_chap14_2[2:4])
##            TV    Internet      Ecsite
##TV   1.00000000 -0.1019920  0.01659844
```

```
##Internet -0.10199196   1.0000000  -0.29654423
##Ecsite     0.01659844  -0.2965442   1.00000000
```

14.6　SUR モデル

　SUR モデルでは，従属変数ごとに独立変数の集合が異なるため，(14.1) の方程式に対応する関係は以下のように表現されます.

$$y_{1t} = x_{1t}'\beta_1 + \varepsilon_{1t}$$
$$\vdots \qquad\qquad , \quad t = 1, 2, \cdots, n \qquad (14.10)$$
$$y_{mt} = x_{mt}'\beta_m + \varepsilon_{mt}$$

(14.10) を見ればわかるように，モデルごとに説明変数の添え字が割り当てられます．誤差項のベクトルを $\varepsilon_t = (\varepsilon_{1t}, \varepsilon_{2t}, \cdots, \varepsilon_{mt})'$ と書けば，ε_t は平均が 0 で分散共分散行列が Σ の多変量正規分布 $\varepsilon_t \sim iid\ N(0, \Sigma)$ に従うと仮定します．説明変数がモデルごとに異なるため，(14.2) のかたちに表現することができません．そこで $j \in \{1, \cdots, m\}$ について，$y_j = (y_{j1}, y_{j2}, \cdots, y_{jn})'$，$\varepsilon_j = (\varepsilon_{j1}, \varepsilon_{j2}, \cdots, \varepsilon_{jn})'$ と定義します．さらに，$y' = (y_1', y_2', \cdots, y_m')$，$\varepsilon' = (\varepsilon_1', \varepsilon_2', \cdots, \varepsilon_m')$，$\beta' = (\beta_1', \beta_2', \cdots, \beta_m')$ と書きます．ここで，y は m 個の従属変数の観測値を縦に結合したベクトルになっていることに注意してください．次に，独立変数の行列 X を以下のように与えます.

$$X = \begin{bmatrix} X_1 & \cdots & 0 \\ \vdots & \ddots & \vdots \\ 0 & \cdots & X_m \end{bmatrix} \qquad (14.11)$$

ここで，k_j は第 j モデルの独立変数の数，X の対角要素 X_j はこのモデルの独立変数行列で，$n \times k_j$ の行列になっています．このように従属変数と独立変数をベクトルまたは行列で表現することによって，(14.10) を次式のようにコンパクトに表現することができます.

$$y = X\beta + \varepsilon, \quad \varepsilon \sim N(0, \Sigma \otimes I_n) \qquad (14.12)$$

ただし，I_n は n 次元の単位行列を表しています.

　ところで，モデル (14.12) の共役事前分布を (14.6) のかたちに表現することは

困難です．そのため，パラメータの事後分布からサンプリングを行うには工夫が必要です．ここで，分散共分散行列 Σ を $\Sigma = UU'$ のように LU 分解します．次に，(14.12) の左から $(U^{-1})' \otimes I_n$ を掛け，以下のように変換します．

$$\tilde{y} = \tilde{X}\beta + \tilde{\varepsilon} \tag{14.13}$$

ここで，$\tilde{y} = ((U^{-1})' \otimes I_n)y$ になっています．$\tilde{X}$ と $\tilde{\varepsilon}$ に関しても同様に定義されます．証明は省略しますが，誤差項ベクトル $\tilde{\varepsilon}$ はモデルの間で相関を持たないことが知られています．(14.13) において，Σ を所与として，β に関する正規事前分布 $\beta \sim N(\bar{\beta}, A^{-1})$ は共役事前分布となります．これに対応する事後分布は次式のように与えられます．

$$\beta | \Sigma, y, X \sim N(\tilde{\beta}, (\tilde{X}'\tilde{X} + A)^{-1})$$
$$\tilde{\beta} = (\tilde{X}'\tilde{X} + A)^{-1}(\tilde{X}'\tilde{y} + A\bar{\beta}) \tag{14.14}$$

Σ の分布についても同様に，β を所与とした場合，事前分布 $\Sigma \sim IW(\nu_0, V_0)$ は共役事前分布になります．これに対応する事後分布は以下のようになります．

$$\Sigma | \beta, y, X \sim IW(\nu_0 + n, V_0 + S)$$
$$S = E'E \tag{14.15}$$
$$E = (\varepsilon_1, \varepsilon_2, \cdots, \varepsilon_m)$$

以上のように，β および Σ に関して，条件付きの事前分布を利用することによって，事後分布を求めることができるので，これらの分布からギブスサンプリングを実装することができます．シミュレーションは以下の手順に従って行います．

1. Σ の初期値 $\Sigma^{(0)}$ を設定します．
2. $\beta | \Sigma^{(0)}, y, X$ から $\beta^{(1)}$ を生成します．
3. $\Sigma | \beta^{(1)}, y, X$ から $\Sigma^{(1)}$ を生成します．
4. 2 と 3 のステップを繰り返します．

それでは，前節で示したデータに SUR モデルを適用して，パラメータの推定

を行います．ここで使うパッケージは多変量回帰モデルと同じ bayesm パッケージです．MCMC シミュレーションの流れも多変量回帰モデルのものと似ていますので以下に列挙します．ここで異なる点は，SUR モデルでは，事後分布からサンプリングする際に関数 rsurGibbs を用います．

```
## 従属変数
Y1 <- data_chap14_2$TV
Y2 <- data_chap14_2$Internet
Y3 <- data_chap14_2$Ecsite

## 独立変数
Cons <- rep(1, nrow(data_chap14_2))
X1 <- as.matrix(data.frame(Cons, data_chap14_2[,c(5:9)]))
X2 <- as.matrix(data.frame(Cons, data_chap14_2[,c(5:10)]))
X3 <- as.matrix(data.frame(Cons, data_chap14_2[,c(5:11)]))

m <- 3  # 独立変数の数
k <- ncol(X1) + ncol(X2) + ncol(X3) # 切片を含めた説明変数の数

## 事前分布のパラメータ
betabar <- rep(0, k)
A <- diag(rep(0.01, k))
nu <- m
V <- nu*diag(m)


## MCMC シミュレーションの設定
r <- 2000  # イタレーションの回数
burn <- 1000 # 除去する最初のサンプル
ret <- r - burn # 保存するサンプル

betadraw <- matrix(double(ret*k), ncol = k)
Sigmadraw <- matrix(double(ret*m*m), ncol = m*m)

library(bayesm)
set.seed(2)
for (j in 1:r){

  regdata <- NULL
  regdata[[1]] <- list(y = Y1, X = X1)
```

```
regdata[[2]] <- list(y = Y2, X = X2)
regdata[[3]] <- list(y = Y3, X = X3)

# Bayesian SUR モデルのサンプリング
out <- rsurGibbs(Data = list(regdata = regdata),
                 Mcmc = list(R = 1, nprint = 0))

## 新しいパラメータ値の保存
if(j > burn){
  betadraw[j - burn,] <- out$betadraw
  Sigmadraw[j - burn,] <- out$Sigmadraw
}
}
```

MCMC の実装が完了したら，保存されたサンプルを要約します．用いる方法は
14.4 節と同じなので説明は省略します．

```
mat <- apply(betadraw, 2, quantile, probs = c(0.5, 0.025, 0.975))
mat <- t(mat)
```

　この段階で各パラメータの中央値とその信用区間 95％が求められたので，次
に従属変数ごとの推定結果を考察します．まず，テレビ視聴時間のモデルに関す
る結果を考察します．信用区間の上下限の値を見ると，Sports 以外の独立変数
は有意な結果になっています．Weekday の中央値の符号が負になっているので，
平日に比べて週末での視聴時間が長くなる傾向にあるといえます．また，Prime
と Regular の結果からプライムタイムまたはレギュラー番組を視聴する際に，
消費者はより長くテレビを視聴する傾向があります．それに対して，ニュースを
視聴する場合は，視聴時間が短くなります．

```
# テレビ視聴時間の推定結果
beta1 <- mat[1:6,]
rownames(beta1) <- colnames(X1)
colnames(beta1) <- c("Median", "CI_2.5%", "CI_97.5%")
print(beta1, digits = 3)
##          Median CI_2.5% CI_97.5%
## Cons     2.9793  2.8775    3.088
## Weekday -0.4417 -0.5201   -0.366
## Prime    0.2286  0.1604    0.307
```

```
## Regular   0.4227   0.3324   0.517
## News     -0.4974  -0.6114  -0.375
## Sports    0.0504  -0.0433   0.147
```

　同様に，インターネットの閲覧時間の結果を以下に示します．Regular と Sports 以外の独立変数は信用区間に 0 を含まないので，これらの変数はインターネットの閲覧時間に何らかの影響を与えるといえます．たとえば，Weekday の結果を見ると，中央値が 0.53 になっており，週末よりも平日の方がインターネットの閲覧時間が長くなることを示しています．ここで重要なのは Smphone 変数で，この変数はテレビの視聴時間のモデルには含まれませんが，このモデルでは有意な正の影響を持っているという結果になっています．つまり，スマートフォンを利用してインターネットにアクセスする人は，他のデバイスを利用する人に比べて利用時間が長くなる傾向があります．

```
# インターネット閲覧時間の推定結果
beta2 <- mat[7:13,]
rownames(beta2) <- colnames(X2)
colnames(beta1) <- c("Median", "CI_2.5%", "CI_97.5%")
print(beta2, digits = 3)
##               50%      2.5%  97.5%
## Cons       1.7559   1.63045  1.8724
## Weekday    0.5301   0.44884  0.6077
## Prime      0.4032   0.33366  0.4783
## Regular   -0.0196  -0.09981  0.0702
## News       0.3634   0.24664  0.4805
## Sports     0.0835  -0.00203  0.1800
## Smphone    0.1494   0.07222  0.2285
```

　次に，EC サイトでの滞在時間に関する結果を示します．Weekday の推定結果は有意で，係数の符号が負になっています．これは，平日よりも週末のときの方が EC サイトの滞在時間が長くなります．Prime も同様に有意な結果となり，消費者がプライムタイムのときにテレビを視聴する場合，EC サイトの閲覧時間が長くなる傾向にあります．これに対し，Regular の効果は有意ではない結果となりました．News と Sports はともに有意な負の影響を与え，これらの番組ジャンルを視聴する場合，EC サイトでの滞在時間が短くなります．また，Smphone の推定結果も有意で，EC サイトへアクセスする際にスマートフォンを利用する場

合，当該サイトでの滞在時間が長くなります．さらに，Ecad が EC サイトの閲覧時間にもっとも大きな影響を与えることがわかります．テレビを視聴する際に消費者が EC サイトの広告を見た場合，EC サイトの閲覧時間が長くなるという結果になりました．

```
#EC サイト閲覧時間の推定結果
beta3 <- mat[14:21,]
rownames(beta3) <- colnames(X3)
colnames(beta3) <- c("Median", "CI_2.5%", "CI_97.5%")
print(beta3, digits = 3)
##          Median CI_2.5% CI_97.5%
## Cons     0.1328  0.1086  0.15733
## Weekday -0.1030 -0.1197 -0.08634
## Prime    0.0544  0.0399  0.06911
## Regular -0.0111 -0.0294  0.00533
## News    -0.0292 -0.0511 -0.00422
## Sports  -0.0202 -0.0397 -0.00171
## Smphone  0.0314  0.0151  0.04681
## Ecad     0.7044  0.6807  0.72651
```

最後に，従属変数間の相関関係に関する結果を考察します．分散共分散行列 Σの推定結果を以下のように示します．共分散に関する結果を見ると，どの要素も信用区間 95% に 0 が含まれないのがわかります．相関関係を見やすくするために，ここでも関数 cov2cor を用いて相関行列を求めます．結果は前節で議論した内容と概ね同じです．ただし，データの相関係数と比べて，インターネットの閲覧時間と EC サイトの閲覧時間の間により強い負の相関関係が出ています．つまり，独立変数の共通の効果による相関よりも，モデルに含まれない要因による相関関係が顕著であることが示されています．この現象は，両方の従属変数に逆の影響を与える独立変数が存在する場合に起こります．たとえば，今回の分析例では，Weekday がインターネットの閲覧時間に正の影響を与えるのに対し，EC サイトの滞在時間には負の影響を与えます．

```
# 分散共分散の推定結果
mas <- apply(Sigmadraw, 2 ,quantile, probs = c(0.025, 0.5, 0.975))
mas <- t(mas)
print(mas)
##              2.5%         50%         97.5%
```

```
## [1,]   0.911569772   0.954242077   1.004982350
## [2,]  -0.109127659  -0.070628940  -0.035716573
## [3,]  -0.005540308   0.001706044   0.008846523
## [4,]  -0.109127659  -0.070628940  -0.035716573
## [5,]   0.973000964   1.022601752   1.077117489
## [6,]  -0.094852692  -0.086358901  -0.078236011
## [7,]  -0.005540308   0.001706044   0.008846523
## [8,]  -0.094852692  -0.086358901  -0.078236011
## [9,]   0.040783573   0.042878155   0.045326303
covmat <- matrix(mas[,2], m, m)

# 相関行列
cormat <- cov2cor(covmat)
print(cormat, digits = 3)
##          [,1]     [,2]     [,3]
## [1,]   1.00000  -0.0715   0.00843
## [2,]  -0.07150   1.0000  -0.41242
## [3,]   0.00843  -0.4124   1.00000
```

章末問題

1. 相関関係があると思われる消費者の行動をいくつか考え，相関関係の理由を議論してください.
2. 本書のサポートサイトにある chapter_14_mtvreg.csv のデータをダウンロードして，多変量回帰モデルを推定してください.
3. 問 2 の推定結果に基づいて，それぞれのモデルで有意にならなかった説明変数を除外して SUR モデルを構築してください.
4. 問 3 の SUR モデルのパラメータを推定してください.

第15章
自然言語データの分析

　序章でも紹介しましたが，近年，マーケティングが分析対象とするデータの幅は大きく広がり，テキスト，画像，音声などの非構造データの分析方法が注目されています．ただし，非構造データは，そのままでは定量的に分析することは難しいため，まずは定量化を行い，その後定量化したデータを適切に分析できる手法を使う必要があります．そこで本章では，自然言語データ（テキストデータ）を分析対象として，その定量化の方法を紹介し，自然言語データを分析する代表的な分類モデル（トピックモデル）である LDA（latent Dirichlet allocation）による分析方法を解説します．

　　［本書サポートサイト掲載の `chapter_15.xlsx` のデータを使用します．］

15.1　自然言語の定量分析

　マーケティングを含めた社会科学全般で，現象を説明する科学的方法は大きく分けて2つあります．1つは**定量研究**で，データの統計的な解析によって主として仮説の検証を行います．定量研究に使うデータは「**量的データ**」と呼ばれます．そしてもう1つは**定性研究**で，こちらはインタビュー記事や観察ノートなどを利用して仮説の構築を主として担います．定性研究で用いるデータは「**質的データ**」と呼ばれます．本書で扱ってきた売上額，価格，調査データなどはすべて量的データであり，統計的な分析を行って変数間の関係を検討したり，得られた変数を用いて分類を行ったりするための手法をこれまでも解説してきました．

　量的データを使った定量分析であれば，分析者が変わっても同じ分析手法を使うことで同じ結果を得ることができますが，質的データを使った定性分析では，分析者によって結果が変わってしまうことがあります．そこで，質的なデータを

可能な限り定量化し，客観的かつ再現可能な方法で分析するための方法が検討されてきました．その1つが，本章で扱う**形態素解析**と，形態素解析によって得られたデータセットを使った**トピックモデル**です．

　本章では，オンラインレビューのテキストを分析対象とします．オンラインレビューは消費者が製品を実際に利用した感想や長所・短所が記載されたテキストデータで，他の消費者がそれを読むことで，購入の意思決定に影響を与えることもあります．また，製品を製造販売するメーカーから見れば，製品改善のヒントや競合に対する競争優位・劣位にある特性を検討することもでき，情報としての価値は非常に高いものです．しかしながら，オンラインレビューは数が非常に多く，目視では全体としてどのようなことが書いてあるのかわかりません．そこで，オンラインレビューのテキストデータを定量化し，分類する手法が必要になるのです．そこで本章では，大量のテキストデータを分析する方法を紹介します．テキストデータの分析を進めるためには，Rとは別に「MeCab」という形態素解析器をインストールする必要がありますので，その方法についても簡単に説明します．

15.2　データの構造

15.2.1　文章をデータ化する

　まず，文章データを見てみましょう．文書データは演習用データとしてある大学の学生に書いてもらった，現在その学生が使っているスマートフォンのレビューテキストです．テキストデータはエクセルファイル形式ですので，openxlsx を使ってまずはデータをインポートします．

```
install.packages("openxlsx")
library(openxlsx)
data_chap15 <- read.xlsx("chapter_15.xlsx", sheet = "Sheet1")
```

オブジェクト data_chap15 の列を見てみると，OS の列に使用しているスマートフォンの OS が入っており，Gender にレビューした学生の性別，Maker にそのスマートフォンを製造している企業，Month に使用月数，Satisfaction に5段階

の満足度（1 が最低，5 が最高），Content にレビューの本文が入っています．

```
colnames(data_chap15)
## [1] "OS"       "Gender"     "Maker"     "Month"     "Satisfaction"
## [6] "Content"
```

さて，具体的なレビューを見てみましょう，たとえば以下のようなレビューが書かれています．R では日本語を見やすく表示されない場合は，Microsoft Excel などでファイルを開いて確認してもらってもよいかもしれません．

```
data_chap15$content[1]
## [1] "不満点はまず一つは充電がすぐになくなることです。学校に行っていても，
充電器を持って行かないと一日中学校にいるときは少し足らなくなります。また，
電話とかしたらもっと早く充電が無くなってしまうのでそこは少し不満です。も
う一つの不満点はたまに電波が悪く動画が止まってしまったり，検索するのに時
間がかかってしまうことです。ある程度は仕方のない部分なのかもしれませんが，
止まってほしくないときに止まることが多いです。そして最後三つ目は Wi-Fi が
街中とかでもたまにつながってしまうことがあることです。家とかで繋がってく
れるのはもちろんいいことなんですが，友達と電話してるときとかに街中を歩い
ているとなぜか Wi-Fi が繋がることがあります。しかも，その Wi-Fi は接続があ
まり良くないため声が聞こえないし，逆にこっちの声も相手に聞こえなくなって
しまいます。よって繋がっていいことが何一つありません。そこは不満点です。
ですが，前にアンドロイドを使っていた時より良い点もあり，一つは画質がいい
ことです。普通の携帯についてるカメラのアプリでも写真が綺麗に撮れるという
のはかなり良い点だと思います。あと，基本的な性能には満足しています。"
```

15.2.2　文章の形態素解析 1：MeCab のインストール

まずは文章を単語に分解していく必要があります．単語の分解には「形態素解析器」である MeCab を使います．以下は，MeCab によって文章「すももももももものうち（李も桃も桃のうち）．」という文章を，Windows のコマンドプロンプトで MeCab を呼び出し，分解した例です．すもも（李），もも（桃）という名詞を助詞がつないで文章を構成していることがわかります．

```
>echo すももももももものうち. | mecab
すもも  名詞,一般,*,*,*,*,すもも,スモモ,スモモ
```

```
も        助詞,係助詞,*,*,*,*,も,モ,モ
もも      名詞,一般,*,*,*,*,もも,モモ,モモ
も        助詞,係助詞,*,*,*,*,も,モ,モ
もも      名詞,一般,*,*,*,*,もも,モモ,モモ
の        助詞,連体化,*,*,*,*,の,ノ,ノ
うち      名詞,非自立,副詞可能,*,*,*,うち,ウチ,ウチ
.        記号,句点,*,*,*,*,.,。,。
EOS
```

MeCab は R とは別にダウンロードする必要があります．MeCab は作成者である工藤拓氏がプログラムを公開しており，ウェブサイト（https://taku910.github.io/mecab/）から無料でダウンロードすることができますので，まずは MeCab をダウンロードし，各自の OS に合わせてインストールしてください．辞書の文字コードを選択する画面が出ますが，それぞれデフォルトのままにしてください．Windows で使う場合は，文字コードを「Shift-JIS」で辞書を作らないと文字化けしてしまいます．MacOS の場合，辞書のデフォルトの文字コードは「UTF-8」になります．Windows の場合，今後 Python などでも MeCab を使う場合は，文字コード「UTF-8」の辞書を別途作成する必要がありますので，注意してください．また，環境変数（PATH）を設定する必要がありますので，インストールしたディレクトリを PATH のリストに登録されていることを確認してください．MeCab がインストールできたら，コマンドプロンプトを呼び出し，「mecab -v」と入力して，MeCab のバージョンが表示されましたら，正しくインストールできているはずです．

15.2.3　文章の形態素解析 2：RMeCab のインストール

次に，R で MeCab を使えるようにするには RMeCab パッケージをダウンロードする必要があります．RMeCab は石田基広氏によって開発されており，氏のウェブサイトからダウンロードすることができます[1]．以下のコードを R で実行すると RMeCab を使えるようになります．パッケージのインストールは install.packages を使いますが，repos に URL を指定する必要があります．

---

[1]　石田基広（2017）『R によるテキストマイニング入門（第 2 版）』森北出版.

```
install.packages("RMeCab", repos = "https://rmecab.jp/R")
library(RMeCab)
```

では，先程の「すもももももももものうち.」を R で分解してみましょう．関数
RMeCabC によって分解すると，以下のようにコマンドプロンプトと同じような結
果を得ることができます．分類結果はリスト型で取得されますので，関数
unlist でベクトル型に変換すると結果が見やすくなります．

```
RMeCabC("すもももももももものうち。", 1)
## [[1]]
##     名詞
## "すもも"
##
## [[2]]
## 助詞
## "も"
 （略）
## [[8]]
## 記号
## "。"
unlist(RMeCabC("すもももももももものうち。", 1))
##    名詞      助詞    名詞    助詞    名詞    助詞    名詞    記号
## "すもも"   "も"   "もも"   "も"   "もも"   "の"  "うち"   "。"
```

では，先程インポートしたデータを分解してみましょう．Excel ファイルからイ
ンポートしたデータのうち，レビューテキストのデータは 6 列目にありました．
OS によっては，このテキストデータの文字コードをまず変換する必要がありま
す．Windows では文字コード「Shift-JIS」に該当する「CP932」に変換したオブ
ジェクト data_txt を別途定義してください．関数 iconv の引数について，from
は現在の文字コード，to は変換後の文字コード，sub は変換できなかった文字
があった場合の処理ですが，この場合は byte（バイトデータで差し替え）を指
定しています．

```
# Windows の場合
data_txt <- iconv(as.matrix(data_chap15$Content),
                  from = "UTF-8", to = "CP932", sub = "byte")

# MacOS, Google Colab の場合
```

```
data_txt <- as.matrix(data_chap15$Content)
```

分解結果を text_out というオブジェクトにベクトル化した結果は以下のように
なります．日本語の分解について注意が必要な点として，動詞などの活用のある
語であれば，原型をデータとして使う必要があります．たとえば「思わ」と
「思っ」はどちらも「思う」という動詞が活用された形ですが，このまま分析に
含めると別の単語として解釈されてしまいます．そこで，RMeCabC の第2引数に
「1」を入れると，分解した結果として単語の原型が出力されます．

```
text_out <- unlist(RMeCabC(data_txt[1], 1))
text_out
##          名詞          名詞          助詞          副詞          名詞
##        "不満"        "点"          "は"        "まず"        "一つ"
##          助詞          名詞          助詞          副詞          助詞
##          "は"        "充電"        "が"        "すぐ"        "に"
##          動詞          名詞        助動詞          記号          名詞
##      "なくなる"      "こと"        "です"        "。"        "学校"
（略）
##          名詞          名詞        助動詞          名詞          助詞
##        "基本"        "的"          "だ"        "性能"        "に"
##          助詞          名詞          動詞          助詞          動詞
##          "は"        "満足"        "する"        "て"        "いる"
##        助動詞          記号
##        "ます"        "。"
```

結果を見ていただければわかりますが，記号や助詞などの単体では意味がない
言葉が多く，どのような言葉が多く観測されるのかちょっとわかりにくくなって
います．これらの単体としては意味を持たない言葉を「**ストップワード**」といい
ます．ストップワードをどの程度除外するのかは分析目的よって異なりますので，
すべてのケースでストップワードを完全に除去することが求められるわけではな
いので注意が必要です．

　本章では，以下のような条件を満たした語のみを分析対象とすることにしま
しょう．第1の条件 c1 は，text_out で分解された語の文字数 nchar が2文字以
上であることです．1文字の単語はどのような品詞であっても除外しています．
漢字1字の単語も外してしまうので，少し厳しい判定になるかもしれませんが，

まずはこれを使ってみましょう．次に，2つ目から4つ目の，条件 c2 から c4 は，品詞が記号，助詞，助動詞ではないということです．「!=」は否定の演算子なので，c2 は品詞が記号であれば FALSE をとり，そうでなければ TRUE となります．c3 および c4 も同様で，c3 は助詞でなければ TRUE，c4 は助動詞でなければ TRUE となります．

```
c1 <- nchar(text_out) > 1
c2 <- names(text_out) != "記号"
c3 <- names(text_out) != "助詞"
c4 <- names(text_out) != "助動詞"
```

　より複雑な条件を作る場合は「**正規表現**（regular expression）」を利用します．正規表現は文字列の検索において一般的な形式を定義する表現で，たとえば「ひらがなのみで構成されている文字列」や「数字のみで構成されている文字列」を検出することができます．

　下の例では，c5 は「半角数字のみで構成された文字列」を抽出する命令です．使われている関数 grepl は，対象の文字列ベクトルのそれぞれの要素に対して指定したパターンにマッチしているかどうかを判定して TRUE または FALSE を返す関数です．grepl(パターン, 判定対象の文字列ベクトル) という命令になります．ここでパターンに正規表現を使うことができます．まず，「[0-9]」は半角数字の 0 から 9 のいずれかという意味で，パターン内最初の「^」は文字列の先頭からという意味になります．最後の「{1,}」は，当該文字列のパターンが 1 文字以上連続するという意味です．つまり，この命令の組み合わせから「任意の長さの半角数字のみで構成された文字列」を検出することができます．さらに，これを除外したいので，grepl の前に否定演算子「!」を付していますので，条件にマッチした文字列のみが FALSE となります．

　次に，c6 は条件が「0-9０-９」となっていますが，これは「半角数字あるいは全角数字」を指します．たとえば「0-9」と「０-９」を別々に判定すると，半角数字と全角数字が混合した文字列は検出できませんが，c6 の条件であれば混合した文字列を検出することができます．ただ，c5 条件にマッチする文字列は c6 条件にもマッチしますので，c6 を条件に入れるなら c5 を入れる必要はありません．

　最後に，c7 は「ひらがなのみで構成されている長さ 1 または 2 の文字列」を

検出します．文字コードを直接入力しているのでわかりにくいですが，「[¥u3040-¥u309F]」がすべてのひらがな文字という指定になります．最後に「{1,3}」とあるのは，1 文字から 3 文字ならマッチ，それ以上ならマッチしないという意味を持つので，4 文字以上の長いひらがな文字列はマッチしないということになります．正規表現による文字列の検出，検索はテキストデータの分析においては非常に有用です．ここで紹介した以外にも多様な表現が可能なので，必要に応じて調べてみてください．

```
c5 <- !grepl("^[0-9]{1,}$", text_out)
c6 <- !grepl("^[0-9０-9]{1,}$", text_out)
c7 <- !grepl("^[¥u3040-¥u309F]{1,3}$", text_out)
```

さて，本章では c1 から c7 までの条件を使って単語のスクリーニングをしていきます．以下のコードは，c1 から c7 に該当「しない」単語のみが残るようになっています．最後の命令で text_out[c1&c2&c3&c4&c5&c6&c7] としており，c1 から c7 までのすべての条件で「TRUE」になった文字列のみを残しています．

```
text_out <- unlist(RMeCabC(data_txt[1], 1))

c1 <- nchar(text_out) > 1
c2 <- names(text_out) != "記号"
c3 <- names(text_out) != "助詞"
c4 <- names(text_out) != "助動詞"
c5 <- !grepl("^[0-9]{1,}$", text_out)
c6 <- !grepl("^[0-9０-9]{1,}$", text_out)
c7 <- !grepl("^[¥u3040-¥u309F]{1,3}$", text_out)
text_out <- text_out[c1&c2&c3&c4&c5&c6&c7]
```

不要な語を除外した語の一覧は以下のとおりです．意味のない言葉が減って，どのような観点でレビューが書かれているのかわかりやすくなっています．

```
text_out
##       名詞       名詞       名詞       動詞       名詞
##     "不満"     "一つ"     "充電"   "なくなる"   "学校"
##       動詞       名詞       動詞       動詞       名詞
##     "行く"     "充電"     "持つ"     "行く"   "中学校"
##       副詞       動詞       名詞     形容詞       名詞
##     "少し"     "足る"     "電話"     "早い"     "充電"
```

（略）					
##	名詞	名詞	動詞	名詞	名詞
##	"普通"	"携帯"	"ついてる"	"カメラ"	"アプリ"
##	名詞	名詞	動詞	形容詞	動詞
##	"写真"	"綺麗"	"撮れる"	"良い"	"思う"
##	名詞	名詞	名詞		
##	"基本"	"性能"	"満足"		

では，この命令を使ってレビューをすべて分解していきましょう．テキストデータである data_txt をすべて分解し，これを corpus_data というオブジェクト（コーパス）に格納するのが以下のコードです．ループを使えばすべて自動的に分解・抽出してデータを作ってくれます．corpus_data には1列目に該当するレビューの番号，2列目に語が入っています．

```
corpus_data <- NULL

for (n in 1:length(data_txt)){
    text_out <- unlist(RMeCabC(data_txt[n],1))
    c1 <- nchar(text_out) > 1
    c2 <- names(text_out) != "記号"
    c3 <- names(text_out) != "助詞"
    c4 <- names(text_out) != "助動詞"
    c5 <- ! grepl("^[0-9]{1,}$", text_out)
    c6 <- ! grepl("^[0-9０-９]{1,}$", text_out)
    c7 <- ! grepl("^[¥u3040-¥u309F]{1,3}$", text_out)
    text_out <- text_out[c1&c2&c3&c4&c5&c6&c7]

    corpus_data <- rbind(corpus_data, cbind(n, text_out))
}
```

なお，環境によっては作成されたコーパス corpus_data が本書とは異なる場合があります．もし本書の出力を再現したい場合にはサポートサイトにアップロードされている分解済のデータ「chapter_15_corpus.xlsx」を使ってください．

```
# 本書の出力を再現したい場合：分解済みコーパス
corpus_data <- read.xlsx("chapter_15_corpus.xlsx")[,-1]
```

corpus_data を見てもらうと，もともと161件だったテキストデータが13,000行以上になっていることがわかります．レビューごとの登場単語数を集計するに

は，corpus_data の1列目に対して関数 table を適用することで得ることができます．また，頻出単語を集計するには，corpus_data の2列目を使います．

```
vocab_tab <- sort(table(corpus_data), decreasing = TRUE)
```

単語の登場回数を集計した vocab_tab から，頻出単語の上位50位を出力すると，以下のような結果が得られます．スマートフォンのレビューなので「使う」と「iPhone」が1位，2位になっています．他にも上位の単語で「感じる」や「思う」など，少し意味のわかりにくい単語もありますが，これらの単語は正規表現で外すことができますので，もし分析において除外した方がよいと思ったときは，上述のスクリーニング条件に加えるとよいでしょう．また，他にも「画面」や「充電」など，スマートフォンを選ぶ際に消費者にとって重要な観点に関連する単語が上位に入っています．

```
vocab_tab[1:50]
##
##     使う   iPhone   満足    機能    感じる     思う     使用
##     291    264     196     190     184      171      167
##     不満   画面   スマート  充電    フォン   大きい    写真
##     167    133     132     132     130      130      125
##     良い   カメラ  機種    認証  バッテリー  アプリ    現在
##     122    113     107     106     96       84       84
##     高い   持つ    サイズ  多い    スマホ    操作     比べる
##     84     78      74      74      72       70       70
##     非常   容量    自分    便利    ボタン    画質     マスク
##     70     67      62      58      57       56       55
##     撮る   購入    携帯    特に    スマ      問題     iphone
##     55     54      52      52      51       51       50
##     使える  製品    性能    動画    不便     ホーム    指紋
##     50     50      49      49      49       47       47
##     少し
##     47
```

15.3 LDA（Latent Dirichlet Allocation）

15.3.1 入力データとモデル

　前節までで単語に分解したデータセットを作成することができました．この単語に分解したデータセットを集計するだけでもいろいろな分析結果を得ることができますが，このような単語データセットを使った代表的な分析手法として LDA を紹介します．**LDA** は，文書データ（本章ではレビューデータ）をいくつかのトピックに分類している手法で，各文書で共通して観測される単語が多ければ同じトピックの文書であると判定して，確率的に文書をトピックにまとめていく手法です．たとえば新聞記事のデータセットであれば「税制」や「議会」などの単語が観測されれば政治に関するトピック，「ピッチャー」や「満塁」などの単語が観測されれば野球に関するトピックであると推測されます．LDA でレビューを分類していくことによって，どのようなトピックがレビューの中に含まれるのかを知ることができ，また，各レビューで議論されている内容についても，トピックと関連が強い単語から知ることができます．**トピックモデル**は，大量のテキストデータを目視で解釈することができるように情報を縮約していくモデルであるといえます．

　では，まずはモデルを定義していきたいと思います．文書＝レビューが D 個あり，それぞれのレビュー d に N_d 個の単語が含まれているとします．すべてのレビューを合わせた単語数は $N = \sum_{d=1}^{D} N_d$ とし，N を**コーパス長**といいます．ここで，全 N 個の語のうち，第 i 番目の単語を w_i とします．この w_i について，データセットに登場する全語彙を V 個とすると，V 個ある語彙のいずれか 1 つが観測されることになります．したがって，この単語には V 次元のカテゴリカル分布を仮定することができます．カテゴリカル分布は V 次元のパラメータを持ち，これを ϕ とすると，その要素については $\phi_v \in \{0, 1\}$, $\sum_{v=1}^{V} \phi_v = 1$ となります．したがって，単語 w_i が従う分布を考えると，たとえば以下のように表現することができます．

$$w_i \sim Categorical_V(\tilde{\phi}_i) \tag{15.1}$$

ここで，LDA では，パラメータ $\tilde{\phi}_i$ が潜在的なトピック所属パラメータ z_{ik} に依存して変わると仮定しています．ここで，k はトピックのインデックスであり，モデルには K 個のトピックが仮定されています．$\tilde{\phi}_i$ の第 v 要素 $\tilde{\phi}_{iv}$ について，以下のような構造を持っています[2].

$$\tilde{\phi}_{iv} = \prod_{k=1}^{K} \phi_{kv}^{z_{ik}} \tag{15.2}$$

トピック所属インデックス z_{ik} は，K 次元のベクトルパラメータ z_i の第 k 要素で，w_i と同様に k 個の要素のうち 1 つだけが 1 を取り，あとは 0 を取るベクトルになっています．したがって，$z_{ik'} = 1$ であれば，w_i に仮定されるパラメータは $\phi_{k'}$ になります．つまり，z_i によって w_i が所属するトピックが決まると，パラメータ $\tilde{\phi}_i$ としてどのトピックのパラメータが使われるかが決まります．ϕ が異なると語の生成確率の構造も変わってくるので，トピックが変わると観測されやすい語が異なることになります．

また，上述のように，$z_{ik} \in \{0, 1\}$，$\sum_{k=1}^{K} z_{ik} = 1$ なので，z_i にも K 次元のカテゴリカル分布を仮定することができます．

$$z_i \sim Categorical_K(\tilde{\theta}_i) \tag{15.4}$$

パラメータ $\tilde{\theta}_i$ は文書所属の変数 x_{id} に依存しています．x_{id} は D 次元の観測される変数で，単語 i が文書 d に所属していれば 1 を取り，そうでなければ 0 を取るベクトルになっています．また，$\tilde{\theta}_i$ の要素 $\tilde{\theta}_{ik}$ には，以下のような構造を仮定しています．

$$\tilde{\theta}_{ik} = \prod_{d=1}^{D} \theta_{dk}^{x_{id}} \tag{15.5}$$

ここで，x_{id} は文書所属の変数なので，同じ文書 d に所属していれば同じパラメータ θ_{dk} がパラメータになることになります．したがって，同じ文書に所属している単語は，同じトピックに所属する確率が高くなるということになります．

---

[2] 式 (15.1) と (15.2) をまとめて以下のような表現でモデルが定義されることもあります．

$$w_i | z_i = k \sim Categorical_V(\phi_k) \tag{15.3}$$

15.3.2 推定方法

本章では，MCMC法（マルコフ連鎖モンテカルロ法）によってパラメータを推定する方法を解説します．したがって，モデルの推定には事前分布を仮定する必要があります．事前分布が必要なパラメータは ϕ_k, θ_d で，それぞれ共役な分布としてディリクレ分布が仮定されます．

$$\theta_d \sim Dirichlet(\alpha) \tag{15.6}$$

$$\phi_k \sim Dirichlet(\beta) \tag{15.7}$$

これをまとめて，尤度関数と事前分布の積から，条件付き事後分布を求めます．

$$\pi(z, \theta, \psi | w) \propto \left[\prod_{i=1}^{N} \pi_{Cat}(w_i | z_i, \phi) \pi_{Cat}(z_i | \theta) \right] \prod_{k=1}^{K} \pi_{Dir}(\phi_k) \prod_{d=1}^{D} \pi_{Dir}(\theta_d) \tag{15.8}$$

通常はパラメータ $\{z, \theta, \psi\}$ が推定対象になりますが，このモデルでは，条件付き事後分布を θ および ψ について積分した z のみの事後分布を閉じた形で得ることができます．このように一部のパラメータを積分消去してパラメータを削減し，効率的なサンプリングを行う手法を，とくに collapsed Gibbs sampling（**崩壊型ギブスサンプリング**）といいます．LDA ではこの collapsed Gibbs sampling が適用可能であるため，推定は高速で安定しています．

$$\pi(z|w) = \iint \pi(z, \theta, \psi | w) d\theta d\phi \tag{15.9}$$

そして，あとは z_i についてサンプリングをすることで事後分布からのサンプルを得ることができ，その後得られた z_i から θ_d および ϕ_k を得ることができます．詳細な計算過程は省略しますが，z_i の事後分布は以下のようになります．

$$z_{ik} | z_{-i}, w \sim Categorical \left(\frac{\eta_k}{\sum_{l=1}^{K} \eta_l} \right) \tag{15.10}$$

$$\eta_k = \frac{N_{kv^*, -i} + \beta}{N_{k, -i} + V\beta} (N_{dk, -i} + \alpha) \tag{15.11}$$

ただし，$N_{kv^*, -i} = \sum_{j=1, j \neq i}^{N} w_{jv^*} z_{jk}$, $N_{k, -i} = \sum_{v=1}^{V} N_{kv, -i}$, $N_{dk, -i} = \sum_{j=1, j \neq i}^{N} z_{jk} x_{jd}$ になり，v^* は $w_{iv^*} = 1$ となる要素です．具体的なアルゴリズムはさらに簡略化され，N_{kv}, N_k, N_{dk} を更新していくだけのシンプルな計算となっていますが，本書の範囲を出てしまうので，興味がある方は機械学習の教科書等を参考にしてください．

上記の事後分布から z_i を得ることができれば，これを使って以下の式から θ_d と ψ_k を得ることができます．

$$\theta_d = \frac{N_{dk} + \alpha}{N_d + K\alpha} = \frac{\sum_{i=1}^N x_{id}z_{ik} + \alpha}{\sum_{i=1}^N x_{id} + K\alpha} \tag{15.12}$$

$$\psi_k = \frac{N_{kv} + \beta}{N_k + V\beta} = \frac{\sum_{i=1}^N w_{iv}z_{ik} + \beta}{\sum_{v=1}^V \sum_{i=1}^N w_{iv}z_{ik} + V\beta} \tag{15.13}$$

15.3.3　LDA の推定

LDA を推定するパッケージはいくつかありますが，アルゴリズムはそこまで煩雑ではないので，本章では自分で推定アルゴリズムを作ってみます．

まずは入力データを作る準備です．`corpus_data` の2列目から語彙のリストを作ります．関数 `table` を使い，そのラベル（`names`）から語彙のリストを得ることができます．

```
word_list <- names(table(corpus_data[,2]))
```

続いて，LDA の入力となるオブジェクト `dat_x` およびオブジェクト `dat_w` を定義します．上記のモデル定義における x, w に該当します．`corpus_data` は文字列で情報が入っていますので，一度 `factor` 型に変換し，それを数値型に変換しています．

```
dat_x <- as.numeric(factor(corpus_data[,1],
                           levels = 1:nrow(data_txt)))
dat_w <- as.numeric(factor(corpus_data[,2]))
```

また，コーパス長 `N`，語彙数 `V`，文書（レビュー）数 `D` を定義します．また，トピック数 `K` は分析者が与えてやる必要があります．ここでは $K=6$ とします．

```
N <- length(dat_x)
V <- length(word_list)
D <- nrow(data_txt)
K <- 6
```

続いて，トピック所属を示すパラメータ `dat_z` の初期値を定めます．`dat_z` も

x, y と同様，モデルの z に対応しています．ここでは，dat_z の初期値として 1 から K までのトピックをランダムで与えられるようにします．

```
set.seed(1)
dat_z <- ceiling(runif(N)*K)
```

続いて，dat_z の初期値が得られたので，これを使ってオブジェクト Nkv（モデルでは N_{kv} と表記しています），Nk（N_k），Ndk（N_{dk}），Nd（N_d）を計算します．

```
Nkv <- matrix(0, K, V)
Nk <- numeric(K)
Ndk <- matrix(0, D, K)
Nd <- table(dat_x)

for (i in 1:N){
  Nkv[dat_z[i], dat_w[i]] <- Nkv[dat_z[i], dat_w[i]] + 1
  Ndk[dat_x[i], dat_z[i]] <- Ndk[dat_x[i], dat_z[i]] + 1
  Nk[dat_z[i]] <- Nk[dat_z[i]] + 1
}
```

あとは繰り返し回数（NN），ハイパーパラメータ，サンプルを格納するオブジェクト（est_z）を定義して準備完了です．ハイパーパラメータは，a0 が α に対応し，b0 が β に対応しています．それぞれ $K/50$，0.1 にしています．

```
NN <- 1500
b0 <- 0.1
a0 <- K / 50
est_z <- matrix(0, NN, N)
```

以下が LDA を推定するメインのプログラムです．まず，MCMC のサンプリング回数は NN 回なので，1 から NN までのループが外を囲っています．次に，z については i ごとにサンプリングするため，1 から N までのループが入れ子になっています．さて，その内側のアルゴリズムですが，4〜6 行目は Nkv, Ndk, Nk から 1 を引いています．これはモデルの事後分布を計算するために $N_{kv,-i}, N_{dk,-i}, N_{k,-i}$ を得ています．x, w, z はいずれも $\{0,1\}$ の二値ですので，このような単純な計算で事後確率を得ることができます．8〜11 行目では事後サンプルを得るための確率の計算をしており，最後の 11 行目で dat_z が更新されます．その後，13〜15

行目で新しい dat_z[i] を所与として Nkv, Ndk, Nk が更新されます．最後に 18
行目は第 nn 回目の繰り返しにおけるサンプルを格納し，19 行目は繰り返し回数
をコンソールに出力する命令になります．「#」でコメントアウトしていますので，
回数を出力したい場合は「#」を外してください．

```
1   set.seed(1)
2   for (nn in 1:NN){
3       for (i in 1:N){
4           Nkv[dat_z[i], dat_w[i]] <- Nkv[dat_z[i], dat_w[i]] - 1
5           Ndk[dat_x[i], dat_z[i]] <- Ndk[dat_x[i], dat_z[i]] - 1
6           Nk[dat_z[i]] <- Nk[dat_z[i]] - 1
7
8           eta <- ((Nkv[,dat_w[i]] + b0) / (Nk + V * b0)) *
9                   (Ndk[dat_x[i],] + a0)
10          p1 <- eta / sum(eta)
11          dat_z[i] <- which(rmultinom(1, 1, p1) == 1)
12
13          Nkv[dat_z[i],dat_w[i]] <- Nkv[dat_z[i], dat_w[i]] + 1
14          Ndk[dat_x[i],dat_z[i]] <- Ndk[dat_x[i], dat_z[i]] + 1
15          Nk[dat_z[i]] <- Nk[dat_z[i]] + 1
16      }
17
18      est_z[nn,] <- dat_z
19      # print(nn)
    }
```

15.4 分析結果

15.4.1 推定結果の整理

まずは得られた推定結果から z を得て，ϕ, θ を計算します．est_z のはじめの
半分は初期値の影響が残っていると考えられますので廃棄して，501 回め以降の
サンプルを使って最頻値を求め，これを推定された z とします．res_z というオ
ブジェクトに格納しておきましょう．

```
res_z <- dat_z
for (i in 1:N){
 res_z[i] <- which.max(table(factor(est_z[501:NN,i], levels = 1:K)))
 }
```

続いて，この `res_z` を使って Nkv, Nk, Ndk を再計算します．Nd についてはモデルの結果とは独立で決まっているレビューの文字数なので，ここで再計算する必要はありません．

```
Nkv <- matrix(0, K, V)
Nk <- numeric(K)
Ndk <- matrix(0, D, K)

for (i in 1:N){
  Nkv[res_z[i], dat_w[i]] <- Nkv[res_z[i], dat_w[i]] + 1
  Ndk[dat_x[i], res_z[i]] <- Ndk[dat_x[i], res_z[i]] + 1
  Nk[res_z[i]] <- Nk[res_z[i]] + 1
}
```

再計算した Nkv, Nk, Ndk から ϕ と θ の推定値を得ることができます．また，とくに ϕ は語の出現確率なので，列名に語の名前を入れています．

```
res_phi <- matrix(0, K, V)
for (k in 1:K){
  res_phi[k,] <- (Nkv[k,] + b0) / (Nk[k] + V * b0)
}
colnames(res_phi) <- word_list

res_theta <- matrix(0, D, K)
for (d in 1:D){
  res_theta[d,] <- (Ndk[d,] + a0) / (Nd[d] + K * a0)
}
```

15.4.2 トピックの解釈

まずは各トピックで出現確率の高い語を出力してみましょう．オブジェクト `top_words` は各トピックで出現確率の高い上位 10 単語を抽出しています．

```
top_words <- matrix(0, K, 10)
for (k in 1:K){
  top_words[k,] <- names(sort(res_phi[k,], decreasing = TRUE))[1:10]
}
```

得られた結果の一部を表示しています．注意として，LDA はトピック間の交換可能性があるので，厳密には局所最適解に収束しています．加えて MCMC 法で推定を行っていますので，毎回分析結果が変わります．同じ結果を得たい場合には，関数 set.seed を使ってシード値を固定させる必要があります．本書と全く同じ結果が得られていないからといってプログラムが間違っているわけではないかもしれませんので，もし結果が違っていても焦らずにコードを確認してください．

　結果を見ると，各トピックで異なる単語が出ていることがわかります．たとえばトピック 1（1 列目）はとくに「iPhone」や「高い」などの単語が頻出しており，iPhone に関するレビューがまとめられていると考えられます．これはトピック 6 も同様です．一方，たとえばトピック 3 は「充電」が最上位で，「ゲーム」や「アプリ」という単語が多いため，スマートフォンでゲームをプレイするユーザーのレビューである可能性が高いです．また，トピック 4 は認証方法に関するもの，トピック 5 は写真やカメラに関する話題であることがわかります．一部ではトピックの差がよくわからないものもありますが，これも下位の単語を見ていくことでトピックの内容がわかるかもしれません．

```
t(top_words)
##       [,1]       [,2]       [,3]              [,4]       [,5]        [,6]
## [1,]  "iPhone"   "機能"     "充電"            "認証"     "使う"      "iPhone"
## [2,]  "満足"     "使う"     "操作"            "画面"     "写真"      "感じる"
## [3,]  "使用"     "スマート" "イヤ"            "ボタン"   "バッテリー" "使用"
## [4,]  "製品"     "フォン"   "ホン"            "ホーム"   "良い"      "大きい"
## [5,]  "高い"     "満足"     "ゲーム"          "マスク"   "不満"      "不満"
## [6,]  "感じる"   "自分"     "思う"            "指紋"     "充電"      "満足"
## [7,]  "Apple"    "スマホ"   "アプリ"          "操作"     "思う"      "サイズ"
## [8,]  "デザイン" "アプリ"   "イヤホンジャック" "感じる"   "容量"      "スマート"
## [9,]  "モデル"   "思う"     "問題"            "反応"     "カメラ"    "機種"
## [10,] "多い"     "利用"     "ストレス"        "iphone"   "携帯"      "フォン"
```

このように，トピックごとの頻出単語を確認するだけでも，どのような観点からレビューが投稿されているのかがわかり，当該市場におけるおおよそのセグメン

トを推測することができます.

15.4.3 OS 別の分析，時間変化の分析

頻出単語を確認してトピックごとの特性がわかれば，次は θ_d を分析対象にして様々な事がわかるようになります．θ_d はレビューに付されているトピック所属確率なので，レビューに付されている様々な属性との関連付けや比較が可能になります．

まずは OS ごとのレビュー特性を見てみましょう data_chap15 の OS 列にはレビュー対象となったスマートフォンの OS が書いてあります．

```
table(data_chap15$OS)
##
## Android      iOS
##      29      132
```

では，OS ごとに θ の平均値を計算していきましょう．まずはオブジェクト os_list に抽出対象の OS のリストを入れ（今回は iOS と Android だけですが），θ の平均値を計算しています．最終的には，os_theta に計算結果が格納されます．

```
os_list <- names(sort(table(data_chap15$OS)))

os_theta <- matrix(0, length(os_list), K)
rownames(os_theta) <- os_list
for (j in 1:length(os_list)){
  os_theta[j,] <- colMeans(res_theta[data_chap15$OS == os_list[j],])
}
```

barplot を出力すると，これだけでもかなり傾向が異なることが確認できます．

```
barplot(t(os_theta), beside = TRUE)
```

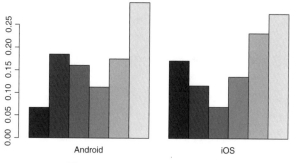

図 15.1　OS とトピック所属確率

トピックの所属確率を見てみると，どちらもトピック 6 の所属確率が最も高いようですが，次に高いトピックは Andoroid ではトピック 2，iOS ではトピック 5 の出現確率が高くなっています．トピック 2 の頻出単語は「機能」や「アプリ」などですが，トピック 5 は「写真」や「バッテリー」など，OS によってレビュー対象になりやすい観点がやや異なることが示唆されます．最も差が大きかったのはトピック 1 ですが，これは最も頻出する単語が「iPhone」であり，iOS ユーザーによるレビューが多いのは直感的に明らかですが，上位の単語「デザイン」が出てくるトピックはこれだけだという点も興味深いです．iPhone のレビューにデザインというキーワードが頻出するということは，Android ユーザーと比較すると iOS ユーザーの方がスマートフォンのデザインに関心が高いといえそうです．

　次に，トピックのスマートフォンの「新しさ」との関係を見てみましょう．レビューには対象のスマートフォンをどれくらいの期間使っているのかが月数で記録されていますので，これを年に変換し，使用期間と関係の強いトピックが投稿されているかを確認することができます．これも企業ごとの集計と同様，年別で θ_d の平均値を求めていきます．

　まずは使用月数のデータを変換して使用年数のデータ year を作成します．最長で 7 年程度使用している方もいますので，1 年未満は 0，4 年以上使用している場合は 4 とします．

```
year <- floor(data_chap15$Month / 12)
table(year)
## year
##  0  1  2  3  4  5  6  7
```

```
## 42 38 44 25  6  4  1  1
```

得られたオブジェクト year を基準として，年別に θ_d の平均を取っていきます．

```
year_list <- names(table(year))
year_theta <- matrix(0, length(year_list), K)
rownames(year_theta) <- year_list
for (j in 1:length(year_list)){
  year_theta[j,] <- colMeans(res_theta[year == year_list[j],])
}
```

年別の数値を図示したものが図 **15.2** になります．数値はトピックの番号です．まず，図を見ただけでも，増加傾向にあるトピックと減少傾向にあるトピックを把握することができます．たとえばトピック 6 は使用年数が経過すると落ちていき，新しいスマートフォンに対するレビューによく見られるトピックになっているようです．また，トピック 1 やトピック 3 は，とくに 4 年以上使っているスマートフォンでは確率が上がっています．これらのトピックの時間変化を見ていくことで，製品の経年変化や，劣化等に伴う問題を読み取ることができるかもしれません．新製品開発やモデルチェンジに向けた有用な情報源となるでしょう．

```
matplot(year_theta, type = "b",
        pch = as.character(c(1:9, 0)),
        col = "black", lty = 1, xaxt = "n", xlab = "使用年数")
axis(1, at = 1:length(year_list), labels = year_list)
```

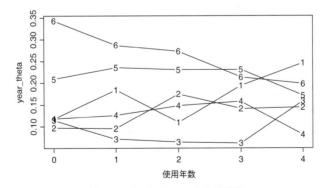

図 15.2　年別のトピック出現確率

15.5 まとめ

　本章では，これまで定性的に分析が進められていた自然言語のデータについて，定量化し，分類するための方法を紹介しました．他の章でははじめから数値になっているデータセットですが，本章ではテキストデータがインポートされていますので，これをまずは定量化することから始めなくてはならず，少し手間のかかるデータです．また，定量分析についても，特殊な形のデータですので，新しい分析手法が必要になりました．初めて読む方にはデータの整形やモデルの構造を理解するのに少し時間がかかるかもしれません．しかしながら，これらの手法は現在マーケティング・リサーチの現場でも使われるようになっていますし，今後はあらゆる分野で活用されていくはずです．それくらいテキストデータは我々の生活のあらゆるところに存在し，今後の活用が期待されながら眠っています．こうしたデータをいち早く経営に取り込むことができれば，先行者として競争優位性を発揮することができるでしょう．

　最後にトピックモデルについていくつか注意事項を挙げておきます．MeCabで形態素解析を行った場合，否定的な表現である「使えない」や「できない」は「使える＋ない」や「できる＋ない」などに分解されてしまいます．直後に打ち消しの表現が観測されていた場合，たとえば「良い」と「良くない」は，どちらも語幹だけを取れば「良い」ですが，「良くない」の表現は「良い(-1)」としてネガティブな別単語として分析に入れた方がよいかもしれません．定量化においてはこうした点についても考慮すれば，さらに分析の精度は上がっていくでしょう．

　また，トピック数をいくつにすればよいのかという点も難しい問題です．最適なトピック数を統計的に決める方法はいくつか提案されてはいますが，一般的な傾向としてトピック数が非常に大きなモデルがよいとされてしまうので，統計的な指標によってトピック数を決めると，人間が解釈することが非常に難しくなってしまうという難点があります．これらの問題についても厳密には考えるべきところは多いのですが，トピックモデルを使えば，これまでできなかったことができるようになる，見えなかったものが見えるようになるという明確な利点はありますので，まずは使ってみることをおすすめします．

─────────── **章末問題** ───────────

1. 第2章から第14章まで様々なモデルを推定しましたが，これまでに扱った分析と本章の分析の違いを整理してください．

2. LDA（トピックモデル）は自然言語以外のデータの分析にも使うことができます．どのようなデータを分析するために使うことができそうか，考えてみてください．

索　引

著者紹介

ウィラワン　ドニ　ダハナ（Wirawan Dony Dahana）

【第 1・3・6・7・9・10・13・14 章執筆】

2001 年　東北大学経済学部　卒業
2003 年　東北大学大学院経済学研究科博士課程前期課程修了
2006 年　東北大学大学院経済学研究科博士課程後期課程修了　博士（経営学）
　　　　　大阪大学大学院経済学研究科講師，准教授を経て
現　　在　大阪大学大学院経済学研究科教授
　　　　主要論文

Dahana, W. D., Miwa, Y., & Morisada, M. (2019). Linking lifestyle to customer lifetime value:
　　An exploratory study in an online fashion retail market. *Journal of Business Research*, 99,
　　319–331.（共著）

Zhou, J., Dahana, W. D., Ye, Q., Zhang, Q., Ye, M., & Li, X. (2023). Hedonic service
　　consumption and its dynamic effects on sales in the brick-and-mortar retail context.
　　Journal of Retailing and Consumer Services, 70, 103178.（共著）

勝又　壮太郎（かつまた　そうたろう）

【序・第 2・4・5・8・11・12・15 章執筆】

2005 年　筑波大学社会工学類　卒業
2007 年　東京大学大学院経済学研究科修士課程修了
2011 年　東京大学大学院経済学研究科博士課程修了　博士（経済学）
　　　　　長崎大学経済学部助教，准教授を経て
現　　在　大阪大学大学院経済学研究科准教授
　　　　主要著作

西本章宏・勝又壮太郎 (2022)『マーケティング』日本評論社（共著）
西本章宏・勝又壮太郎 (2020)『メガマーケティングによる市場創造戦略：携帯音楽配信
　　サービスの誕生』日本評論社（共著）
勝又壮太郎・西本章宏 (2016)『競争を味方につけるマーケティング』有斐閣（共著）

ライブラリ データ分析への招待　4
Rによるマーケティング・データ分析
基礎から応用まで

2023 年 3 月 25 日 ©　　　　　　　　　　初　版　発　行

著　者　ウィラワン　ドニ　ダハナ　　発行者　森 平 敏 孝
　　　　勝又壮太郎　　　　　　　　　印刷者　小宮山恒敏

【発行】　　　　　株式会社　新世社
〒151-0051　東京都渋谷区千駄ヶ谷1丁目3番25号
編集☎(03)5474-8818(代)　　　サイエンスビル

【発売】　　　　　株式会社　サイエンス社
〒151-0051　東京都渋谷区千駄ヶ谷1丁目3番25号
営業☎(03)5474-8500(代)　　　振替　00170-7-2387
FAX☎(03)5474-8900

印刷・製本　小宮山印刷工業(株)
《検印省略》

サイエンス社・新世社のホームページのご案内
https://www.saiensu.co.jp
ご意見・ご要望は
shin@saiensu.co.jp　まで.

ISBN978-4-88384-367-1
PRINTED IN JAPAN

ベイズ分析の
理論と応用
R言語による経済データの分析

各務和彦 著
A5判／240頁／本体2,100円（税抜き）

データサイエンスを学ぶ上で必須となるベイズ統計学について，理論からデータ分析の実践まで解説したテキスト．分析のために用いるR言語の使い方や，確率分布についても付録で丁寧に紹介する．統計学の基礎的な知識を身につけた方が，ベイズ統計学を用いたデータ分析を試みようとする際に手引きとなる書．

【主要目次】
はじめに／ベイズ分析／マルコフ連鎖モンテカルロ法／一変量データのベイズ分析／線形回帰モデルのベイズ分析／制限従属変数モデルのベイズ分析／付録A　R言語／付録B　確率分布／付録C　その他のMHアルゴリズムと比較

発行 新世社　　発売 サイエンス社